高校思想道德修养与法律基础课程

教学模式研究

杜 铷／著

西南财经大学出版社

四川·成都

图书在版编目(CIP)数据

高校思想道德修养与法律基础课程教学模式研究/杜铷著．—成都:西南财
经大学出版社,2021.1
ISBN 978-7-5504-2760-0

Ⅰ.①高⋯ Ⅱ.①杜⋯ Ⅲ.①思想修养—教学模式—教学研究—高等学校
②法律—中国—教学模式—教学研究—高等学校 Ⅳ.①G641.6②D920.4

中国版本图书馆 CIP 数据核字(2020)第 220073 号

高校思想道德修养与法律基础课程教学模式研究

杜铷 著

责任编辑:冯 雪
封面设计:墨创文化
责任印制:朱曼丽

出版发行	西南财经大学出版社(四川省成都市光华村街55号)
网 址	http://www.bookcj.com
电子邮件	bookcj@foxmail.com
邮政编码	610074
电 话	028-87353785
照 排	四川胜翔数码印务设计有限公司
印 刷	郫县犀浦印刷厂
成品尺寸	170mm×240mm
印 张	14.25
字 数	267 千字
版 次	2021 年 1 月第 1 版
印 次	2021 年 1 月第 1 次印刷
书 号	ISBN 978-7-5504-2760-0
定 价	88.00 元

前　言

如今，无论是我国还是西方国家，都非常重视对青年学生的德育教育和德育研究。在我国，思想政治理论课是帮助大学生树立正确的世界观、人生观和价值观的德育课程，是高校立德树人、对大学生进行思想政治教育的主阵地、主渠道。"才者，德之资也；德者，才之帅也。"办好思想政治理论课，事关意识形态工作大局，事关中国特色社会主义事业后继有人，事关实现中华民族伟大复兴的中国梦。

思想政治理论课在高校人才培养中有着不可替代的重要作用，承担着为社会主义经济建设培养高素质学术型和技能型人才的重任，对我国经济社会发展具有重要的基础性作用。高校应始终强调把学生培养成为德智体美劳全面发展的社会主义合格建设者和可靠接班人，在强调学术培养的同时，深刻反思技能与人文在人才培养中的地位和作用，日益重视加强思想政治理论课建设，重视发挥思想政治理论课在立德树人方面的重要作用。要解决思想政治理论课教学实效问题，就必须寻求课程教学模式的改革与重构。

"思想道德修养与法律基础"课（以下简称"基础"课）是教育部明确规定的高校大学生的必修课程，是高校思想政治理论课的核心课程，对"基础"课进行教学模式的研究，探索理论教学的新模式和新方向，对激发学生潜能并促进其能力与素质的全面提升，推动"基础"课教学改革，提高思想政治理论课教学质量和教学效果具有积极的现实意义。

多年来，在围绕增强思想政治理论课教学实效的问题上，许多高等院校进行了努力探索和大胆尝试，如从教学方法的角度、从教学结构（包括教师、学生、教材三个基本要素的组合关系和教学实践过程中各阶段、环节、步骤之间的相互联系两个方面）的角度、从教学设计的角度、从教学程序的角度、从教学范型的角度、从教学风格的角度等进行创新和实践，各高校为提高"基础"课的教学效果做出了不懈努力，也形成了思想政治理论课教学的个性化特色。然而，每一个改革的角度，都只是基于教师主体或是基于课程实施的单一视角，没能从根本上破解"基础"课的教学困境，因此它们都不是有效提升思想政治理论课教学质量的关键因素。而教学模式的提出，是建立在对教学主体、教学目标和教学活动中主客体关系等一系列基本问题认识基础上的。它是指为了完成特定的教学目标，在对教学内容的处理提出一套特殊要求并在考量教学变量后，所确定的教学程序、教学评价方法和标准。教学模式有一套比较完整的结构，兼顾了课程实施和教师主体两个方面，是教学实践经验的概括和升华。

怎么理解教学模式呢？最早提出教学模式的美国学者乔伊斯和韦尔认为，"教学模式是构成课程的课业、选择教材、提示教师活动的一种范型或计划。"《现代汉语词典》对模式的解释是："某种事物的标准形式或使人可以照着做的标准样式。"这揭示了模式具有"典型性"和"可模仿性"等特征。教学模式由教学方法、教学结构、教学设计、教学范型、教学程序、教学风格等多方面因素构成，同时又与各构成因素之间有所区别，具有不完全的包含关系。

第一，教学模式不完全等同于教学方法。教学方法是教师教学活动结构中的一个要素，对教师的整个教学活动具有一般指导意义，但教学模式既不是教学方法也不是教学方法论本身，它是介于二者之间的一种对教学活动的组织形式，高于教学方法。第二，教学模式不完全等同于教学结构。它属于教学结构的范畴，但不是理论意义上的教学结构，而是实践意义上的教学结构。第三，教学模式不完全等同于教学设计。教学设计包括课程设计、内容设计、目标设计、方法设计、评价设计等，教学模式属于教学设计的一个方面，而不是全部。第四，教学模式不完全等同于教学范型。教学范型只是教学模式的表面现象，而教学模式既不是可供人们模仿的一种标准样式，也不是一般的教学计划。第五，教学模式也不完全等同于教学程序和教学风格。在教学模式的所有构成因素中，教学程序是最具操作性的，因此教学程序在教学实践中也更受教育工作者的关注和模仿。但毕竟教学模式是由多方面要素构成的，仅注意教学程序是不够的，如果仅仅"依据教学程序机械模仿，会导致教学的模式化"。只有全面、正确地理解教学模式的所有构成因素及其相互关系，才能够准确理解和把握教学模式。

改革和重构教学模式是破解高等院校思想政治理论课教学困境、增强教学实效的关键。教学模式的简约性和操作性，便于广大教师理解和运用，进而带动课堂教学、教学评价、教学管理等教学改革；而教学模式的有效性和开放性，必然对教师的教学观、质量观、评价观以及研究学生、处理教材、管理课堂等提出新要求，进而促进教师提高业务素质、教育素质和管理素质。

伴随着教育的演进和教学的变革，教学模式也在实践中不断累积，逐渐丰富起来。就一般意义上的教育来说，有陶行知"教、学、做"合一教学模式、凯洛夫教学模式、杜威实用主义教学模式等；就职业技术教育来说，有能力本位教学模式、问题中心教学模式、双元制教学模式等。就高校思想政治理论课教学来说，首都师范大学李松林教授在其编著的《思想政治理论课教学模式研究》一书中，就介绍了近年来较为流行的讨论式、创新思维、启发式、研究性，以及情感、案例、专题等10种教学模式；云南大学蒋红教授、北京航空航天大学赵洁教授提出"双主体教学模式"；浙江工业大学时长江教授提出"学习共同体教学模式"；华中师范大学马敏教授提出"三结合整合式教学模式"；等等。但是由于各种主观和客观的原因，高等院校思想政治理论课在教学实施过程中还存在诸多问题，如教学效果不理想，学生学习的主动性不强，教师在课堂上的主体地位依然没有改变，隐性教育和探究性教学有待整合，等等，这种状况在一定程度上影响了教学效果和学生思想政治素质的提高。

本书以贵州省普通高校一流大学建设思想政治理论课程群建设（2017GSJYLXM06）为契机，以"思想道德修养与法律基础"课为例探求思想政治理论课教学模式改革的方法对策，以期进一步激发高校思想政治理论课的教学活力，提升教学效果。

我相信，这部著作的出版，会对高校思想政治理论课的教学水平和实效性起到积极的推动作用。当然，由于是新的探索，观点难免存在一些不足，也希望同行专家提出宝贵意见和建议。我也衷心地希望，通过思想政治理论课教师们的不断努力，思想政治理论课能够成为大学生真心喜爱、终身受益的优秀课程。

编者
2020 年 10 月

目　录

第一章 新时代高等院校思想政治理论课的意义

习近平总书记在 2019 年 3 月 18 日主持召开学校思想政治理论课教师座谈会并发表重要讲话，指出思想政治理论课是落实立德树人根本任务的关键课程。我们要从坚持和发展中国特色社会主义事业、实现中华民族伟大复兴的高度来认识办好思想政治理论课的重要意义。习近平总书记为新时代学校思想政治理论课建设指明了前行的方向，对广大思想政治理论课教师提出了殷切的期望。2019 年 8 月 14 日，中共中央办公厅、国务院办公厅又印发了《关于深化新时代学校思想政治理论课改革创新的若干意见》，提出了完善思想政治理论课课程教材体系，应建设一支政治强、情怀深、思维新、视野广、自律严、人格正的思想政治理论课教师队伍，不断增强思想政治理论课的思想性、理论性、亲和力和针对性，加强党对思想政治理论课建设的领导等要求和部署，为在新时代进一步改革创新思想政治理论课建设创造了条件，提供了指导。

一、思想政治理论课是高校坚持社会主义办学方向的主阵地

习近平总书记指出，加快推进教育现代化、建设教育强国、办好人民满意的教育，必须坚持社会主义办学方向。高校作为意识形态工作的前沿阵地，加强高校意识形态阵地建设，是一项战略工程、固本工程、铸魂工程，事关为党立言、为党育人、为党守土的重要事业。思想政治理论课是全面贯彻党的教育方针、进行社会主义核心价值观教育的核心课程，想要做好高校意识形态工作，必须办好思想政治理论课。只有旗帜鲜明、坚持不懈地办好思想政治理论课，才能培养一代又一代拥护中国共产党领导、立志为中国特色社会主义事业奋斗终生的有用人才，才能让党的千秋伟业后继有人、薪火相承、生生不息。

回望近百年中华民族的复兴历程，每逢人民精诚团结、进取精神勃发的历

史时刻，我们就能创造一个个感天动地、气壮山河的人间奇迹；每当人们精神萎靡、思想涣散，我们就会遭遇危机与磨难。我们的国家之所以能历经磨难而不衰，我们的民族之所以能历经千锤百炼而愈发勇毅，根本原因就在于贯穿中华民族创造、奋斗、团结、梦想的一条主线——民心牢聚、信心坚强。在新时代，高校的思想政治工作和思想政治理论课建设关乎着我们举什么旗走什么路、关乎着国家政治安全和意识形态安全、关乎着中国特色社会主义事业后继有人。我们的教育绝不能培养出那种"长着中国脸，没有中国心，缺乏中国情，丧失中国味"的人，更不能培养出社会主义的破坏者和掘墓者。

（一）政治性确保社会主义高校办学方向

我国高等教育肩负着培养德智体美劳全面发展的社会主义建设者和接班人的重大任务，因此高校必须坚持正确的政治方向。加强党对教育工作的全面领导，是办好教育的根本保证。我们的高校是党的领导下的高校，是中国特色社会主义高校。办好高校，必须坚持以马克思主义为指导，全面贯彻党的教育方针。加强和改进高校思想政治工作，事关办什么样的高校、怎样办高校的根本问题，事关党对高校的领导，事关中国特色社会主义事业的接班人。因此，党委要保证高校正确的办学方向，掌握高校思想政治工作的主导权，保证高校始终成为培养社会主义事业建设者和接班人的坚强阵地。

高校思想政治理论课承担着对大学生进行系统的马克思主义理论教育的任务，是巩固马克思主义在高校意识形态领域指导地位、坚持社会主义办学方向的重要阵地，是全面贯彻党的教育方针、落实立德树人根本任务的主要渠道和核心课程，是加强和改进高校思想政治工作、实现高等教育内涵式发展的灵魂课程，是扎根中国大地办好中国特色社会主义大学的具体体现，是社会主义大学的本质特征。习近平总书记强调："我们党立志于中华民族千秋伟业，必须培养一代又一代拥护中国共产党领导和我国社会主义制度、立志为中国特色社会主义事业奋斗终身的有用人才。"办好思想政治理论课，最根本的是要全面贯彻党的教育方针，解决好培养什么人、怎样培养人、为谁培养人这个根本问题。

面对新形势、新任务，高校思想政治理论课的学习力度只能加强不能削弱，只能前进不能停滞，只能积极作为不能被动应付。我们要深入学习贯彻习近平总书记关于加强学校思想政治工作、办好思想政治理论课的重要论述，深刻认识教育的历史责任，提高政治站位，在事关办学方向的问题上站稳立场。要深刻把握学校思政工作所处的大局大势，保持清醒认识、增强忧患意识，切实增强办好思想政治理论课的责任感、使命感和紧迫感，始终把建设好思想政治理论课摆在重要位置，持之以恒、常抓不懈。

（二）政治性彰显思想政治理论课的本质属性

政治性决定了思想政治理论课是教育者有目的、有计划地对受教育者施加影响，以达到传播政治意识、价值观念、道德规范的目的。政治性是关乎思想政治理论课的价值取向和人民立场的根本问题，是占据道义制高点的核心问题。讲政治，讲好马克思主义的政治，是高校思想政治理论课教学的根本，是思想政治理论课教育教学及其质量评价的首要标准，任何时候都不能偏离，不能淡化和弱化，更不能去政治化。马克思主义作为我们立党立国的根本指导思想，是我国意识形态建设的核心，任何时候任何情况下都不能有丝毫动摇。贯彻新时代党的教育方针，必须培养一代又一代拥护中国共产党领导和我国社会主义制度，德智体美劳全面发展的社会主义建设者和接班人，而不是培养出一些"长着中国脸，不是中国心，没有中国情，缺少中国味"的人。在全国高校思想政治工作会议上，习近平总书记就特别强调要"坚持正确政治方向""守好一段渠、种好责任田""用好课堂教学这个主渠道"，充分发挥马克思主义的正面教育和引导作用。

我们办中国特色社会主义教育，就是要理直气壮开好思想政治理论课，用习近平新时代中国特色社会主义思想铸魂育人。思想政治理论课的本质属性要求我们只有坚持正确政治方向，提高政治站位，深刻理解政治性是思想政治理论课的本质属性、内涵和精神实质，才能毫不含糊、理直气壮地开好思想政治理论课，才能旗帜鲜明地反对各种错误思潮，强化思想政治理论课的政治价值导向和引领功能，把立德树人的根本任务真正落实到位。

一要坚持马克思主义指导地位，坚持不懈地传播马克思主义科学理论，教育和引导学生掌握马克思主义基本原理和贯穿其中的立场、观点和方法，以彻底的思想理论说服学生，用真理的强大力量引导学生，用马克思主义的立场、观点、方法来帮助学生认识世界和分析问题，让学生树立起科学的世界观、人生观、价值观。

二要紧紧围绕培育和弘扬社会主义核心价值观这个核心，加强对社会主义核心价值观内涵的研究阐释，讲清楚其鲜明特征和实践要求，引导学生做到自尊、自信、自立、自强，始终突出思想政治理论课程的政治性。

三要贯彻习近平新时代中国特色社会主义思想，坚持社会主义办学方向，落实立德树人的根本任务，坚持教育为人民服务、为中国共产党治国理政服务、为完善和发展中国特色社会主义制度服务、为改革开放和社会主义现代化建设服务。

(三) 政治性体现党对思想政治理论课建设的领导

"办好中国的事情，关键在党。"党中央历来高度重视思想政治理论课建设，提出了坚持和加强党对思想政治理论课建设领导的明确要求，这是中国特色社会主义制度的一大优势，是办好思想政治理论课的根本保证。习近平总书记强调："各级党委要把思想政治理论课建设摆上重要议程，抓住制约思想政治理论课建设的突出问题，在工作格局、队伍建设、支持保障等方面采取有效措施。""要建立党委统一领导、党政齐抓共管、有关部门各负其责、全社会协同配合的工作格局。""推动形成全党全社会努力办好思想政治理论课、教师认真讲好思想政治理论课、学生积极学好思想政治理论课的良好氛围。"全国高校思想政治理论课课程设置、学分规定、教材编写等方面的统一，成为与其他课程相区别的显著特征之一，也正是这样的统一性规定凸显了思想政治理论课建设的刚性、原则性和权威性。

办好思想政治理论课，使命光荣、责任重大。学校党委的高度重视是办好思想政治理论课的根本保证。思想政治理论课政治性的内在要求决定了高校党委必须把对思想政治理论课的思想认识统一到中央精神上来，坚决维护党中央对思想政治理论课建设管理的统一决策部署的权威。要把思想政治理论课建设放在学校发展的重要位置上，列为学校第一课程建设，充分发挥思想政治理论课主阵地、主渠道作用，对加强和改进思想政治理论课建设要认识到位、执行到位，毫不含糊、不折不扣地贯彻落实加强和改进思想政治理论课建设的各项要求和标准，旗帜鲜明、理直气壮、腰杆硬、底气足地重视和加强，彻底消除思想政治理论课"说起来重要、干起来次要、忙起来忘掉"的现象。学校党委书记、校长要带头走进课堂，带头推动思想政治理论课建设，带头联系思想政治理论课教师；采取一系列有力措施，配齐建强思想政治理论课专职教师队伍，建设专职为主、专兼结合、数量充足、素质优良的思想政治理论课教师队伍。

实践充分证明，只有牢牢掌握党对教育工作领导权的内容，牢牢掌握党对思想政治理论课建设领导的内容，才能确保学校思想政治理论课建设的正确政治方向，把思想政治工作贯穿教育管理全过程，使教育领域成为坚持党的领导的坚强阵地；才能确保学校用科学理论培养人、用正确思想引导人，培养好德智体美劳全面发展的社会主义建设者和接班人。

（四）政治性要求思想政治理论课教师政治要强

思想政治理论课的作用不可替代，思想政治理论课教师责任重大。办好思想政治理论课关键在教师，关键在发挥教师的积极性、主动性和创造性。建设一支政治素质过硬、业务能力精湛、育人水平高超的高素质教师队伍，是高校思想政治理论课建设、发展、提升的前提和基础。要给学生的心灵埋下真善美的种子，引导学生扣好人生第一粒扣子，习近平总书记对思想政治理论课教师提出了"政治要强、情怀要深、思维要新、视野要广、自律要严、人格要正"的期望和要求。

思想政治理论课教师具有坚定的马克思主义信仰，是政治要强的首要要求和立身之本，是政治要强的集中体现。习近平总书记提出："讲思想政治理论课，要让信仰坚定、学识渊博、理论功底深厚的教师来讲，让学生真心喜爱、终身受益。"思想政治理论课要解决学生的理想信念问题，思想政治理论课教师必须坚定马克思主义信仰，善于从政治上看问题，在大是大非面前保持政治清醒。

思想政治理论课教师只有坚定马克思主义信仰，才能不断提升自己的政治敏锐性和政治鉴别力，时刻保持政治上的清醒，旗帜鲜明地批判各种反马克思主义思潮，抨击各种形式的虚无主义错误言论，在大是大非面前保持政治定力，坚守政治立场不动摇、政治方向不偏移，真正肩负起培养担当民族复兴大任的时代新人的历史使命。

思想政治理论课教师只有坚定马克思主义信仰，才能坚持不懈地传播马克思主义科学理论，通过对马克思主义立场、观点和方法的讲授，纠正学生存在的片面、狭隘、模糊甚至错误的思想认识，使学生深刻认识和理解人类社会发展规律、社会主义建设规律、共产党执政规律，深刻理解马克思主义及其中国化的必然性、必要性和产生的一系列理论成果的重要性，以透彻的学理分析回应学生，用真理的力量浸润和引导学生。

思想政治理论课教师只有坚定马克思主义信仰，才能引导学生坚定对马克思主义的信仰、对中国特色社会主义的信念、对实现中华民族伟大复兴的中国梦的信心，引导学生不断增强"四个自信"；才能弘扬主旋律，传播正能量，守好意识形态的主阵地和主渠道，真正做到乐为、敢为、有为，让自己真正成为党和人民可信、可敬、可靠的教育工作者。

二、思想政治理论课是高校落实立德树人根本任务的主线条

立德修身乃人生一大事。《礼记·大学》有"欲治其国者，先齐其家；欲齐其家者，先修其身；欲修其身者，先正其心"之论述。可见，立德是立人之基，是个人完善的必修课。立德树人是校之重任，也是历史之传承。所谓立德树人，即教育事业不仅要传授知识、培养能力，还要培育学生具有良好的思想品德、社会公德、职业道德、家庭美德，把社会主义核心价值观融入国民教育体系之中，引导学生树立正确的世界观、人生观、价值观、道德观、法治观。高校思想政治理论课，是全面贯彻落实党的教育方针、落实立德树人根本任务的主干渠道。

（一）立德树人思想的历史溯源

从词源的角度来看，"德"是一个会意字，其构型最初表示做人做事要正直向上，不偏离道路，直达目标。后来又加了一个"心"字，也就是"直心为德"，强调不仅要按通行的准则去行，还要这样去想。"德"字从一开始就包含两方面的意义：一方面是内在的品格、德行，是涵盖诚信、仁义等一切美好品德的道德范畴；另一方面是外化出来的行为规范，即要求人们恪守基本的操守、品行，遵从一定的社会规范。关于"德"的具体内容，可以概括为"仁义礼智信"这五常德。当然，在不同时代、不同学派那里，人们对德的要求又各有侧重。

就"立德"思想来看，可追溯到先秦时期。《左传·襄公二十四年》记载，晋范宣子与鲁叔孙豹讨论"身死而名不朽灭"，即何为"死而不朽"的问题。范宣子认为，他的祖先世代为贵族，家世显赫，香火不绝，这就是"不朽"。而叔孙豹认为，这是"世禄"，并非"不朽"。他以鲁国大夫臧文仲为例，说人虽然死了，"其言立于后世"，这才称得上不朽。之后，他提出了"三不朽"的思想，即"太上有立德，其次有立功，其次有立言"。"立德"强调具有高尚的道德修养，成为后世效法的榜样，便能人格不朽。"立德"在这三者中为最高境界，人首先要立德，立德是修身之根本、价值之基石。人皆有死，不朽乃在于有德，其次才是立功和立言。先秦思想家对人生价值所阐发的"立德""立功"和"立言"这三个方面，建构了比较系统和完整的人生理想和价值标准体系，是中华民族关于人生价值的基本理念和核心观念。在中国传

统的教育实践中，立德一直处于核心地位，"成人"的价值是远高于"成才"的，道德培养成为古代教育的核心和宗旨。在孔子的教育内容中，学生的德行修养是重中之重，对文化知识的学习则放在相对次要的地位。在西方，古希腊哲学家苏格拉底也曾提出"美德即知识"的论断。

"立德"，既思考立什么德，也强调德要有所"立"。有所"立"，就必须要有行动、有实践，不能只停留在口头，这也是"德"本身的应有之义。同时，行动之后还要有成效、有成就，要对国家、对他人有所贡献。孔子强调人要努力有所"立"以求不朽；王阳明主张"成德"，认为在学校中学习，或长于礼乐，或长于政教，或长于水土播植，但首先要在"德"上有所成就。"立德"的深刻意蕴，就是人首先应该作为一个人而活着，应该有志向、有尊严、有成就地活着。个人要克己修身、德行高尚，追求人生之"不朽"。对社会、对国家，人要能够担当道义、仁爱民众，为后世树立做人的榜样。

就"树人"的思想来看，可追溯到春秋时期。《管子·权修》中载有："一年之计，莫如树谷；十年之计，莫如树木；终身之计，莫如树人。一树一获者，谷也；一树十获者，木也；一树百获者，人也。"这段话集中体现了管仲对培养人才的重要性和长期性的深刻认识，是今天能够见到的最早的关于树人思想的论述。

在我国历代教育中，"立德树人"几乎是人们共同遵循的理念，也是国家赖以存在的根本和兴旺发达的依托。在现代社会，"立德"和"树人"必须紧密相连，相辅相成。注重"立德"可以塑造出一个好人，但还不足以培养社会发展所急需的合格建设者，还需要"树人"，即树立德才兼备之人、和谐发展之人。教育要培养能够立足于社会的人才，不但要"立"其德，使其根正，也要"树"其人，帮助其构筑起合理的知识框架，使其具备在某一专业领域胜任某项工作的素质和能力。"立德"强调的是为人的根本，"树人"强调的是人才培养目标的全面性，将两者结合在一起，才能形成符合现代社会需求的人才培养目标体系。

（二）立德树人教育融入高校思想政治理论课教学的必要性

近年来，党中央、国务院做出了建设世界一流大学、一流学科的"双一流"重大战略决策，旨在提升中国高等教育综合实力和国际竞争力，为实现"两个一百年"奋斗目标和中华民族伟大复兴的中国梦提供有力支撑。落实立德树人根本任务是"双一流"建设的重要要求和题中应有之义，"双一流"建设必须坚持育人为本、德育为先，培养德智体美劳全面发展的社会主义建设者和接班人。全面提高人才培养质量，培养出世界一流人才是一所高校成为世界一流大学的关键。何为一流人才？或许有很多评判标准，但德才兼备必须摆在第一位。爱因斯坦在《悼念玛丽·居里》一文中写道："第一流人物对于时代和历史进程的意义，在其道德品质方面，也许比单纯的才智成就方面还要大。"如果一个人没有好的德行，那么他的才能越高也许就会对社会带来越大的危害。在当代中国，这个"德"就是社会主义核心价值观。加强思想政治理论课建设就是要坚持不懈在高校课堂里传播社会主义核心价值观，培养坚定的理想信念，培塑高尚的道德情操，引导广大青年学生做社会主义核心价值观的坚定信仰者、积极传播者和模范实践者。

第一，高等学校的任务是努力培养担当民族复兴大任的时代新人，培养德智体美劳全面发展的社会主义建设者和接班人。而人才培养工作必须坚持德才兼备、以德为先。所谓"有德有才是正品、有德无才是次品、无德有才是危险品、无德无才是废品"，就是这个道理。我们要培养中国特色社会主义合格的建设者和可靠的接班人，必须重德重才、以德为先、立德树人。

第二，当前我们面临的矛盾和挑战要求我们把立德树人作为根本任务。一方面，高校不是世外桃源，一些敌对势力与中国共产党和中国特色社会主义争夺下一代和接班人的斗争从来没有停止过，而且有不断加剧的趋势，他们对高校干扰渗透的手段多样且更加隐蔽，各种错误思潮在校园内暗流涌动，网络上各种有害信息对高校师生造成的影响也不容乐观，因此，在培养人的方面确实存在着争夺和斗争，我们必须高度重视。另一方面，当前高校学生以"95后""00后"为主体，在这个物质丰富、思想多元、信息纷繁、发展迅猛的时代，他们追求独立，个性强，不喜欢被灌输思想。同时，他们还具有以下几个特点：一是知识基础较为薄弱，知识结构不尽合理，尤其是理科学生，对部分文科知识存在盲区；二是学习能力和学习习惯、自我管理能力、科学规划和发展能力多有欠缺；三是学习功利性较明显，部分学生重视技能与专业知识，轻视对人文素质课程的学习。在这种情况下，高校的立德树人教育尤为重要，高校要重视加强对人才培养模式和方法的改革与创新，提高育人实效。

第三，高校运行中的自身矛盾要求把立德树人作为根本任务。从总体上看，高校对于立德树人这个根本任务是高度重视的，在强调重德尚能方面也是一以贯之的，并且能够从学校实际情况出发，突出育人为本，强化就业导向，注重培养质量。但是，仍然有一些学校对思想政治理论课不够重视，思想政治理论课教学大课化现象较普遍，部分教师责任心不强，有些教师缺乏应有原则，教学内容具有"西化"倾向，还有的教师对学生管理不严，对自己的教学内容和方法创新不够，尤其是一些课程内容重复、脱节现象较为严重。此外，专业课的教师只注重向学生教授业务知识和操作技能，忽视对学生进行正确人生观、价值观教育的情况也比较突出。教书与育人、教师与管理、学工与教学等方面不能有效形成教书育人、立德树人合力的情况大有改进和提高的空间。

三、思想政治理论课是高校培养时代新人的重要手段

习近平总书记在党的十九大报告中提出了"培养担当民族复兴大任的时代新人"的新要求。"人才有高下，知物由学"。"时代新人"要不断提高自身素质和干事创业的能力，切实提高解决实际问题的水平，不断增强自己的工作本领。

2004 年，《中共中央国务院关于进一步加强和改进大学生思想政治教育的意见》颁布实施，使以思想政治教育为主要内容的素质教育在高等学校得到进一步加强，因此获得普遍赞同。2012 年党的十八大报告进一步强调指出，全面实施素质教育，深化教育领域综合改革，着力提高教育质量，培养学生的社会责任感、创新精神和实践能力。这不仅明确表达了从国家层面将大学素质教育落到实处、推进教育事业科学发展的决心，而且指明了人才培养的着力点，切中了我国大学教育的时弊，顺应了世界高等教育的发展趋势，对高等职业教育全面提高人才培养质量、实现科学发展有着重要的现实指导意义。

随着高等院校对素质教育的日益关注和重视，思想政治理论课在高校人才培养中的功能和作用也得到更充分的发挥，逐步占据应有的重要地位。思想政治理论课地位的提高和课程育人功能的增强，反过来也促进了高校素质教育，并在学生素质教育方面发挥了重要而独特的作用。

（一）高等教育人才培养的素质要求

马克思关于人的素质的思想主要体现在《1844 年经济学哲学手稿》中。综观马克思的论述，素质是人的一种相对稳定的属性，主要包括人的体质、才智、能力、个性、涵养等。素质是个体自身所具备的各种属性的总和，对人的行为起着长期、持续的影响乃至决定作用。教育学意义上的素质一般是指人基于先天生理基础并经过后天环境影响和教育训练所获得的，内在的、相对稳定的、长期发挥作用的身体和心理品质、智力和能力水平等，通常我们又称之为

素养。《中国教育改革和发展纲要》（中发〔1993〕3号）中将素质的结构概括为身体素质、心理素质、品质素质、文化素质四个方面。人的素质一般具有遗传性与习得性相统一、自然性与社会性相统一、稳定性与发展性相统一、潜在性与现实性相统一、共性与个性相统一等特点。

高等教育对人才培养的素质要求是多重的。学生的素质具体包含思想素质、文化素质、职业素质、身心素质、创新素质五个维度。其中，思想素质教育居于主导和首要地位，它规定着其他素质的性质与方向，决定着高校学生成长成才的高度。

1. 思想素质——素质教育的根本点

《中国百科大辞典》对"思想"一词是这样解释的，思想是一种高级认识活动，即人们"根据记忆中存储的结构化知识（包括直接和间接经验），对外界感知的信息进行加工（分析、综合、推理），借以做出判断和决策的意识过程"。思想参与人的思维活动全过程，它是人们行为的先导，是一种"指导人们行为的巨大精神力量"，是"形成人的动机和行为的主导力量"[①]，它涉及人的理想信念、政治态度、道德修养、人生价值等多个层面的内容，对人们在社会生活中的各种行为表现具有广泛影响。

当前，在教育实用化、工具化的倾向引导下，高等教育培养的大批人才虽专业精湛，但在个体存在价值和精神境界方面缺少了思想追求，这使教育在一定程度上"只是教人去追逐、适应、认识、掌握、发展这个外物质世界，着力于教会人的是'何以为生'的知识与本领"，缺少了"'为何而生'的教育。不能让人们从人生的意义、生存的价值等根本问题上去认识和改变自己，也必然前提性地要抛弃塑造人自由心灵的那把神圣的尺度；把一切教育的无限目的都化解为谋取生存适应的有限目的"[②]。要走出这个教育误区，我们就必须在"授技于人"的同时还要"授教于心"，对学生加强以思想素质教育为先导的高素质教育。

从学生发展的角度来看，高校学生通过四年的专业理论学习和实践训练，基本都能掌握相应的专业技能，拥有"一技之长"。但如果仅仅拥有"高人一等"的"高技能"，没有"胜人一筹"的"高素质"，尤其是思想素质，是远远无法胜任工作并取得良好职业发展的。近年来，随着市场竞争的日趋激烈，各用人单位在人才招聘和员工职级晋升时，除了关注其专业技能外，还要对其

---

① 陈秉公. 思想政治教育学原理 [M]. 北京：高等教育出版社，2006：101-102.
② 鲁洁. 通识教育与个人陶冶 [J]. 教育研究，1997（4）：16-19.

思想品质进行多维测评与考量。对那些思想偏激、缺乏政治热情甚至诋毁国家和政府的、道德修养有污点等思想素质存有"黑洞"的应聘者或员工,都是坚决实施"一票否决制",思想过硬已经成为衡量人才合格的首要标准,如果思想素质出了问题,个人发展就无法再上台阶,就像"穿衣服扣扣子一样,如果第一粒扣子扣错了,剩余的扣子都会扣错。人生的扣子从一开始就要扣好"①。思想素质是人的大脑和心灵的内在品质,一旦形成,就很难改变。

2. 文化素质——素质教育的切入点

我国的素质教育理念,从一开始就是针对高校重专业轻基础、重做事轻做人的教育弊端提出的。素质教育首先考虑的就是如何加强文化素质教育,如何加强对做人的教育的问题。近年来,我国大学的素质教育实践也主要是文化素质教育,比较普遍的做法就是在原有的课程体系中加入一些文化素质教育课程。当然,目前教育界已经达成共识,即素质教育并不是专业教育之外的另一部分,而是对专业教育的超越,表现为从促进学生的认知发展向综合素质全面发展的深化和从专业教育向综合素质教育的拓展。

文化素质是由知识、情感、能力、态度、价值观等多种因素整合的一种相对稳定的内在品质,可通过人的精神风貌和精神气质体现出来,具有内在性、精神性特点。文化素质教育是通过优秀的文化来塑造人才和培养人才的教育,用人类文化发展的优秀成果熏陶学生,使学生获得内在精神和品质的丰富涵养,在知识、能力和文明礼仪上得到更高程度的发展。杨叔子先生曾经将文化素质教育界定为"(其)锋芒是解决做人的问题",他又指出,针对教育实践中出现的人文教育与科学教育的分裂、知识教育与人格教育的分离、实践教育与学校教育的脱节等现象,"文化素质教育的目标在于重建教育的整体性:它以知识为载体,通过激活思维、学会方法、掌握原则、提升精神境界,通过促进科学教育与人文教育的融合,通过加强实践教学,进而全面提高学生的素质"。

高等院校加强文化素质教育,正是基于全面提高学生素质、重视对学生做人的教育而施行的,这一做法契合素质教育的目标要求,也契合高等教育人才培养的目标要求。同时,高校文化素质教育在内涵上具有自身的独特性,小至家风传承,大至理想信念,都需要对学生进行针对性的引导和教育,从而提高学生的文化素养和文明修养。在文化素质教育的目标和内容定位上,要注意与

---

① 习近平. 青年要自觉践行社会主义核心价值观:在北京大学师生座谈会上的讲话 [N]. 人民日报,2014-05-05(002).

学生的职业素质培养相一致。在开展文化素质教育的过程中，除了对一般的人文素质、传统文化修养、科技素养和艺术素养等方面的培养和熏陶之外，更要将文化素质教育与"做人"的教育和职业素质的培养结合起来，让学生文化素养的提高明显地表现在职业道德、职业操守和职业素养等方面，让学生的使命意识、职业操守、协作精神、团队精神等方面的素质得到特别的熏陶和训练，这也是高校文化素质教育的特色。

3. 职业素质——素质教育的着力点

《现代汉语大词典》中对职业的解释是"个人在社会中所从事的作为主要生活来源的工作"。不过，职业的内涵并不局限于一个依靠一定的知识、技能去从事的具体岗位工作，一个简单的"饭碗"，它还是一种事业，是一种折射着从业人员自身精神诉求，张扬着个性与社会性价值的存在。

在一般意义上，职业素质是劳动者在一定的生理和心理条件基础上发展起来的，在职业活动中发挥重要作用的基本品质，包括职业技能、职业理想、职业意识、职业责任、职业精神、职业荣誉、职业道德、职业纪律、职业礼仪等。职业素质有些方面是显性的，比如行为、知识、技能，有些方面是隐性的，比如职业情感、职业动机、职业理想、职业价值等。而隐性的职业素质往往是企业选用人才更为重要的标准。

高校要高度重视对学生的职业素质教育，必须始终准确把握社会对人才的需求，主动适应企业需要，坚持为经济社会发展培养高素质人才，这也是高校学生适应岗位要求、融入企业文化的内在需求。职业素质和职业能力，最能体现学生的内在特征。加强职业素质教育，重点是要加强对学生的职业素质和职业能力两个方面的培养和教育，包括知识、技能、经验、态度等为完成职业任务、胜任岗位资格所需要的全面素质，通常表现为从业者的职业兴趣、职业能力、职业个性及职业情绪等。处于经济全球化背景下的现代企业，不仅高度关注从业人员的技能，而且高度关注其职业心理和职业品质、学习能力和适应能力、协调能力和创新能力、责任意识和服务意识等综合素质能力。企业要求从业人员爱岗敬业、遵章守纪、诚实守信，具有责任感、竞争意识、团队精神和奉献精神。这是企业在实践中逐步形成的具有共性的企业文化，不同的企业其文化还独具行业特色和内涵。这在客观上要求高等教育必须以职业素质教育为核心，引导大多为独生子女的大学生，努力克服以自我为中心、不能吃苦、竞争意识淡薄、意志力薄弱、抗挫折力不够等缺点，同时，不再是被动地等待进入企业后接受企业对员工的再培养，而是在校学习期间就充分认知与专业相对应的行业企业文化，即企业成员普遍认可与遵循的、具有企业特色的价值观念、团队意识、行为规范与思维模式，把个人追求自觉地融入企业发展的目标之中。而且，这种内涵稳定的职业品质和从事某一职业所必需的能力，也使得个体即使在离开了熟悉和专门的工作环境、身处新的工作环境的时候，仍然能够依托自身的职业品质和理解力，自主整合已有的知识、技能，积极适应新环境，努力解决新问题。因此，职业素质也直接体现着学生的综合素质，是学生综合素质不可缺少的一部分，关系着学生的就业和发展。职业素质越高的人，获得职业生涯成功和成就的机会也越大。

4. 身心素质——素质教育的支撑点

身体素质通常指的是人体肌肉活动的基本能力，是人体各器官系统的机能在肌肉工作中的综合反映，它是一个人生存、发展、享受的基本条件，既是事业发展的资本条件，也是生活幸福的保障条件。良好的身体素质能够使人增强对环境和条件的适应性和抗压性，保持身体健康状态，这不仅对人的成长意义重大，而且对更好地为社会做贡献、为企业谋发展关系密切。因此，增强身体素质是素质教育的重要内容之一，是促进学生全面发展的基石和保障。

身体素质包括一般身体素质和特殊身体素质。一般身体素质是指力量、速度、耐力、灵敏度、柔韧性、平衡能力、协调能力等基本素质，经常潜在地表现在人们的生活、学习和工作中，自然也表现在体育锻炼方面。特殊身体素质是指在运动、职业、军事等活动状态时所需要或表现出来的专门性、指向性的身体素质。现代社会分工越来越细化，职业类别也越来越多。不同职业的劳动者因劳动目的、劳动对象、劳动工具等的不同，在劳动性质和劳动强度等方面存在很大的差异，有的从事体力劳动，有的从事脑力劳动，有的从事混合性劳动，因此职业对从业人员的身体素质提出了特殊的要求。例如，航海、航空职业岗位要求平衡、协调、抗眩晕的素质；前厅接待、营业员、空乘等服务类职业要求情绪稳定、较强的自我控制能力和排除干扰的能力以及良好的腰背、下肢肌肉静力性耐力等。

一个人的身体素质虽与遗传有关，但与后天营养和体育锻炼的关系更为密切。作为培养高素质人才的摇篮，发展学生身体素质和职业体能（职业特殊身体素质），对提升人才培养质量具有积极的、重要的作用。高等院校在实施素质教育中，要把提高学生的身体素质作为学生成长成才的支撑点。

一个人的心理素质是基于一定的遗传生理基础发展而来的，在其后天所受的教育和影响下逐步形成的稳定的心理品质、心理能力和心理动力的动态综合，包括智力因素、非智力因素、心理潜能等。心理素质高的人，不容易产生心理问题。相反，心理素质低的人容易产生心理问题。也就是说，心理素质是以个体先天的禀赋为基础，将后天的刺激内化为稳定的、基本的、与人的行为密切相关的心理品质综合体，心理素质的形成源于生理、心理和外部环境的共同作用。

21世纪以来，我国相继出台了多个文件，强调加强学生的心理健康教育，并指出心理健康教育是社会全面发展对培养高素质创新人才的必然要求。如2018年7月4日中共教育部党组关于印发《高等学校学生心理健康教育指导纲要》的通知指出："深入学习贯彻习近平新时代中国特色社会主义思想，全面贯彻党的教育方针，把立德树人的成效作为检验学校一切工作的根本标准，着力培养德智体美全面发展的社会主义建设者和接班人。坚持育心与育德相统一，加强人文关怀和心理疏导，规范发展心理健康教育与咨询服务，更好地适应和满足学生心理健康教育服务需求，引导学生正确认识义和利、群和己、成和败、得和失，培育学生自尊自信、理性平和、积极向上的健康心态，促进学生心理健康素质与思想道德素质、科学文化素质协调发展。"心理素质教育是大学生步入社会之前必须接受的教育，学校要重视对学生心理素质的培养并提高学生的心理健康水平，通过多种有效的方法和手段，培养学生乐观豁达的心态，愈挫愈奋的精神，坚忍不拔的意志，强健丰满的人格。学校应提高学生的心理素质，帮助学生以良好的心态对人对事，以积极的心态工作生活，悦纳自己，包容他人，热爱生活，客观思考，拥有更加和谐的人际氛围和更为宽广的人生道路。

5. 创新素质——素质教育的主攻点

"创新"（innovation）这一概念最早由美籍奥地利经济学家熊彼特在1912年出版的《经济发展理论》当中提出。他认为"创新"是指新技术、新发明在生产中的首次应用，是一种新的生产函数，即生产要素和生产条件的新组合①。中国社会科学院语言研究所编写的《现代汉语词典》将"创新"解释为"抛开旧的，创造新的"。主要指从无到有、从旧到新的发展过程，既含有革新的意思，又有创造的意思。创新素质，就是学生在已有知识基础上，在其生活、实践活动中创造某种新的精神或物质产品的过程中所需要的相对稳定的基本素养。根据创新素质的内涵及国内外学者的概括，一般来说，大学生创新素质由创新意识、创新精神、创新思维、创新能力和创新人格五要素构成。

1996年，联合国教科文组织国际21世纪教育委员会的报告《教育——财富蕴藏其中》也指出："教育的任务是毫无例外地使所有人的创造才能和创造

---

① J. P . Guilford. Can Creativity be Developed? [J]. Art Education, 1958, 11 (6)：4.

潜力都能结出丰硕的果实。"2017 年 10 月 18 日，习近平同志在十九大报告中指出："创新是引领发展的第一动力，是建设现代化经济体系的战略支撑。要瞄准世界科技前沿，强化基础研究，实现前瞻性基础研究、引领性原创成果重大突破。"大学生要在学习过程中通过不断地汲取新知识、新技术和新方法，分析遇到的新情况，解决新问题，实现创造性地运用所学知识，这就要求各高校必须注重对学生的创新教育，结合学生的个性，开发学生的潜能，培养学生的创新素质。

　　培养学生的创新素质是适应当今时代的发展要求，是高校实施全面素质教育的核心内容，也是高校特色办学的关键因素。当今时代的经济发展不同于以往的农业经济和工业经济，是以高新技术为特征、以新知识的创造为核心，国家综合国力的增强依赖于高素质的科技型人才和创新型人才。随着我国经济结构和产业结构的不断调整，当今社会对劳动者的综合素质提出了比较高的要求。大学生提高创新素质可以使学生在解决实际问题的过程中，综合运用所学专业知识和掌握的技能，创造性地开展工作，提高就业竞争力。因此，高校应以促进学生的全面发展为宗旨、以市场和行业需求为动力、以促进就业为导向、以提高学生职业技能和职业素养为核心，大力开展创新教育，把创新教育作为人才培养的一个新的主攻点，培养学生发现与探索、重组知识与学会思考、应用知识与解决问题的能力并激发学生的创造力。高校应当培植学生敢于创新的勇气，具有迎难而上、坚忍不拔的意志；培养学生善于创新的智慧，具有革旧鼎新、解决问题的能力，真正成长为高素质的人才。同时，在现阶段就业压力较大的形势下，高校应当大力培养学生敢于创业、乐于创业的意识，培养学生把握时机、自主创业的能力。

（二）基于人才素质要求的思想政治理论课功能定位

　　依据《教育部关于印发〈高等学校思想政治理论课建设标准〉的通知》（教社科〔2015〕3 号）的要求，高等学校思想政治理论课的本科课程设置是"思想道德修养与法律基础"课、"毛泽东思想和中国特色社会主义理论体系概论"课、"中国近现代史纲要"课、"马克思主义基本原理概论"课和"形势与政策"课。

　　1. "思想道德修养与法律基础"课程的性质与作用

　　"思想道德修养与法律基础"是一门用马克思主义理论指导大学生成长成才的公共必修课程，主要对学生进行社会主义道德教育和法治教育，培养学生良好的思想道德素质和法律素质，解决学生在成长成才过程中遇到的实际问题。"思想道德修养与法律基础"课教学坚持以马克思列宁主义、毛泽东思想、邓小平理论、"三个代表"重要思想、科学发展观和习近平新时代中国特色社会主义思想为指导，以社会主义核心价值观为主线，综合运用多学科知识，以正确的人生观、价值观、道德观和法治观教育为基本内容，在理论与实际结合的基础上，对大学生面临和关心的实际问题予以科学的、有说服力的回答，增强学生的生活独立性，提高其适应能力；增强学生的思想科学性，提高其合作能力；增强学生的文化传承性，提高其创造能力；增强学生的修养自觉性，提高其实践能力。帮助学生牢固树立社会主义核心价值观，为学生的成长、成人、成才打下坚实的思想道德修养和法律修养的基础。同时，基于社会和企业对人才的素质要求，结合高等学校人才培养目标和学生职业素质提升的发展要求，各高校应通过课程建设和教学改革，注重培养学生良好的职业素质，包括培养学生良好的职业理想、职业道德、职业价值观；注重提升学生的职业核心能力，包括提升学生与人合作能力、自我学习能力、解决问题能力、信息处理能力、自我心理调适能力等，为学生的健康成才、持续发展打下坚实基础。

要充分发挥"基础"课的育人功能，就要准确把握"基础"课"传授知识、培养能力、提高觉悟"的基本任务。知识是能力和觉悟的载体，觉悟是知识和能力的归宿，而能力则是运用知识和体现觉悟的核心要素。围绕高等教育培养人才的目标，从学生实际出发，遵循必须、够用的原则，以素质为目标、以能力为主线设计教学内容，结合职业核心能力的培养，通过"道德和法律知识的传授、职业核心能力的培养、道德和法律素质的养成一体化""教、学、做一体化"的两个"三位一体"以及任务驱动、项目导向、启发引导与探究性学习相结合，彰显课程本身所具有的思想的力量、政治的力量、道德的力量、法治的力量和实践的力量。

要充分发挥"基础"课的育人功能，就要全面把握"基础"课的知识、能力和素质目标。一般来说，"基础"课的知识目标包括：第一，认识大学生的学习特点，了解高等教育的内涵、特征、发展趋势，明确"基础"课的性质和目的。明确和坚定理想信念，将远大理想与对祖国的高度责任感、使命感结合起来，做德智体美劳全面发展的社会主义建设者和接班人，成为担当民族复兴大任的时代新人。第二，系统学习人生观、价值观理论。引导学生深入思考有关人生是什么、人生意义是什么等基本问题，帮助学生领悟人生真谛、树立正确的人生观，积极投身人生实践，创造有价值的人生。第三，了解社会主义道德基本理论、中华民族传统美德、中国革命道德，了解社会生活中的道德规范和个人应当具备的美德，投身崇德向善的道德实践。第四，了解法律的概念及发展，了解我国社会主义法律的特征和作用，树立社会主义法治观念，尊重社会主义法律权威。第五，了解法律权利和法律义务，明确我国宪法规定的权利与义务，依法行使权利与履行义务。

"基础"课的能力目标包括：第一，能够在了解我国高等教育发展现状和趋势的基础上，深刻认识大学生的历史使命，初步培养学生学习生涯和职业生涯的规划能力。第二，能够在明确个体对自然、社会、他人和自身应该承担责任的基础上，提高大学生学习、交往及自我心理调节的能力，培养大学生生存能力和职业岗位的适应能力。第三，能够将道德的相关理论内化为自觉的意识、自身的习惯、自主的要求，成为校园道德生活的主体，提升职业实践中德行规范的意识和能力。第四，能够运用相关法律知识分析社会生活中的法律现象，在社会实践中合法地实施行为，能够自觉运用法律武器维护合法权利和利益，寻求法律途径解决法律纠纷和争议。拥有必要的用法、护法能力，能够依法参与公共生活、实施法律行为。第五，明确自己应尽的人生责任和义务，以及如何才能肩负起人生的责任和义务，能够正确处理个人的权利和义务、奉献与索取等问题。

"基础"课的素质目标包括：第一，形成高尚的理想情操；第二，具备正确的道德观，传递道德正能量；第三，树立正确的世界观、人生观、价值观和法治观；第四，具备良好的职业意识、职业理想、职业道德、职业态度、职业价值观和职业纪律；第五，具有自觉的法律意识和良好的法律素质，具有自觉依法办事的行为习惯；在追求自身合法权益的同时，具有依法行使和维护权利、依法履行义务的良好习惯。

2. "毛泽东思想和中国特色社会主义理论体系概论"课程的性质与作用

"毛泽东思想和中国特色社会主义理论体系概论"（以下简称"概论"）是一门用马克思主义中国化理论成果武装大学生头脑、提高大学生政治理论素养的公共必修课，该课程以中国化的马克思主义的历史进程为主线，从理论与实践、历史与逻辑的统一上揭示马克思主义中国化的理论轨迹，准确阐述马克思主义中国化的理论成果，帮助学生系统掌握毛泽东思想、邓小平理论、"三个代表"重要思想、科学发展观和习近平新时代中国特色社会主义思想，培养学生的"四个自信"，培养学生运用马克思主义及其中国化的理论成果分析、解决现实问题的能力，帮助学生掌握中国化马克思主义理论观察世界、分析国情的思维方法，提高学生政治理论素养，培育和践行社会主义核心价值观，坚定在党的领导下走中国特色社会主义道路的理想信念，激发学生投身于现代化建设事业的积极性、主动性和创造性。"概论"课使当代大学生深刻认识到坚持马克思主义指导地位对实现中华民族伟大复兴的中国梦的重要性，增强马克思主义理论学习的自觉性。课程内容涉及世界观、人生观和价值观，涉及马克思主义理论内容和精髓，是大学生应当具备的知识结构和素质结构的重要组成部分，也是培养中国特色社会主义合格建设者和可靠接班人的不可缺少的教育内容。

要充分发挥"概论"课的育人功能，就要全面把握"概论"课的知识、能力和素质目标。一般来说，"概论"课的知识目标包括：第一，了解马克思主义中国化的历史进程，深刻领会马克思主义中国化两大理论成果的深刻内涵和精神实质，完整把握基本原理、基本观点和基本知识，并把马克思主义中国化进程中产生的、作为中国化马克思主义的理论成果，作为一个一脉相承而又与时俱进的统一整体来把握；第二，着力分析我们党怎样适应时代和历史的发展，在中国革命、建设和改革的进程中，不断从中国的实际出发，在不断总结正反两个方面历史经验的基础上，把马克思主义基本原理同中国的具体实际结合起来，实现党的指导思想的与时俱进，从而推动革命、建设和改革事业的发展。通过这样的分析和论述，学习马克思主义的立场、观点和方法。

"概论"课的能力目标是通过学习课程，让学生能够运用马克思主义、毛泽东思想、中国特色社会主义理论体系的基本理论、观点、方法来正确分析、发现和解决社会现实问题。以马克思主义中国化为主线，综合运用哲学、社会学等相关学科的知识，依据学生自身的特点和成长规律，教育和引导学生，提高他们的政治理论素养，增强走中国特色社会主义道路的坚定信念。

"概论"课的素质目标是通过学习基本知识，帮助学生坚定社会主义信念，认清只有在中国共产党领导下坚持社会主义道路，才能救中国和发展中国。培养学生运用马克思主义的基本立场、观点、方法及党的路线方针、政策分析和解决实际问题的综合素质。

3. "中国近现代史纲要"课程的性质与作用

"中国近现代史纲要"课虽是高校思想政治理论课程之一，但它和其他三门课最大的不同就是它是一门历史课，开设此课的目的是通过历史教育培养学生的爱国主义信念和民族精神。作为一门历史课，特别是针对大学本科生开设的历史课，我们在教学实践中还应对学生进行以下四个方面的培养：一是着重培养既相对独立又互相联系的五类历史思考能力（按照年代顺序思考问题的能力、对历史的理解能力、对历史的分析和解释能力、对历史的研究能力、对历史的问题分析和决策能力），从而使历史教学的基本模式由传授历史知识类型转变为思维训练的类型；二是侧重于训练学生掌握探究历史的具体方法，尤其是重视对各种历史资料的运用，培养学生在掌握证据的基础上分析和解决历史问题；三是不把历史学习当成对历史知识的机械识记，而是注重对历史的分析和理解，使学生能够识别各种历史解释，并提出自己的历史解释；四是注重培养学生的历史观，使学生能够运用历史的视野来认识和理解社会现实问题。

同时，在本课程的教学过程中我们又应充分认识到该课程的性质是公共必修课，是思想政治理论课，其评价指标可量化为政治素养、理论素养、能力素养和社会实践四个方面，并最终落实到大学生对"两个了解""三个选择"的认识上来，落实到大学生对中国近现代争取民族独立、人民解放和国家繁荣富强、人民共同富裕这两大历史任务的实现过程中，一代代仁人志士顽强探索不断奋斗的理解程度上来，落实到大学生积极投身实践这一近现代"主题"的自觉性上来。

4. "马克思主义基本原理概论"课程的性质和作用

"马克思主义基本原理概论"课是中宣部、教育部规定的高校思想政治理论系列课程之一。本课程内容涵盖马克思主义哲学原理、马克思主义政治经济学原理和科学社会主义原理等内容。本课程的知识目的是对学生进行系统的马克思主义理论教育。本课程让学生学习马克思主义认识和观察物质世界、人类历史和社会生活关系的基本立场、观点和方法，学习、掌握辩证唯物主义和历史唯物主义的世界观和方法论，学习了解资本主义生产关系的实质及其发展趋势，学习了解社会主义、共产主义的客观必然性和建设发展的历史过程性，以及对劳动解放、人类解放的理想状态的追求及其历史进步意义和现实超越意义。本课程的能力目标是：形成科学合理的人生取向和社会取向，形成博大的胸怀和深邃睿智的头脑和眼光，能够自觉按照世界历史的发展规律和人类社会文明进步的客观规律思考人生，建设社会，提升学生的思想文化和社会历史科学理论水平。本课程的素质目标是：树立正确的世界观、人生观和价值观，培养和提高学生运用马克思主义理论分析和解决实际问题的能力，坚定为中国特色社会主义事业而奋斗的理想信念。

"马克思主义基本原理概论"课在整个思想政治课教育教学中发挥着基础、核心、灵魂的作用，并为学生学好各专业知识提供方法论的指导。

5. "形势与政策"课程的性质与作用

"形势与政策"课由教育部根据中宣部关于形势与政策教育的部署，每年制定两期形势与政策教学要点，于春、秋两季学期开学前印发全国各地教育部门学校，作为教学参考资料。"形势与政策"课坚持以马克思列宁主义、毛泽东思想、邓小平理论、"三个代表"重要思想、科学发展观和习近平新时代中国特色社会主义思想为指导，紧密结合全面建成小康社会、全面深化改革、全面推进依法治国、全面从严治党的实际，根据新时代面临的新情况新问题，针对学生关注的热点问题和思想特点，着重进行党的基本理论、基本路线、基本纲领和基本经验教育；进行我国改革开放和社会主义现代化建设的形势、任务和发展成就教育；进行党和国家重大方针政策、重大活动和重大改革措施教育；进行当前国际形势与国际关系的状况、发展趋势，我国的对外政策，世界重大事件及我国政府的原则立场教育；进行马克思主义形势观、政策观教育。帮助学生认清国内外形势，教育和引导学生全面准确地理解党的路线、方针和政策，坚定在中国共产党领导下走中国特色社会主义道路的信心和决心，积极投身改革开放和现代化建设伟大事业。

要充分发挥"形势与政策"课的育人功能，就要全面把握"形势与政策"课的知识、能力和素质目标。该课程的知识目标是帮助学生了解国内、国际重大形势与政策，树立正确的马克思主义形势观、政策观；能力目标是提高大学生政治鉴别力和分辨是非的能力；素质目标是提高大学生的思想政治理论素养，提高大学生分析问题和解决问题的能力。

综上，高校思想政治理论课既具有最为根本的思想理论教育功能，也具有潜在地提升学生文化素质、职业素质、创新素质、心理素质等素质教育功能。

第二章 高等院校思想政治理论课教学模式改革的必要性

　　我国新时代高等教育事业发展取得了显著进步，整体办学条件和科研实力都获得大幅提升，一大批重点高校和学科已经跃居世界前列，正如教育部高教司吴岩司长所言："中国高等教育发展整体上进入世界中上水平，开始进入世界高等教育发展第一方阵。"但是，我们在为此感到振奋的同时也必须清醒认识到，我国高等教育发展仍然存在一些问题，其中比较突出的就是高校思想政治工作被弱化和思想政治理论课被边缘化，去政治化、去意识形态化的问题在一些高校不同程度地存在。有的学校截至今天依然以分数"论英雄"，对学生干部的选拔以及入党评优排序也是以学习成绩为标准，忽视学生思想教育的现象仍然普遍存在。还有少数教师利用青年大学生思想不成熟、三观未定型的特点，将高校课堂当成传播负面观点、社会谣言与西方价值观的平台，更有些人及其背后势力不断鼓噪高等教育去政治化、去意识形态化。这些现象的存在迫切要求我们必须全面加强和改进高校思想政治工作，全面加强高校思想政治理论课建设。

　　目前高等院校的思想政治理论课普遍存在实效性较低、不具有吸引力和感染力的问题，面临着教材、教学内容不合理，教学方法缺乏艺术性，学科地位不受重视，考核方式格式化，缺乏实践教学环节的困境。诸如传统的"灌输式"教学仍然是课堂教学的主流方式，这已不能适应时代的发展，更不能满足学生的需求，为了激发学生的兴趣，教学改革迫在眉睫，也是必然的发展趋势。

一、高等院校思想政治理论课教学面临的机遇与挑战

　　新时代对高等院校思想政治理论课教育教学提出了新的更高的要求，只有积极应对挑战、更新理念、抓住机遇，才可有所作为。

（一）面临的机遇

第一，改革开放和社会主义现代化建设，特别是我国教育科技事业不断发展，为在校学生的思想政治方面的健康成长提供了更加有利的条件，开辟了更加广阔的空间。随着我国教育事业的发展，学校逐渐引进先进的硬件设施，多媒体教学越来越普遍地走进课堂，大大方便了教师在对在校学生的思想政治教学中使用相关音频。这不仅增强了教师授课的趣味性，能够更好地吸引学生的注意力，激发学生的学习兴趣，而且能够更加生动地阐释课堂教学的相关内容，将书本上空洞的知识活灵活现地展现在学生面前，帮助学生理解，从而使学生将书本上的知识升华为自己的东西并学以致用，使学生对思想政治教育从内心深处真正认同，自觉地约束自己的行为，提高自身的政治觉悟，争做一名道德高尚的社会公民。

第二，互联网的快速发展和大范围使用，为我国在全国范围内普及思想政治教育提供了信息传输媒介，为思想政治教育工作提供了新的手段和武器。互联网教学丰富了思想政治的教学方式，在新时代下，网络交往具有一定的交互性和主动性。这将对大学生思想政治教育产生积极影响，学生在学习过程中也可以打破时空的局限性。通过社交平台，学生可以更好地与老师取得及时的联系，能够更为及时地向老师询问问题，与同学们进行交流。因此，在互联网时代下，可以很好地创新思想政治教育的方式，老师可以在各种社交平台上传学习资料，可以有效利用学生课后的学习时间。

第三，国家对思想政治教育工作的重视、对思想政治教育工作的大力支持，对于进一步推进和普及思想政治教育有巨大的作用。我国党中央、教育部等相关机构和部门对思想政治教育工作的重要性有着深刻透彻的认识和理解，并多次发布强调思想政治教育的文件，督促下级各地各部门积极努力地加强思想政治教育，尤其是习近平总书记十分重视大学生的思想政治教育工作。习近平总书记曾多次指出，思想政治工作是我们党的优良传统和政治优势，是经济工作和其他一切工作的生命线。此外，习近平总书记还在不同场合发表了一系列重要论述、做出了一系列重要指示。习近平指出，加强和改进大学生思想政治教育，提高他们的思想政治素质，把他们培养成中国特色社会主义事业的建设者和接班人，是时代的要求、历史的重托、人民的期望，对于实现中华民族伟大复兴的中国梦具有重大而深远的战略意义。国家对我国思想政治教育工作的重视，有利于我们工作的顺利开展。

第四，我们在过去的思想政治教育工作中所积累的经验教训，能够帮助我们当前的思想政治教育工作更加顺利地进行。在我们的社会主义现代化建设历程中，思想政治教育工作从未停止过，并且取得了可喜的成就，在这一过程中我们积累了大量的经验和教训，在当今的思想政治教育中，我们可以借鉴成功的经验，总结过去的教训和问题，避免重蹈覆辙。

（二）面临的挑战

2017年年底，教育部完成了自中华人民共和国成立以来思想政治理论课建设史上前所未有的"地毯式"大调研。调研发现：86.6%的受访学生表示非常喜欢或比较喜欢上思想政治理论课；91.8%的受访学生表示非常喜欢或比较喜欢自己的思想政治理论课教师；91.3%的受访学生表示在思想政治理论课上很有收获或比较有收获。思想政治理论课教学总体上发展势头良好，但同时也面临着以下几个方面的新困境：

第一，学校领导层对思想政治理论课教学工作异常重视与实际上没有实质的政策支持之间的矛盾。目前，迫于教育部的要求和社会形势的需要，高校以党委书记和校长为代表的高校领导层都非常重视高校的思想政治理论课教学工作，有不少党委书记、校长都走上讲台亲授思想政治理论课。但是，思想政治理论课在高校中"说起来重要，做起来次要，忙起来不要"的状况并没有太大改观。

第二，高校思想政治理论课教学坚持以马克思主义为根本指导思想与社会多元思潮冲击之间的矛盾。随着时代发展、社会进步、国际化以及以互联网为主的信息技术的飞速发展，不同国家、不同民族的交流日盛，社会思潮多元交汇冲击。从积极意义上讲，各种社会思潮的交汇，有利于我们借鉴与吸收国外的先进思想，为国家的思想文化发展服务。但这种状况也容易造成人们思想的迷茫与挣扎。对思想信念尚不成熟稳定的大学生来讲，更容易出现道德观、政治观与价值观的错位，这些新情况给高校思想政治理论课教学带来了前所未有的困扰与挑战，从而影响高校思想政治理论课教学的实效性。

第三，党和国家层面对青年学生思想政治教育工作的高度重视与学生在思想政治理论课上出现的新问题之间的矛盾。高校思想政治理论课肩负着对大学生进行系统的马克思主义理论教育和思想政治教育的任务，党和国家对此非常重视，从思想政治理论课教材的编写审定到具体的教学实施，都受到党和国家最高领导层的特殊关怀。尽管从最新的调查中可以看出大部分学生喜欢上思想政治理论课，但也有学生在思想政治理论课的课堂上表现出一些新的问题，如他们喜欢安静地坐在自己的座位上，不互相打扰或者做其他学科的作业、背单词、看手机新闻、看微信朋友圈等。有部分学生在思想政治理论课上"身虽在，心已远"的状态是高校思想政治理论课教学中难以解决的困境。

第四，高校思想政治理论课教师不断进行多样化教学模式的改革探索与教学质量评价模式单一化之间的矛盾。随着互联网技术和多媒体技术的发展和成熟，越来越先进的教学手段和模式被运用到思想政治理论课教学中，思想政治理论课教学越来越呈现出多样化的特征。但是，由于高校对于思想政治理论课教学质量的评价还停留在单一落后的模式中，有些教师惮于评教后果而对教学改革望而却步。现在的思想政治理论课教师，一方面，面临着上级部门和学校要求思想政治理论课不断进行改革探索的压力；另一方面，又面临着担心评教成绩影响职称晋升、评奖、评优等而不敢尝试突破旧的教学模式的矛盾。

二、思想政治理论课教学模式改革的原因

思想政治理论课教学是对大学生进行思想政治教育的主渠道和主阵地，党中央历来十分关心高等院校的思想政治理论课的教育教学工作，多次强调"坚持用发展着的马克思主义武装大学生，始终保持教育教学的正确方向；坚持理论联系实际，贴近实际、贴近生活、贴近学生；坚持开拓创新，不断改进教育教学的内容、形式和方法""实现教学方式方法多样化、实践教学规范化和教学手段现代化""要通过形式多样的实践教学活动，提高学生思想政治素质和观察分析社会现象的能力，深化教育教学的效果"，这为高等院校的思想政治理论课教学模式的改革指明了方向。

（一）社会发展的新变化和高等教育的发展客观上要求改革思想政治理论课教学模式

当今世界正面临百年未有之大变局。中国特色社会主义进入新时代，社会主义市场经济体制改革进入深水区，社会结构也愈发呈现急剧变化的态势，面对社会转型和自身成长问题突出的大学生群体，思想政治教育工作也面临新的挑战。同时，随着我国经济的快速发展，高等教育水平有了很大的提高，特别是自党的十八大以来的发展，中国高校在世界的排名中位次整体前移。这说明我们高等教育办学的质量和水平已经开始冲刺世界水平。党的十九大明确提出"加快一流大学和一流学科建设，实现高等教育内涵式发展"，对"双一流"建设提出了新任务新要求。作为高等教育系统的思想政治理论课教学当然应该

顺应这种变化和发展趋势，做出及时调整，只限于课堂教学的改革可能还远远不够，必须在系统的教学模式的构建和课程建设上进行不断的创新。

（二）思想政治理论课教学模式自身的发展规律要求做出自我变革

任何一种教育教学理念都是那个时代的需要和产物，而教学模式又是基于一定的教育教学理念开展教学活动的循环范式，教育教学理念的不断更新势必带来教学模式的不断创新，加之任何一种教学模式都不是万能的永恒不变的东西，因此思想政治理论课的教学模式也需要在不断的实践中优化调整。

近些年的教育教学理念经历了从"主导主体论"到"双主体论"再到"以学生为本"的发展阶段，教学模式构建的基点也随之发生迁移。例如，在教学目标的确定上，《中共中央宣传部　教育部关于进一步加强和改进高等学校思想政治理论课的意见》（教社政〔2005〕5 号）已从以往相对单一的重思想政治目标转化为重综合素质的提升；在教学形式和方法的选择上，已从"单向注入式"转化为"启发互动式"；在教学评价的体系构建上，已从"单一结果性"评价转化为"多元过程性"评价。

（三）思想政治理论课教学现状要求改革教学模式

长期以来，由于思想政治理论课的教育教学观念陈旧、经费投入少等原因，教学模式长期固定不变，教学形式缺乏创意，渐渐失去了自身的活力和对学生的教育教学吸引力，由此造成了教学过程中教和学的完全背离。很多高校的思想政治理论课呈现出喜感性实践厌抽象理论灌输、学生的自主意识和学习能力欠缺等特点，如果只采用传统的讲授模式，教学效率之低可想而知。对笔者所在的本科院校的学生的相关调查显示，有 90.9 的学生"希望多多采用案例式、专题研讨式教学形式"，95.4%的学生更喜欢"以多媒体作为教学媒介"，68.1%的学生认为"考核应贯穿学期学习的整个过程"，这些数据在一定程度上说明了教学模式的创新对教学实效性的重要性。因此，各高校只有不断以增强思想政治理论课教学实效性和针对性为目标构建科学的教学模式，并贴近学生、贴近生活、贴近实际，才能增强思想政治理论课教学的凝聚力、感染力和说服力。

三、思想政治理论课教学模式变革历程

高校思想政治理论课的发展历史与中国共产党的发展历程一致，而将其系

统予以开设则源于中华人民共和国的成立，因此，我们把中华人民共和国的成立，作为高校思想政治理论课历史发展的逻辑起点。由此看来，我国高校的思想政治理论课经历了初步发展、曲折发展、严重扭曲、恢复稳定、全面发展和改革完善等多个发展阶段。在这一过程中，高校思想政治理论课程体系不断完善，并经历了七次演变，勾画出课程设置的变革脉络。但与课程体系的演进不同步的是，高校思想政治理论课的教学模式变革缓慢，固化严重，直至信息技术推动下网络教学新媒体的出现和繁荣，这一状况才逐渐得到转变，但教学模式的变革依然面临困境，同质化倾向明显。本书将分五个时期对高校思想政治理论课的教学发展进行全面回顾，并对每一时期的教学模式变革进行简要分析。

（一）初步创立阶段（1949—1956 年）

中华人民共和国成立后，我国开始探索思想政治理论课的建设。1952 年，教育部发布了《关于全国高等学校马克思列宁主义、毛泽东思想课程的指示》，规定了各类高等学校开设的课程、学时与先后次序等，标志着我国高等学校马克思主义理论课课程体系基本建立。1964 年，中共中央宣传部、高等教育部党组、教育部临时党组下发了《关于改进高等学校、中等学校政治理论课的意见》（以下简称《意见》），对政治理论课的任务、课程、教材、教学方法的改革、教师队伍的建设和党的领导问题提出了明确要求。值得关注的是，该《意见》指出政治理论课教学要贯彻启发式教学法，并明确反对死记硬背的考试方式，提出可由写学习心得、思想小结等方式代替考试。

教学模式分析：中华人民共和国成立初期，高等教育百废待兴，高校思想政治理论课的课程体系和教学模式也初步建立，处于刚刚起步、开始学习的阶段。这一时期，恰逢"全面学苏"，高校思想政治理论课教学也全盘学习苏联模式，具有高度的计划性，强调集体主义、接受学习。从教学类型上分析，属于祝智庭教授定义的"集体主义—客观主义"教学模式和钟志贤教授定义的"群体—接受"教学模式。从组成要素分析，当时，高校思想政治理论课的教学理论是客观主义教学理念，教学目标是培养具有"五爱"公德的国民，帮助大学生建立革命的人生观。操作程序是教师讲授、学生接受的教条式教学，实现条件是师生在实体的班级授课中共同营造的教学情境，在举国上下都高度重视高等教育的大环境下，课程教学的外环境是积极和有利的，教学评价以分数为唯一依据，存在唯分数论现象。从教学模式建构的原则上看，科学性、主体性、实践性、有效性均有不足，教学设计很少关注学生的认知规律、关注学生的主体性和发展，也很少联系社会和生活实际，教学质量堪忧。

（二）曲折发展阶段（1957—1976 年）

"文化大革命"期间，高等教育经受了巨大冲击。思想政治理论课的教学以"无产阶级专政下继续革命的理论"为核心内容，并将课程学习与阶级斗争的实践相结合。由于"文化大革命"指导思想的错误，其间高校的政治理论课学习以服从政治革命的需要为目的，无法起到用先进理论武装大学生头脑的作用。然而，在"文化大革命"时期，广大工农兵大学生出于对党和毛主席的热爱，主动自学马列主义、毛泽东思想，并坚持理论联系实际，学以致用，产生了较好的影响。

曲折发展时期的思想政治理论课教学历经波折，并日渐出现偏离。在教学内容上，由于"大跃进"的冲击，一度停开四门思想政治教育课程，只开一门社会主义教育课程。"61 方案"恢复了课程体系，也首次提出分科设课的思想，并对课程讲授和自习时间进行严格规定，这无疑是一大进步，但这一课程体系在"以阶级斗争为纲"的错误观点的引导下，渐行渐远。这一时期的高校思想政治理论课教学模式处于初步探索的阶段，由于教育者逐步意识到强制灌输的"注入式"教学之弊端，因此他们进一步强调了启发式教学方法的重要性，并在常规课堂讲授和讨论的基础上，突出了对学生读书环节的要求。但总体而言，由于具体的教学实践落实较少，教学模式与初创阶段并无二致。"集体主义—客观主义""群体—接受"的教学模式仍是主流，客观主义的教学理念仍是主导。后来，"文化大革命"期间的高校思想政治理论课教学模式处于严重的"断裂"状态。当时教学目标比较狭隘，正规的教学不复存在，教学模式自然也无从谈起。

（三）恢复稳定阶段（1977—1984 年）

"文化大革命"结束后，1977 年，在邓小平同志的极力倡导下，高考制度得以恢复。1978 年，全国上下开展了为期半年、声势浩大的真理标准大讨论，这是一次普遍的辩证唯物主义的思想教育，有力冲破了"左"倾错误的禁锢，拓展了人们的思路和视野，促进了拨乱反正和党的社会主义现代化建设事业的发展，也对党的思想路线和组织路线的重新确立起到了重要的推动作用。邓小平同志对此给予高度评价："关于真理标准问题的争论，的确是个思想路线问题，是个政治问题，是个关系到党和国家的前途和命运的问题。"随后，党的十一届三中全会召开，重新确立党的实事求是的思想路线和马克思主义的组织路线。自此，我国的思想政治教育实现了历史性转折，彻底摆脱了"以阶级斗争为纲"的牢笼，回到了思想政治工作和经济工作相结合的道路上，高校思想政治理论课教学也因此取得了长足进步。

这一时期的课程体系经历了"78方案"的调整，思想政治理论课教学运行表现出逐渐恢复和稳步发展的良好态势。"78方案"是"文化大革命"后的首个过渡方案，充分肯定了中华人民共和国成立28年来马列主义理论课的重要作用。"78方案"指出，开设马列主义理论课，是新中国大学区别于旧中国大学，社会主义高等学校区别于资本主义高等学校的重要标志，并对思想政治理论课的课程设置、学时、教材、教学方法、教师队伍、领导体制做出规定。高等学校的马列主义理论课程一般应开设辩证唯物主义与历史唯物主义、政治经济学、中国共产党党史三门课程。"78方案"为后续课程建设和持续发展奠定了良好的基础。1982年，教育部着手开设思想品德课。1984年，又着手增设中国社会主义建设基本问题课程。总之，恢复稳定阶段的思想政治理论课程大致延续了改革开放以前的体系，反映出较强的继承性和连续性。同时为了发展需要，增加了中国社会主义建设基本问题课程，根据培养目标需要，又增加了共产主义思想品德课程，表现出课程建设的与时俱进性。至此，由"马克思主义理论课"和"思想品德课"构成的"两课"模式正式形成，思想政治教育的学科和专业建设也正式起步。

改革开放初期的思想政治理论课教学处于恢复期，并无大的动荡，也正是这种平稳，为思想政治理论课的教学改革创造了机遇和条件。这一时期的高校思想政治理论课教学，随着教学内容的不断丰富，教学方法开始变得灵活多样，启发式、参与式教学方法得到进一步提倡和推进。1980年，教育部印发的《改进和加强高等学校马列主义课的试行办法》（教政字〔1980〕10号）将理论联系实际的学风作为思想政治教育的重要方针，还首次提及现代化教学手段对教学的辅助作用，体现出教学改革和教学方法多元化的趋势。1984年9月，中共中央宣传部、教育部联合印发《关于加强和改进高等院校马列主义理论教育的若干规定》（中宣发〔1984〕36号），重申要大力改进教学方法，坚决克服"注入式"教学，实行启发式教学，把教学变为师生一起运用马列主义的立场、观点、方法研究和讨论问题的过程。要将课堂讲授与生动活泼的教育活动相结合、注意引导学生进行自我教育。

恢复稳定阶段的高校思想政治理论课教学，改革一触即发，在肃清历史遗留影响的同时，各项改革举措亟待探索和实施。这一时期的课程教学模式虽然并无大的改观，但已逐步走上科学探索的道路。从对真理标准大讨论、理论联系实际教育方针的强调，直至启发式教学方法的大力倡导，表明高校思想政治理论课教学的科学性和实践性真正得到重视。尤其值得一提的是，根据当时教育部对改进和加强高校马列主义课教学的要求，在坚持马列主义、毛泽东思想的科学性和党性，服务于实现社会主义现代化建设的最大政治前提下，师生讨论理论，允许说错话、允许改正，不抓辫子、不打棍子、不扣帽子。这是对课堂教学自由的极大弘扬，为高校思想政治理论课教学模式的科学探索营造了良好的环境和局面。在这一时期，信息技术开始兴起，现代教学手段在教学中的应用已初步显现和被提及，但其作为教学媒体对教学模式的实际影响尚未显现。

（四）规范改革阶段（1985 年至今）

自中共中央《关于改革学校思想品德和政治理论课程教学的通知》（中发〔1985〕18 号）（以下简称"85 方案"）发布以来，高校思想政治理论课进入规范建设时期。思想政治理论课教学改革方向随之明确，力度随之加强，表现出如下趋势：

教学内容不断体现马克思主义中国化的最新理论成果。"85 方案"明确了大学思想政治理论课的教学内容，提出大学要进行以中国革命史为中心的历史教育、马克思主义理论教育，并向学生介绍各类社会思潮，同时进行中国社会主义建设和改革的理论、政策及实际知识的教育。1992 年，党的十四大将建设中国特色社会主义理论写入党章，改革开放和社会主义现代化建设进入新阶段。为适应时代和理论的发展，1993 年中共中央组织部、中共中央宣传部、国家教育委员会印发《关于新形势下加强和改进高等学校党的建设和思想政治工作的若干意见》的通知（教改〔1993〕4 号），提出"坚持用邓小平同志建设中国特色社会主义的理论武装广大党员和教育师生员工"是高校党建和思想政治工作的首要任务。该意见还对"两课"课程建设提出了明确要求，即注重吸收建设中国特色社会主义伟大实践中产生的新的科学理论成果，回答"热点"问题。1998 年，中共中央宣传部、教育部又下发《关于普通高等学校"两课"课程设置的规定及其实施工作的意见》（教社科〔1998〕6 号）（以下简称"98 方案"），提出"两课"教学改革在内容和方法上要进一步解决好邓小平理论"进教材，进课堂，进头脑"的主要任务。

2005 年，中共中央宣传部、教育部下发的《关于进一步加强和改进高等学校思想政治理论课的意见》（教社科〔2005〕5 号）（以下简称"05 方案"）指出，高校思想政治理论课要以马克思列宁主义、毛泽东思想、邓小平理论和"三个代表"重要思想为指导，深入贯彻党的十六大精神。"05 方案"根据这一指导思想，设置毛泽东思想、邓小平理论和"三个代表"重要思想为本科必修课程。随着中国特色社会主义理论体系的不断发展，2007年党的十七大提出中国特色社会主义理论体系的概念，2008年我国出版《毛泽东思想和中国特色社会主义理论体系概论》"马工程"教材，并分别于2010年、2013年、2015年、2018年出版修订版。中国特色社会主义理论体系发展的最新成果不断充实思想政治理论课教学，是思想政治理论课教学始终保持生命力的源泉。

教学方法由单一走向多元。改革开放后，随着高校思想政治理论课教学内容的规范和现代教育技术的出现，教学方法由单向的理论灌输走向多元化。"85方案"提出在教学方法上，要改变注入式的教学方法，进行启发式教学；改变抽象灌输的教学思路，应用丰富生动的事实来论证理论。1993年，中共中央组织部、中共中央宣传部、国家教育委员会印发《关于新形势下加强和改进高等学校党的建设和思想政治工作的若干意见》的通知提出，要改进教学方法，运用课堂讨论、社会实践、演讲答辩等多种方式和现代化教学手段，提高教学效果。1995年，国家教委印发的《关于高校马克思主义理论课和思想品德课教学改革的若干意见》的通知指出，要丰富教学环节，指导学生阅读原著，精心设计课堂讨论，开展电化教学，提高学生用马克思主义基本理论和方法解决实际问题的能力。

"98方案"指出"两课"是对大学生系统进行思想政治教育的主渠道和主阵地，设置了普通高校"两课"课程，提出了大力推进"两课"教学内容和教学方法改革的意见，并明确在方法上要采用读书、讲课、研讨和运用相结合的方式进行教学。"05方案"提倡启发式、参与式、研究式教学，要求认真探索专题讲授、案例教学等多种教学方法，推广大班讲授、小班辅导的教学经验，广泛运用多媒体、网络技术等现代教学手段。"05方案"还强调思想政治理论课所有课程都要加强实践环节，把实践教学与社会调查、志愿服务、公益活动、专业课实习等结合起来，深化教育教学效果。在考试方法的改革上，要采取多种方式，力求全面、客观反映大学生的马克思主义理论素养和道德品质。

在实际教学中，各高校以教学改革为突破口，探索创新教学方法。各高校思想政治理论课可综合运用案例式、讨论式、互动式、多媒体教学方法，并指导学生进行研究性学习，如大连理工大学的案例教学法、沈阳航空航天大学的思想政治理论课情景剧教学法等。

以课程建设促学科建设。改革开放后，高校思想政治理论课以马克思主义理论教育为主线，以中国化的马克思主义为核心内容，并将思想品德教育贯穿其中。1985 年 8 月，中共中央下发的"85 方案"形成了思想品德课、政治理论课"两课"教学的雏形，并决定成立全国马克思主义思想理论课教材编审委员会。1986 年，国家教育委员会出台《关于在高等学校进一步贯彻〈中共中央关于改革学校思想品德和政治理论课程教学的通知〉的意见》，总结了"85 方案"下发后，各高等院校贯彻落实的情况，提出用三到五年的时间进行政治理论课教学改革的目标。在具体的教学改革中，采取先易后难，由点到面的思路，如课程建设大致采取制定大纲—教学试点—试用教材—修改教材的步骤。在课程的推进上，先着手改革难度相对较小的"中共党史"课程。1995 年，国家教委印发《关于高校马克思主义理论课和思想品德课教学改革的若干意见》的通知，提出在社会主义市场经济环境下，"两课"教学需深化改革，以使教学内容和方法、学科建设、教师队伍建设等适应新形势。教学改革的目标是要逐步形成结构合理、功能互补的"两课"课程体系。

2005 年，中共中央宣传部、教育部下发的"05 方案"提出了加强和改进高等学校思想政治理论课的指导思想和总体要求。"05 方案"科学设置了高校各个层次思想政治理论课课程体系。为提高教材质量，"05 方案"还提出将高等学校思想政治理论课教学大纲和教材编写纳入马克思主义理论研究和建设工程，并由中宣部、教育部负责编写全国高等学校思想政治理论课教材。课程和教材的稳定，是思想政治理论课朝着健康方向发展的重要保证。根据"05 方案"推进高等学校思想政治理论课学科建设的要求，2005 年年底，国务院学位委员会、教育部下发的《关于调整增设马克思主义理论一级学科及所属二级学科的通知》（学位〔2005〕64 号），要求设置马克思主义理论一级学科。一级学科的设置，保证了思想政治理论课教学独立发展的空间，创造了马克思主义学科体系建设的条件，为思想政治理论课课程在学科支撑下得以科学发展提供了保障。

以师资建设促课程改革。要提高思想政治理论课教学质量和水平，关键在教师。自"85 方案"以来，思想政治理论课教师队伍建设的条件不断得到保障。1993 年，中共中央组织部、中共中央宣传部、国家教育委员会印发《关于新形势下加强和改进高等学校党的建设和思想政治工作的若干意见》的通知强调了"两课"教师队伍的建设，鼓励"两课"教师以研促教，并在培训学习、职称评定和奖酬金分配方面实行倾斜政策。1995 年，国家教委印发的《关于高校马克思主义理论课和思想品德课教学改革的若干意见》的通知提出，抓好师资队伍建设是"两课"改革和建设的一项紧迫战略任务。要培养一支坚信马克思主义、政治上与党中央保持高度一致、有扎实的马克思主义理论基础和一定的科研能力的教师队伍。在待遇上，要保证"两课"教师的待遇不低于或略高于校内其他任课教师的平均水平。"05方案"提出要通过拓宽教师来源渠道、建立完善教师队伍培育体系等措施，造就一支高素质的思想政治理论课教师队伍。"05方案"尤其强调了思想政治理论课教师的政治原则、立场和方向必须与党中央保持一致。

目前，高校思想政治理论课以充实的教学内容、多元的教学方法、规范的课程设置和学科建设、不断增强的师资力量彰显了教学改革和创新的成效。

规范改革阶段的高校思想政治理论课教学的最大特点是受到了信息技术的高度渗透和深刻影响，进而促使课程教学模式的创新。在信息技术的发展过程中，现代媒体或者与传统媒体结合，渐进式地改变教学模式，如多媒体辅助教学；或者创造性地单独运用，全局性地改变教学模式，如互联网、QQ群、微课、慕课（MOOC）、直播等新技术手段有机融合，建立开放、虚拟的网络学习社区；等等。自"05方案"实施以来，基于信息技术，许多高校开展了形式多样的思想政治理论课教学模式改革，有效提高了教学的吸引力和感染力。总之，在信息技术的发展过程中，高校思想政治理论课教学发生了重要变化，教学资源更加丰富，教学模式更加多样，教学信息化程度更高。但是与信息技术的发展速度，特别是与大学生自身发展的需求相比，高校思想政治理论课的教学模式变革还略显滞后，信息技术与教学内容的深度融合还任重而道远。

四、思想政治理论课教学模式改革的对策建议

对高等院校思想政治理论课教学现状的分析表明，思想政治理论课教学模式改革是一个长期的大工程，实施难度大，需要从多方面入手，坚定改革决心，不断探索才能取得成效。为深入贯彻落实习近平新时代中国特色社会主义思想和党的十九大精神，进一步巩固马克思主义在高校意识形态领域的指导地位，坚持社会主义办学方向，全面贯彻党的教育方针，加强新时代高校思想政治理论课建设，全面推动习近平新时代中国特色社会主义思想进教材进课堂进学生头脑，培养担当民族复兴大任的时代新人，2019年8月，中共中央办公厅、国务院办公厅印发的《关于深化新时代学校思想政治理论课改革创新的若干意见》，对新时代高等院校思想政治理论课教学改革有深刻启示。

（一）转变教师的教学观念，树立以学生为主体的意识

要确立学生在思想政治理论课教学中的主体地位，首先应从转变教师教育观念入手，要从新的角度来认识和看待高等思想政治理论课程，真正确立学生在思想政治理论课的主体地位。思想政治理论课教师要始终把学生看成有自主能动性，处于主体地位的独立个体，在设计教学目标、教育途径、教育方法等方面，都应从学生的主体需要出发。当今的大学生，自主意识普遍比较强，有着自己独特的思维方式和价值观念。教师要把学生看作与教师在人格上完全平等的主体，要相互尊重、相互理解。教师如果过多地采取说教、灌输的方式，必然造成学生的逆反心理。所以，在思想政治理论课教学中，教师要引导学生去自我教育，学会自我反省、自我提高，认识到接受教育是自身的需要，进而将接受教育转变为自我教育。只有充分发挥学生的能动作用，学生的积极性和主动性才会得到根本的提高，才能真正达到将外界的教育教学影响内化为自身的道德素养的目的。

（二）发挥高校的管理作用，创建思想政治理论课教学的主体环境

高等院校应适应思政教育的发展需要，改进管理，创新校园文化建设，全面优化学校工作，为思政教育的发展创造良好的环境。这不仅有利于对学生的主动性、创造性的培养，而且也有利于学校自身在教育改革中得到进一步发展。创建科学的思想政治理论课教学的主体性教育环境和发挥大学生主体性的重要途径就是树立科学的思想政治理论课教学观。在主体性教育观指导下的现代思想政治理论课教学展现出了一种全新的教学面貌、观念和思维方式，并最集中地体现在高校培养管理的目标上，不是简单机械地传授知识，而是培养具有批判和继承精神的人。此外，还要创造更好的条件来满足学生全面发展的需求，因此我们不仅要重视学生对思想道德规范的掌握，还要注重在校期间尽可能地发展学生的思想道德思维能力，培养其丰富的思想道德情感，更着力于通过学校德育为学生一生的品德发展奠定基础。主体性原则要求大学生以具有自主性、独立性、主动性、创造性等主体性思想政治品质和积极向上的心态去适应和融入现实社会。大学生作为思想政治理论课教学的主体，应该能在既有的社会规范基础上，运用自己的理性思维，独立地做出判断和选择，自主地调节自己的思想和行为，在实践中完善自身的品质，以获得情感的愉悦、人格的升华。要全面融合思想政治理论课的教育指导、思想升华与现实指导作用以激发学生的主体性。可见，发挥高校的管理作用，创建思想政治理论课教育的主体环境尤为重要。

（三）发挥教师的主导作用，提升思想政治理论课教师的综合素质

讲好思想政治理论课，需要一支师德高尚、业务精湛、结构合理、充满活力的高素质专业化教师队伍。合格的思想政治理论课教师要符合政治强、情怀深、思维新、视野广、自律严、人格正六个要求。中共中央办公厅、国务院办公厅印发的《关于深化新时代学校思想政治理论课改革创新的若干意见》（以下简称为《意见》）从队伍规模、素质、评价激励机制、后备力量等方面提出了思想政治理论课教师队伍改革创新的措施和路径，为思想政治理论课教师鼓足干劲、积极从教提供了物质保障和精神激励。

对于高等院校思想政治理论课而言，发展学生的主体性是以发挥思想政治理论课教学的主导性为前提的。但在实际的教学中，主导性的体现更大程度上取决于教师引导作用的有效发挥。在教学中，思想政治理论课教师既要发挥权威引导作用，全面客观地认识学生，又要始终注重发展学生的主体性能力，创设一种能带动学生自由发挥的教学情景，使学生能主动地表达新的思维或者观念。

全面客观地认识学生。思想政治理论课教学过程是教师和学生双方的相互作用，是教师主导性的实施和学生主体性的实现过程。大学生在学校的集体生活中接受高等教育，其虽然有共同的特征，但是在性别、年龄、心理发展水平以及过去的生活环境方面呈现出不同特点，个体间的差异也十分明显。因此，想教育学生首先要了解学生，了解当代大学生的成长过程，只有这样，才能真正关心和教育他们。高等院校思想政治教育理论课的教学内容包括信仰、信念、价值、道德、社会责任、生活交往、心理素质等，这也是对大学生成长过程的理性概括和提炼。教师在教育过程中，应当从具体问题入手，开展对大学生人生观、价值观和理想信念的教育。在思想政治理论课教学的过程中，对大学生的主体性要给予充分尊重，对其进行发展方向的规划、发展水平的评估，把大学生当作平等互动的主体，采取有利于发挥学生主体性的内容和方法进行教育教学活动。

创设有效的教学情境。创建良好的课堂教学情景，在教学中突出学生的主体地位，体现学生自主学习、自悟自得、自主发展的过程，做到学生自读理解、自我升华。教师可以根据教育目的和学生发展的需要，设置相应的思想政治理论课教学情境，这是教师主导性的体现。对高校思想政治理论课教学环境的加工和改造离不开教师的创造性劳动，这种创造性劳动根据不同情境，主要包括对教育目标的设定、对教育内容的调整和采取灵活的教育方法，从而对高

校思想政治理论课教学环境形成有效控制。

提升教师的综合素质。习近平总书记指出："传道者自己首先要明道、信道。"教师是人类灵魂的工程师，承担着神圣的使命。高校教师要坚持教育者先受教育，努力成为先进思想文化的传播者、党执政的坚定支持者，更好担起学生健康成长指导者和引路人的责任。《意见》提出了实行不合格思想政治理论课教师退出机制。正所谓"学术无禁区，教学有底线"，思想政治理论课教师必须"在马""信马""言马"。这既是对思想政治理论课教师的原则性要求，也是思想政治理论课教师应有的理想信念。评价教师队伍素质的第一标准应该是师德师风。"老师对学生的影响，离不开老师的学识和能力，更离不开老师为人处世、于国于民、于公于私所持的价值观"。如果一个老师在价值判断上无法准确把握是非、曲直、善恶、义利、得失等问题，就不可能承担起立德树人的责任。业务关要求思想政治理论课教师克服"本领恐慌"，保持良好的学习状态，不断扩充知识储备，提升专业能力，拓展理论视野。

增强思想政治理论课教师的职业认同。曾几何时，一些思想政治理论课教师有被"边缘化"之感，或认为是"讲水课"，缺乏职业认同感和荣誉感，因此也难以激发出其强烈的责任感和潜心教学的动力。习近平总书记提出："让广大教师在岗位上有幸福感、事业上有成就感、社会上有荣誉感，让教师成为让人羡慕的职业。"《意见》还要求相关部门从人才项目、岗位津贴、职业发展、荣誉表彰、宣传力度等方面加大对思想政治理论课教师的激励力度。这些激励措施，有助于充分发挥思想政治理论课教师的积极性、主动性、创造性，激励教师全身心投入思想政治理论课教学。

（四）改革课程的惯有模式，创新思想政治理论课教学的内容方法

2019年9月2日，中共教育部党组发布的《"新时代高校思想政治理论课创优行动"工作方案》的通知指出，高校思想政治理论课要抓好教法创优，坚持政治性和学理性相统一、价值性和知识性相统一、建设性和批判性相统一、理论性和实践性相统一、统一性和多样性相统一、主导性和主体性相统一、灌输性和启发性相统一、显性教育和隐性教育相统一，不断增强思想政治理论课的思想性、理论性和亲和力、针对性。

1. 优化教学内容结构

首先，思想政治理论课教学内容要将主导性和多样性相结合，克服教育内容单一化、简单化的弊端，提高教育的针对性和层次性。主导性，是指授课内容要体现思想政治教育的社会主义方向和性质；多样性，是指根据学生的实际情况，适应学生多元化个性与多样性需求，丰富和发展主导性的要求，更好地配合和发挥主导性的作用。其次，教学内容要从实际出发，教师要认真了解学生的不同个性和层次，深刻把握学生成长发展的一般规律，因人、因时、因地制宜，根据不同层次的学生的特点分别制定不同层次的目标。最后，要将理论性和实践性相结合，克服教育内容抽象和晦涩等缺陷。目前，思想政治理论课教学内容的理论性和实践性结合还不够，无论是在内容结构安排还是语言表述方面都较为单薄和生硬，缺少主动性和实践性，缺乏说服力和感染力，与实际需要和实践存在脱节现象。所以，各高校要抓住思想政治理论课教学内容与时俱进的要求，把思想政治教育的内容与中国特色社会主义建设实践生动密切地结合起来。因此，思想政治理论课教学内容安排，要与时俱进、推陈出新，以培养创新型人才为目标。

2. 反映时代精神

思想政治理论课教学内容的创新，最重要的标志就是要反映时代精神。只有准确地把握和理解了当今时代的精神内涵，并将其融入思想政治理论课教学中，才能保证思想政治理论课教学充满生机与活力。只有真正反映了时代精神，思想政治理论课的教学内容才能显得生动有力，才能解决时代提出的挑战，才能在培养高素质人才的过程中有所作为。因此，反映时代精神，是衡量高等院校思想政治理论课教学内容创新的重要标准，它决定着思想政治理论课教学的质量。高校思想政治理论课教学的内容就是要从时代精神中吸取养分、汲取精华，在时代发展和社会进步中探索资源，在教育教学过程中，把时代精神作为当代大学生教育的主线，贯穿到教学内容的各个方面。思想政治理论课的教学内容要在坚持和维护社会主义意识形态主导地位的前提下，和时代同步、与青年同行，不断吸收新思想、应对新问题。教学内容要从实际出发，以针对性、新颖性、灵活性的多级层次为要求达到学生积极接受、主动内化的效果。将当今时代要求和需要的内容融入思想政治理论课教学内容中，使之成为高校思想政治理论课教学内容的一个重要组成部分。

3. 体现民族特色

从很多社会现象中可以看出，越是民族的东西越能激发人们的爱国热情，引起人们的关注，越是有特色的东西才越有持久的生命力。因此，在对思想政治理论课的教学内容进行定位和安排时，也应注重民族特色。教师在制定教学内容时要把握三个"结合"，即要将我国历史长期发展中形成的优良传统道德思想以及行为准则和当代最新的时代精神相结合；要把中华民族的优良传统和现代社会涌现出来的新的道德观念相结合；要将世界上其他国家的先进文明成果和中华民族特色相结合。只有这样，才能形成最具有时代感和民族性的新的思想政治理论课教学内容，并以此对大学生反复进行教育，帮助他们健康成长。

4. 创新思想政治理论课的教育教学方法

思想政治理论课的教学方法，就是为了实现教育目标、传递教育内容，对教育学生所采取的思想方法和工作方法。运用科学合理的方法是保证思想政治理论课教学实效性的关键。在我们传统的教学理念下，思想政治理论课教学主要通过集体教育、单向灌输等形式进行，方法比较单一，无法体现人的自由和全面的发展。这就需要我们不断探索思想政治教育工作的新方法，把说服教育、情感教育、启迪教育、学生自我教育和社会实践教育等方法相互融合，综合运用。

目前，高校可采用的教学方法主要有启发式教学方法、参与式教学方法、网络教学方法和实践教学方法。

启发式教学方法。由于当代大学生自主意识、民主参与意识增强，他们已不满足或不愿意接受现成的结论，更喜欢通过自己的学习和思考来提高认识，寻求答案，这就要求教师除了善于用启发诱导的方式以外，还要让学生参与教与学的过程，既有效发挥教师的主导作用，又充分发挥学生的主体作用。教师可以针对教学课堂中的某一问题进行引导，借助学生已有的知识和辨别、判断能力，力图通过深入浅出的讲解，启发学生做深入的思考。同时，借助于启发、暗示等手段，引导学生最大限度地开动脑筋、收集信息，运用严密的逻辑思维能力，大胆取舍、分析批判，最后由学生自己意识到并表达出正确的结论，从而达到让学生主动接受教育的目的。启发式教学法既能加深学生对学习内容的理解，又能激发学生的学习兴趣，提高学习热情，还能培养学生钻研问题的能力，提高学生学习的独立性。

参与式教学方法。思想政治理论课是大学生的必修课，是大学生思想政治教育的主渠道。现在的思想政治理论课教学不应该是教师唱"独角戏"，学生一味地被动接受，而是应该增加师生互动，让学生也参与到教学中。这里所说的互动是要求在教师充分准备和安排下进行师生角色互换，让学生走上讲台当老师。这样就可以将教材中的某一个小问题或者学生关注的社会热点问题作为专题，教师可以在学生的演讲过程中发现问题、解决问题。学生参与式的教学方法，一方面能有效调动学生学习的积极性，活跃课堂气氛，使思想政治理论课教学不再枯燥、单调，培养学生自觉学习、主动学习、独立思考的习惯，提高学生动脑、动手、动口的能力；另一方面能加强教师与学生的互动交流，把教师的角色从以"教"为主转向以"导"为主，增进师生间的相互了解和沟通。

网络教学方法。在互联网飞速发展的今天，网络多媒体被应用到课堂教学中，通过网络系统与计算机的结合，把教师的教学思想进行教学信息开放化，使教师和学生在网上进行教学和交流，从而使教育形式不再受地域和空间的限制，形成多样化、开放式的教学模式。在网络教学模式中，教师不再是教学的主导角色，而是学生学习的指导者和信息的导航者，其主要职能是指导学生学会正确获取信息的方法和技巧，组织和引导学生学习，协调学生之间的智力交流；学生成为学习的中心和教学活动的主动参与者，他们可以根据自己的知识水平、爱好以及自学能力来选择适当的学习内容，通过自己的认识将所学的信息重新编排，变成自己的知识，通过检索、学习、构思将有关信息组合起来，形成自己的观点。在平等的环境中共同面对问题，学生的主体意识也会被最大限度地调动起来。学校应加强校园网络建设，在校园网站开辟思想政治理论课教学专栏，在专栏上宣传国家的政策方针，设置师生谈论板块，开展师生间的互动交流，从而达到课堂教学所不能达到的效果。同时，还可以选择一些重大事件进行网上讨论、辩论的活动，这样既可以发挥学生的积极性、主动性，又可以使教师时刻了解学生的思想动态，针对具体问题调整教学内容和教学方式。

实践教学方法。开展丰富多彩的实践教学活动，有利于大学生理论联系实际，加深对所学理论的掌握和理解。在思想政治理论课教学中，各高校必须坚持理论教学和实践教学相结合。通过组织学生参观访问、社会调查、志愿服务、公益活动等社会实践活动，在接触社会过程中引导学生了解国家、探究社会，将书本知识与现实生活相链接，打破传统的封闭的课程模式，使学生更好地体会到理论的重要指导作用，同时提高学生运用理论知识分析社会现象和解决现实生活问题的能力。教师在实践教学中要根据不同层次的学生的情况制定相应的教学方案，形成针对性强、灵活多样、讲求实效的教学方针，激发学生的学习积极性。只有通过实践，学生才能真正学会用客观的思维方式来思考问题，将与社会要求一致的道德观念、精神追求和政治觉悟内化于心，外化于行。

（五）优化思想政治理论课教学的外部环境

一个文明向上的社会环境有利于开展丰富多彩和积极向上的充满正能量的社会文化活动，这就要求完善相应的基础设施。就高校而言，建立良好的思想政治理论课教学的大环境对于提升学生的主体参与度、优化思想政治理论课教学的外部环境至关重要。当前，社会文化发展趋势多元化，在我国创新型国家建设的大背景下，国家对大学生的创新能力和个性发展相当重视。除了要采取各种方式强化大学生的公民基本法制、道德意识，引导大学生正确认识社会、明辨是非之外，更要注意加大对积极健康社会环境的建设和发展，为思想政治理论课教学营造良好的社会大环境。

其一，要营造良好的家庭环境。优化大学生思想政治理论课教学环境，要重视优化学生成长的家庭环境。家庭环境的优化是一项十分复杂的系统工程。第一，要建立和谐融洽的家庭人际关系，为孩子的健康成长创造一个亲情浓厚的家庭环境，使之长期拥有和谐的人际关系及积极乐观的情绪，使学生在离开家庭，来到学校学习和生活时具有健康向上的积极心态。第二，家长应以身作则，形成良好的家风，这有助于家庭成员之间相亲相爱和互帮互助，有利于家庭形成祥和、友好的家庭氛围。

其二，要创设健康的网络环境。网络平台没有时空的界限，具有开放性、超地域性、交互性和匿名性等特点，通过网络平台，党和国家的声音、社会对大学生的要求、家长对子女的希望都可以在更广的地域中和更长的时间段内得到传播。可见，积极向上的、健康的网络环境对学生的成长非常重要。各高校要在校园中要弘扬正面的网络文化，用正确、健康、积极的思想文化来引领网络阵地，以此来教育引导学生，帮助他们树立正确的世界观、人生观、价值观，从而增强网络宣传的有效性和影响力。各高校还可以结合学校的特色，积极挖掘和发挥蕴含着科学理论、正确舆论和高尚精神的优秀作品并将其引入网络思想教育环节，来培养学生的高尚人格和崇高理想。

马克思说过，人创造环境，同样，环境也创造人。现代化的思想政治理论课教学打破了传统思想政治理论课教学的单纯灌输式教学，教学形式已变得更加灵活多样。思想政治理论课教学环境以校园环境为依托，构建良好的校园物质精神环境、科学文化环境、人际交流环境，这为学生的思想政治教育奠定了优良的基础。学生在校园学习和生活中受到校园环境的潜移默化的熏陶，从而影响他们的思想品德和价值观念。优化思想政治理论课的育人氛围和教学情境，使学生受到良好环境的熏陶和影响，其思想认识和品格情操才能在长期的校园学习和生活中得以升华。

（六）改革考核方案，调动学生学习积极性

"思想道德修养与法律基础"课的考核方式为过程考核，由线上过程考核

（20%）、线下过程考核（20%）、实践项目考核（25%）、机考理论知识考核（35%）构成学生期末综合成绩。线上过程考核是根据学生在教学管理软件"课堂派"上考勤、表现、话题、调查问卷、线上作业、课外资料阅读等参与情况进行综合评价；线下过程考核是根据学生学习过程笔记记录、学习状态自评及学习结束时的学习感悟撰写等情况进行综合评定；实践项目考核要求学生组成10人以下的学习小组，按照教研室实践教学项目开展实践，授课教师综合评定实践成绩；机考理论知识考核由授课教师在试题库中随机组成测试卷，学生在机房集中闭卷完成。

事实上，没有任何一种教学模式在任何时候适合所有的学生，优秀的教学往往是由一系列的教学模式组合而成的，高校思想政治理论课教学模式概莫能外。教学模式变革是一项长期而系统的工作，需要教育者及相关部门深入研究和不断探索，伴随信息化的推进，在变革的道路上，从封闭走向开放是必由之路，教学模式的多样化也是必然趋势。

第三章　专题式教学

　　高校思想政治理论课专题式教学，是在严格遵循中宣部、教育部关于加强和改进高等学校思想政治理论课的指导思想和总体要求的前提下，在依据国家统编教材的基本精神和目标要求的基础上，构建若干相对独立的教学专题，基于学生特点、社会热点、理论难点凝练专题教学内容，基于教师的学科背景和研究方向组建专题教学组，由各个专题教学组运用相应的教学理论共同完成教学任务、达成教学目标的一种相对稳定的教学模式。

　　作为一种教学模式，思想政治理论课专题式教学以课堂理论教学为中心，包含了教师在备课环节中关于教材内容与教学内容的关系的处理，关于为什么、讲什么和怎么讲等教学内容和方法的设计，关于师生交流、互动、分组讨论、小组发言等环节、步骤安排和问题选定等教学结构的设计；包含了教师在课堂教学环节中关于教学导入、主题讲授、思考讨论、交流发言、课堂小结、课业要求和延展阅读等教学环节的组织和实施；包含了基于专题内容、学生专业、班级风貌、教师习性和表达方式等而选取的教学方法和形成的教学风格；还包含了除备课、授课之外的作业批阅、课外辅导、学业考核方式及成绩评定等教学的基本程序。思想政治理论课专题式教学模式注重教师教的能力和方法，注重学生学的状态和收获，注重教材的有形规范与无形指引，注重课程育人功能的主渠道作用与素质教育的多元作用，最终目标是提高教学质量，增强教学实效，实现学生乐学并富于责任感，教师乐教并获得学科归属感，课程展现新貌并获得应有评价。

　　相对于传统教学模式而言，思想政治理论课专题式教学模式在教学理念、教学内容、教学方法、教学原则、教学师资等方面都有特色鲜明的变革和创新，这些特点也是构建专题式教学模式的基本条件。一是在教学理念上，打破按章节授课和任课教师要讲授课程全部内容的传统教学惯例，将教材中的基本知识和基础理论用相对独立的专题形式贯穿起来，形成基于教材体系的教学体系，构建专题式教学模式的思想前提。二是在教学内容上，凝练富有时效性和针对性的教学专题，着重于每个专题内知识结构的系统性、合理性和理论内容的先进性、现实性，形成基于教学体系的话语体系，这是构建专题式教学模式的工作核心。三是在教学方法上，摒弃重知识讲解和传授的传统教学方式，设计具有导向功能和培养问题意识的教学问题，形成以问题为导向、以教师为主导、以学生自主研究为主体的教学方式，在探索和解决问题的教学过程中实现知识传授、能力培养和素质提高的目标，这是构建专题式教学模式的工作重点。四是在教学原则上，坚持以学生为本和贴近实际，重视对学生思想问题和现实困惑的回应，在突出教学重点和难点的同时强化教学吸引力和针对性，这是构建专题式教学模式的思维路径。五是在教学师资上，专题式教学要求教师有宽广的学术视野和丰厚的学术积淀，能够根据学生实际情况和认知规律精心设计教学专题，对专题式教学中所涉及的理论问题和现实问题有深入研究和独到见解，专题式教学强调发挥教师的专业优势和培育教师学科方向的队伍建设，为教师发挥教学创造性提供能量释放的空间，为教师集体智慧的汇集和团队合力的生发搭建切磋共进的平台，这是构建专题式教学模式的关键支撑。

一、"思想道德修养与法律基础"课实施专题式教学模式的必要性

"思想道德修养与法律基础"课作为思想政治理论课的一个组成部分，其教学目标就是教育和引导大学生，在多元化的意识形态中选择正确的世界观、人生观和价值观，树立社会主义法治观。引导性教育需要改变传统的教学方式，通过开展专题式教学以实现引导性教育具有必要性。

（一）开展专题式教学是实现"思想道德修养与法律基础"课教学目标的客观需要

马克思说过："理论只要说服人，就能掌握群众；而理论只要彻底，就能说服人。所谓彻底，就是抓住事物的根本。但人的根本就是人本身。①"马克思的表述使我们进一步明确了"思想道德修养与法律基础"课教学的立足点，就是要树立"从大学生成长成才的需要出发"的教学观念，切实保障学生主体地位的实现。一个人世界观、人生观和价值观的形成需要通过外在的价值引

---

① 马克思，恩格斯. 马克思恩格斯选集：第1卷 [M]. 北京：人民出版社，1995：9.

导，借助于发挥个体的主体作用进行不断建构来实现。而传统的思想政治理论教育教学片面注重灌输，学生只能被动接受，易导致学生对思想政治理论课产生厌学情绪，这既不符合现代教育理论的要求，也不能适应当今"思想道德修养与法律基础"课教学发展的需要。因此，要打破这种传统的静态课堂教学模式，实施师生互动式的动态教学，即在课堂教学环节中，由教师积极引导学生进行自我建构，实现学生从被动学习走向探究性学习，从他律走向自律的自我发展过程。一方面，教师应依据思想政治理论课的特点和大学生的思想实际，确立"引领成才需求，提升成功需求"的教学目标，积极探寻新的灵活有效的教育手段和方式，有效地对学生开展思想政治理论教育教学。另一方面，针对新媒体时代的特点，教师更要从学生的思想行为现实出发，帮助大学生学会认识、鉴别和分析各种复杂的信息，鼓励其亲自体验、探究和独立思考，引导其积极自主参与整个教育过程，接受教育内容和要求，自觉地将其内化为自己的思想意识，从而不断提高和完善自我道德水平和思想境界。而专题式教学就是实现上述有效引导学生实现探究性学习的一种较好的方式。

首先，专题式教学具有针对性、现实性的特征，能够克服学生内在学习动力不足的问题，有效提高学生学习的兴趣。对大学生来说，专业课是他们将来立足岗位、安身立命之本，专业课程的内容也是他们原来基本不熟悉的，所以学习的内在动力比较大。相对来说，思想政治理论课的学习则缺乏充分的内在动力。尽管在授课中教师反复强调学好该课程对青年学生的成长成才具有极为重要的意义，但学生的认识提高需要一个过程。在学生内在动力不足的情况下要讲好思想政治理论课，对教师无疑是一个巨大的挑战。实施专题式教学能突出地体现针对性和时代性，每一个专题的设置都与现实社会、学生生活，尤其是与学生关注的热点难点问题紧密相连，能大大激发学生的学习兴趣，同时借助社会现实思考理论问题，有利于探究性学习和开放式教学的开展。

其次，专题式教学具有开放性特征，能够充分发挥教师的专业所长，有效提高教学质量和科研水平。一般来说，教师都有自己的专业背景和专业特长，对任何一个教师来说，要想全面深入地掌握该课程的所有内容，肯定是比较困难的。采用专题的授课方式有利于根据教师的研究专长和研究兴趣合理地调配，使教师围绕自己负责的专题收集材料、深入钻研，同时根据教学要求，对教学内容进行组织、筛选、编排、提炼，讲清楚党的路线、方针、政策和重大时政，并将一些有价值的信息和材料介绍给学生，以深化和拓展课程内容，强化教学目标。在这一过程中，教师围绕专题内容所做的精心准备，深化了对一些重大理论和现实问题的认识和思考，同时通过自己的思考组织提炼教学内容，提高了自己的学术研究能力和理论研究水平。实施专题式教学，受教学时长和教学重点的要求的限制，必定对教材内容有所取舍，这有利于避免知识性教学在内容上完全按教材体系灌输而难以激发学生学习兴趣的现象，克服单纯传授理论、空洞讲解理论的做法，同时通过讲授者的旁征博引，启发学生对问题的思考，使学生在思考中把握理论实质并由此受到科学研究方法的熏陶，还可以使学生在同一课程中感受不同教员的教学风格，增加教学过程的新意。

最后，专题式教学问题意识鲜明，立足现实，突出实践环节。教师可以通过问卷调查等方式，在了解学生需要解决的现实问题的基础上，结合教材和课时设定若干个教学专题，把这些实际问题有机融入相应的各专题中进行讲授。对于那些现实中学生普遍存在的突出问题，还应单独设立专题进行重点讲述，增强"思想道德修养与法律基础"课教学的实效性。

（二）开展专题式教学是适应"思想道德修养与法律基础"课课程特点的内在要求

"思想道德修养与法律基础"课是在整合"思想道德修养"和"法律基础"两门课程的基础上构建起来的，有着与原有两门课程完全不同的教材体系，特别是 2018 版的《思想道德修养与法律基础》教材，就充分体现了党和国家对教育、对青年大学生的明确要求，也自觉回应了青年大学生成长成才在思想道德发展、法治素质提升等方面表达的需要、提出的要求。党的十九大报告明确指出："要求全面贯彻党的教育方针，落实立德树人根本任务，发展素质教育，推进教育公平，培养德智体美全面发展的社会主义建设者和接班人。要求以培养担当民族复兴大任的时代新人为着眼点，发挥社会主义核心价值观对国民教育、精神文明创建、精神文化产品创作生产传播的引领作用。"成为德智体美全面发展的社会主义建设者和接班人，成为担当民族复兴大任的时代新人，是党和国家对我们的教育要培养什么样的人的总回答，也是党和国家对青年大学生成长成才的总要求。新版《思想道德修养与法律基础》教材是根据这一总回答、总要求，根据这本教材在思想政治理论课程教材体系中的定位，确立基本内容、形成展开逻辑的。因此，如何将新的教材体系有效地转化为教学体系，是讲授好这门课的关键。由于"思想道德修养与法律基础"课涉及的学科内容复杂，课时有限，难以在短时间内讲授完所有的内容，而专题式教学又具有突出重点、针对性强等优势，因此，要求教师将专题式教学引入"思想道德修养与法律基础"课教学中，积极建构"思想道德修养与法律基础"课的专题式教学体系，对大学生在成长与成才的过程中普遍存在，而他们又无法科学认识和理性对待的问题进行重点讲授。对于需要重点讲授的内容，教师可以从道德和法律这两种不同的角度，结合不同的案例，在不同的专题中反复、深入地讲授，直到讲全讲清讲透为止。而对于那些应属于其他思想政治理论课所涉及的内容，为避免雷同与赘述，在"思想道德修养与法律基础"课教学时就不需要完全展开，可以"一笔带过"或"点到为止"。对于因课时局限，只能略讲的部分内容，学生需要掌握的知识则放在选修课中进行讲授，以弥补教学内容的不足。只有这样，才能实现在有限的时间里有效地教给学生有用的内容。

二、专题式教学体系建构应遵循的原则

为了保证"思想道德修养与法律基础"课专题式教学的有效实施，我们应遵循以下原则开展教学活动，进一步建构"思想道德修养与法律基础"课专题式教学体系。

（一）教学坚持以教材为本的原则

一门课程的教材体系是由课程的编订者进行设计，主要借助于课程的教学计划、教学大纲和教材等体现的，而教学体系则是由任课教师设计的，主要通过课堂教案来呈现。由于各位任课教师的专业背景、教学经验和教学风格等不同，因此教材体系与教学体系的设计和实施会存在一定的差距，而教材的内容是教学体系形成的依据，会在一定范围和程度上制约任课教师开展教学活动。在构建"思想道德修养与法律基础"课专题式教学体系时，任课教师必须注意两点：一是必须忠于教材、吃透教材，深刻理解和领悟教材所体现的精神实质，找准教材的重点和难点，依据"思想道德修养与法律基础"课程现有的教材体系的内容和要求，设计出一套新的教学体系；二是不能照本宣科，要做到既依据教材，又超越教材。由于"思想道德修养与法律基础"课给任课教师在专题式教学体系的建构上留出了个人发挥的空间，因此，任课教师一定要把握好课程运作中的这个"度"，始终围绕着"如何有效地引领大学生成长与成才"的课程主旨，恰当地结合学校的课程安排和学生的思想实际，灵活运用好教材，设计好"思想道德修与法律基础"课的专题式教学体系。

（二）教学内容体现高度整合的原则

"思想道德修养与法律基础"课的教学体系，是要通过教学设计把道德与

法律的两部分内容多角度地展开，将对思想道德知识和法律知识的教育上升为对思想道德素质和法治素养的教育。因此，任课教师在进行专题式教学设计时，一定要体现"思想道德修养与法律基础"课教学内容的高度整合，特别要在"思想道德修养与法律基础"课的教学体系中充分体现法律和道德是两条相互融合、相互渗透，彼此交织在一起的教育教学路径。在开展专题式教学时，对同一个专题，应注意从道德和法律两个不同的侧面加以讲解、分析和综合。例如，在讲述诚信内容时，除了介绍民法中的平等、自愿、公平、诚信原则之外，还可以结合公民道德规范的要求，培养学生具备诚信的良好品质，加强品德修养。在组织学生进行案例讨论时也要尽可能选取那些学生当中经常发生的、既能从道德层面又能从法律层面进行思考分析的案例。只有这样，才能够在有限的课时里，将"思想道德修养与法律基础"课中的教学重点和难点讲全面，讲清楚，讲透彻。

（三）教学过程突出问题导向的原则

强化学生的问题导向是培养学生创新精神的重要前提。"思想道德修养与法律基础"课的高度整合，需要教师改变以往传统的灌输式教学，积极实施引导性教育，培养学生努力发现问题、积极研究问题的能力，使学生变被动为主动，使教学由呈现问题向发现、研究和解决问题的方向发展。为了避免"问题导向教学"易出现支离破碎的现象，需要教师通过设计合理的教学专题，建构有层次、有重点、有深度的、条理清晰的教学体系。在开展专题式教学的过程中，教师可以通过问卷调查的方式引导学生主动反思，认真梳理适应大学生活过程中存在的问题，同时，教师也可以通过调查问卷的结果，进一步了解学生的诉求，以问题为导向，有所侧重、有所取舍，及时调整授课内容，设计相应的专题，实施有的放矢的教学。在课堂上，教师可以就学生普遍关心的重点问题，引入典型案例，结合实例组织学生进行讨论分析和分享交流，教师则侧重引导和进行关键点讲授。这种教学方式强化了教学的针对性和有效性。

三、专题式教学的支点与特点

高等院校"思想道德修养与法律基础"课专题教学模式，有着丰富的内涵和育人功能，也有自己的优势和特色。它要在坚持思想性的同时兼顾人文性特点，要在进行政治理论教育的同时兼顾文化素质和职业素质教育。融入职业素质教育，将使课程更贴近学生实际，是专题教学的"现实支点"；融入文化素质教育，将使课程更具神韵和张力，是专题教学的"精神支点"。而教师是把握专题教学核心和精髓、紧紧抓住立德树人教育本质的关键，是专题教学的"关键支点"。

（一）关键支点：发挥教师主导作用，增强学生"主体性"

"历史表明，社会大变革的时代，一定是哲学社会科学大发展的时代。当代中国正经历着我国历史上最为广泛而深刻的社会变革，也正在进行着人类历史上最为宏大而独特的实践创新。"① 高等院校思想政治理论课教师从事马克思主义理论教育与思想政治教育这项特殊的事业，既面临着为国家繁荣富强培养人才、凝聚力量、振奋精神的大好教育机遇，也面临着社会矛盾尖锐、问题突发、意识形态领域斗争态势严峻等重大现实问题的挑战。再加上青年学生思维活跃、学生重技能轻人文等特点，开展思想政治理论课教学客观上存在着多重的不利因素，加大了教学难度。但挑战永远伴随着机遇，机遇也永远伴随着挑战，挑战本身也是课程建设和课程育人的难得机遇。使命光荣、责任重大的思想政治理论课教师要于困境中把握方向，于挑战中抓住机遇，充分发挥在教学中的主导作用，建立起适合学生特点的教学体系，应对专题教学过程中的学科问题和教学问题，富有实效地开展立德树人工作，为中国特色社会主义培养建设者和接班人。

1. 专题式教学中教师的主导作用

教师在教学中的主导作用，是由教育的本质决定的。从根本上说，教育是培养人的活动，在这一活动中，居于主体地位的不是教师，而是学生。无论教师做什么，做多少，都是围绕学生进行的，都要基于学生的实际情况和实际需求做出教什么和怎么教的判断和选择。教师的"教"是否有意义、有价值，教育活动获得的最终评价，都要看学生得到了怎样的收获和成长。因此，学生在教育活动中的主体地位是毋庸置疑的。那么，教师的角色是什么呢？我们说，教育要培养人，必然有人才培养的目标和方向。教师就是主导教学过程不偏离教学方向、努力实现教学目标的人。

教师对教学的主导，就是教师通过对教学活动的设计、组织和实施，引导

---

① 习近平. 在哲学社会科学工作座谈会上的讲话（2016 年 5 月 17 日）［N］. 人民日报，2016-05-18（002）.

学生发挥主观能动性，对教学内容和理论观点进行自主思考、自主判断、自主选择，实现自觉接受，从而使学生的思想道德修养和政治理论素养得到锤炼和提升。发挥教师的主导作用，意味着教师在教学过程中既要"懂"学生，又不能一味地迎合学生。教师对学生的"懂"，既要懂得学生特点，包括知识基础欠缺的学习特点、喜爱轻松娱乐的青春特点、喜欢表扬和表现的人性特点等，也要懂得学生需求，包括学习需求、成长需求和发展需求。因此，教师不能因迁就学生一时的趣味、一时的懒散而纵容学生嬉乐、放任学生言行，而是要以强烈的政治意识、政权意识和阵地意识，对学生进行马克思主义理论教育，进行社会主义核心价值观教育，这是教师主导作用的直接体现。教师的主导作用和学生的主体地位，虽然从表面上看往往是教师"所教的"与学生"想要的"有很大的差异，但实际上二者有着根本目标上的一致性，那就是要促进学生的健康成长和全面发展，这是教师与学生能够形成教与学的对立统一有机体的坚固基石。居于主体地位的学生，其成长和发展离不开教师对其学习目标的指引，对其人生发展的指导。反过来，教师对教学的主导，也必须尊重学生的主体地位，发挥学生学习的自主性、合作性、探究性、创新性。如果离开了学生主体的体验和领悟，教学活动将无法进行。

在"思想道德修养与法律基础"课的专题式教学中，教师要发挥三个方面的主导作用。第一，使教学始终坚持以马克思主义为指导的正确方向的主导者。"思想道德修养与法律基础"课教学要坚持课程的思想性、政治性和科学性，坚持以科学的理论武装人，以高尚的精神塑造人。特别是以问题为导向的专题式教学，给学生思考讨论问题、阐发个人观点和师生对话留下了思维空间。教师要高度重视和认真把握这种思维空间，在思维的交流和碰撞中抓准教育时机，及时纠正教学中可能出现的种种思想偏差，引导学生树立马克思主义的科学信仰，帮助学生掌握科学理论和科学方法，明辨是非善恶。第二，使教学过程始终保持重点突出、环节相连、阶段推进的有序状态的引导者。教师是"思想道德修养与法律基础"课专题教学的主持者、组织者和责任者，在专题教学的各个环节上，都要逻辑清楚地引导学生对某事物或问题的关注和思考，使学生在研讨和交流评议的过程中收获某种认识和感悟，获得某种能力的训练和提高。教师还要把握好在哪一个问题上做详尽深入的阐述，在哪一个问题上做醍醐灌顶的点拨和入木三分的点评，使学生不仅感受到收获知识的快乐，也感受到教学内容的整体性和逻辑性。第三，使学生始终保持科学的学习态度和学习方式的指导者。教师对学生学习态度的指导和影响，不能是硬性的要求或严厉的批评指责，而是要真正树立以学生为中心的教学观念，认真了解和把握高校学生对待"思想道德修养与法律基础"课的片面或有失偏颇的态度和心理。例如，部分学生对教学内容心理上有抵触，认为老师只是在说教；部分学生对理论教学感到枯燥乏味，深奥难懂；部分学生是对思想道德领域的现象、知识、问题不感兴趣；部分学生缺乏良好的学习习惯和自我管控力；部分学生只重视专业课和技能训练，认为"思想道德修养与法律基础"课没用；也有少部分学生缺乏理想信念，缺乏理论思辨精神，缺少学习的目标和动力；等等。教师针对不同的学情，要在教学内容上密切联系学生的实际思想状况，贴近学生实际；在教学手段上采用启发式、参与式、研究式等方式开展灵活多样的教学；在话语体系上多用通俗易懂、深入浅出的语言、生动鲜活的事例，活跃教学气氛，增强教学效果；在理论阐释中增加科研含量特别是教师个人的理论思考和理论观点，使学生从任课教师的研究成果中感受到理论的魅力。通过教师对专题教学各个要素、各个环节的个性化主导，来激发学生学习的积极性和主动性，增强学生的主体性意识，扭转部分学生学习状态不良、学习效果不佳的状况，帮助学生成长为社会所需要的德才兼备的现代化人才。

2. 专题式教学中教师的困惑

虽然专题式教学模式呈现出一种较为理想的教学形态，但思想政治理论课教学仍然是一个动态的交互过程。面对教学过程中学生状况、自我感受和评价、第三方评议以及社会对思想政治理论课教师的总体评价和期许等，教师往往会不可避免地产生一些教学困惑。

（1）"思想道德修养与法律基础"课重要地位和教师感受不一致的困惑。

课程变革的历程、课程相关文件的发布来源、教材编写的过程、课程功能定位等各个方面，都高调地表明了"思想道德修养与法律基础"课的重要地位和意义价值。"思想道德修养与法律基础"课教师责任重大，使命光荣。但从当前的实际情况来看，社会上仍然存在着对这门课的质疑和误解；部分高校仍然存在着对"思想道德修养与法律基础"课重视不够、落实不力的情况，存在着唯专业、唯学科、唯技能论等片面观点；针对许多社会现象和问题，如群体性突发事件等社会稳定问题，环境污染、医疗卫生等民生问题，部分教师面对学生的关注和困惑难以给出令人信服的解读，也存在着部分经验不够丰富的教师自身就处于困惑不解和疑虑的状态中，进而对"思想道德修养与法律基础"课的理论内容和立场观点产生怀疑的情况。这些主客观因素给教师带来的是活生生的现实挑战和教学困境。如果不能够正确对待和有效解决这些问题，就会使"思想道德修养与法律基础"课的授课教师产生职业困惑甚至职业自卑心理。

（2）"思想道德修养与法律基础"课政治取向与社会价值观多元的困惑。

"思想道德修养与法律基础"课具有鲜明的政治性，它是高校巩固马克思主义意识形态的主阵地，教学内容上要引导学生树立科学的世界观、人生观、价值观，坚持中国特色社会主义道路自信、理论自信、制度自信和文化自信。这种政治性决定了"思想道德修养与法律基础"课内容的权威性和排他性。然而教育活动作为一种社会活动，教育内容时时都受到丰富多样的社会现实的征询和质疑。思维活跃的青年学生也时时接收来自网络和社会的各种信息，各种事件、各种声音、各种言论、各种利益诉求反映着社会的多元价值观。在社会多元价值观并存的现实情况下，"思想道德修养与法律基础"课能在多大程度上影响学生的思想观念和价值取向，一些"思想道德修养与法律基础"课教师缺乏教学自信。

（3）"思想道德修养与法律基础"课教材体系向教学体系转化的困惑。

专题教学在给教师提供了足够的发挥空间的同时，也不可避免地提高了对教师的要求。"思想道德修养与法律基础"课教学要真正成为"专题"教学，教材体系转化为教学体系是根本。教师虽然能够理解教材体系转化为教学体系的必要性，但怎样进行转化，能否很好地实现这种转化，是让绝大多数老师都深感费心费力的事情。这不仅要求教师有深厚的学术积累和宽广的学术视野，也要求教师有对教学理论和问题的深入研究和独到见解；不仅要求教师对教学内容涉及的现实问题进行及时的了解和把握，也要求教师对高校学生群体的认知规律和关注的问题有充分的了解。

（4）"思想道德修养与法律基础"课知识传授与思想教育脱节的困惑。

部分教师在教学中特别注重理论知识的讲授，引导学生更多地开展关于理论问题的研讨，这在一定程度上忽略了对学生思想的引导和立场的明辨。"思想道德修养与法律基础"课不同于其他专业课教学的重要一点，就在于它有极强的思想教育和意识形态属性。例如，部分教师在讲到法治的时候，就大谈西方法治或我国某一现行法律部门的具体法律法规条文、案例分析等，把相关的理论知识、前沿问题拓展很多，这样造成的结果一是学生是否能够很好地理解和消化这些知识尚未可知，二是没有在教学中重点阐述马克思主义的立场、观点和方法，偏离了"思想道德修养与法律基础"课思想教育的宗旨。如何在课时有限的教学中用必要的知识理论支撑课程的思想性，是许多老师困惑的问题。

（5）"思想道德修养与法律基础"课教学趣味性与教学目标脱节的困惑。

"思想道德修养与法律基础"课要取得实效，一个重要前提是吸引学生。

如果不能吸引学生的注意力，不能调动学生学习的积极性和主动性，教师准备的内容再丰富，再滔滔不绝，也毫无实际意义。增强趣味性，提高教学吸引力，已经是许多高校"思想道德修养与法律基础"课教师不得不重点考虑的问题。可这样一来就可能出现一些课堂上笑语不断，学生很开心，但教学内容却显支离的现象，并且大部分插科打诨的话语从内容上来说并不与教学目标有直接的、必然的联系。如果不能够及时指出这种教学方式的危害，就会给其他教师造成认识上的迷惑：是不是高校的"思想道德修养与法律基础"课教学不需要多少理论，更不需要多少思想，只要在教学艺术和方法上下功夫就行了呢？所以一定要先搞清楚教学目标和教学过程、教学内容和教学方式之间的关系。

（6）现代教育信息技术如何服务于教学的困惑。

随着科学技术的迅猛发展，互联网对人们的生活、学习、工作等各方面都产生了深刻影响，并已经在很大程度上改变了传统的生活、学习、工作方式和观念。传统的课堂主要以老师讲授与师生探讨为主，载体也以课本为主，后来兴起的多媒体技术在一定程度上优化了教学手段，比如多媒体课件的应用不仅解放了板书而且集视听资料于一体。随着高速互联网的诞生，一些资源以全新的面貌出现在教育领域。由于互联网提供了取之不尽的教学资源，现在的课堂教学已经大大有别于传统的课堂教学。授课老师可以利用网络书库等资源直接点击，生动直观地向学生展示与课程相关的丰富资源，比传统图书馆查找实体图书更加便捷，资源之间的比对也非常快捷，能够极大地提高教学效率。互联网技术也带来教学方式的变革。学生可以通过互联网去使用优质的教育资源，不再单纯地依赖授课老师。学生在课外完成知识的学习，课堂就成了老师与学生之间和学生与学生之间互动的场所，包括答疑解惑、知识的运用等，这就是"翻转课堂教学法"，它有利于提高学生自主学习的能力和发现问题、解决问题的能力，能达到更好的教育效果。

因此，如何运用互联网思维与"思想道德修养与法律基础"课教学相结合，已经成为一项重要的课题。许多高校已经做出了有益的探索，并取得了教学创新成果。比如建设开放性的自主学习平台，针对课程教学要求和学生实际，开发建设课程教学的讲义、课件、试题库，形式上注重简练、脉络清晰，知识点尽可能可视化，便于学生通过手机等移动终端自主学习。同时，结合相关教学内容，将需要收集整理的教学辅助资料（案例、视频、参考图书、文章、数据、文件等）放入自主学习平台，给学生提出相关学习任务。学生可以在网络平台上选课，利用视频、文字、图像等资源。比如建设在线开放课程，在课程开放平台提供大量的相关课程资料特别是微视频教学资源，让学生在线学习基础理论，拓宽视野。比如建立微信群，或者在教学中使用"弹幕"效果，运用新媒体服务教学，增强学生参与，加强师生互动。

信息技术、互联网应用于教学，使教师们开展了大量不同于传统教学的新工作。从建设成果和教学表象来看，很多教师都尝试录制了很多微课教学视频，这使教学资源更加丰富，获取资源的渠道更多也更便捷，教学方法更加新奇。但从实际教学效果来看，还存在着很多思想上、认识上和行动上令人困惑的地方。比如，学生们能否因为现代教育信息技术的介入就提高了学习自主性、增强了理解力和辨识力，目前还没有科学的统计数据加以说明，但新媒体新技术的"双刃剑"作用则是显而易见的。比如"弹幕"课堂上飘来的某一句话引起满堂哄笑。比如辛苦录制的微课视频资源，有些是为了完成建设任务而匆匆录制的，效果并不理想；即使效果较好，微课视频的使用率还是非常低，资源建设与教学设计、教学方法改革没有实现同步。教师工作量增加了，但课堂教学并没有发生实质性改观。

3. 专题式教学中教师素质的提升

教师在教学上的种种困惑，不是运用某一种教学模式就能够解决的，它是教师本人素质、教学管理部门的组织管理等方面问题的直观反映，是需要从教学观念上厘清、从教师素质上提升、从队伍建设上加强的现实问题。困惑发生与解决的过程，就是使专题式教学更加富有实效的过程。

（1）提升教师的使命感和责任感。

"思想道德修养与法律基础"课的内容包含着事关青年一代信仰什么、赞成什么、追求什么、看重什么的大问题，事关全党全国各族人民凝聚力和向心力，事关党和国家各项事业顺利推进、科学发展，事关中华民族生生不息、薪火相传，事关党和国家前途命运。认清了这一点，就能够认清"思想道德修养与法律基础"课教师的光荣使命和重大责任。

要上好"思想道德修养与法律基础"课，需要教师以自觉的使命感和责任感，全身心投入课程建设和教学，爱岗敬业、言传身教，积极向学生传成人之道、授成才之业、解成长之惑，真正成为学生健康成长的指导者和引路人。因为学生不仅听一个老师讲了什么，还会看一个老师做了什么，看一个老师是否言行一致，是否言为心声。如果学生看到老师是这样说的，也是这样想的，更是这样做的，就会从情感上受到感染，从心理上受到触动，从思想上也更容易接受老师的观点和立场。"思想道德修养与法律基础"课所进行的道德法治教育，从根本上说就是帮助学生以习近平新时代中国特色社会主义思想为指导，将习近平新时代中国特色社会主义思想鲜明的价值立场、深沉的家国情怀、科学的思想方法论等贯穿于生活中，这是让学生终身受益的精髓所在。这需要"思想道德修养与法律基础"课教师要有强烈的自觉的使命感和责任感，有了这种使命感和责任感，许多的教学困惑就不再是困惑，教师就会自主自觉地去努力克服教学困境。

（2）提升教师的政治理论素质和教学能力。

"思想道德修养与法律基础"课教师要具有坚定的政治素质，始终坚持正确的政治方向，这是一名思想政治理论课教师应当具备的最根本的素质。第一，要坚定不移地信仰马克思主义。思想政治理论课教师不仅是马克思主义理论的研究者和传播者，更是马克思主义理论的信仰者和践行者。要坚持以中国化的马克思主义武装自己，做到真学、真懂、真信、真用马克思主义，教师只有"真学"马克思主义，才能领悟马克思主义的精髓，把握马克思主义的立场、观点和方法，才能以坚持和发展马克思主义的科学态度对待马克思主义；只有"真懂"马克思主义，才能在思想政治理论课教学中讲得透彻鲜活，产生令人折服的理论魅力和言之有物、言之成理的信服感；只有"真信"马克思主义，才能讲得理直气壮、坚定有力，产生由内焕发的震撼力和感染力；只有"真用"马克思主义，才能讲得贴近实际、贴近生活、贴近学生，彰显马克思主义强大的理论指导作用，产生释疑解惑的说服力，让马克思主义中国化最新成果在大学生成长中焕发更大的魅力。第二，要始终坚持"四个自信"。思想政治理论课教师要始终坚持中国特色社会主义道路自信、理论自信、制度自信和文化自信，才能够牢牢把握社会主义的办学方向，培养社会主义的建设者和接班人。有了这些自信，才能在教学中帮助学生树立中国特色社会主义共同理想，更好地凝心聚力，增强学生的历史责任感和使命感。第三，要始终坚持中国共产党的领导。思想政治理论课教师要以历史的观点和发展的观点来认识中国共产党，深刻把握中国共产党的执政地位是历史和人民的选择，中国共产党始终代表中国最广大人民的根本利益，在中国能够团结和带领全国各族人民实现这个宏伟目标的政治力量，只有中国共产党。党的领导是社会主义现代化建设的根本保证。只有深刻把握住这一点，才能在事关政治原则、政治立场等问题上始终与党中央保持高度一致，才能从党和国家长远发展的思想基础的角度、从我国立党立国思想基础的角度来认识思想政治理论课程建设；才能在教学中强有力的引导学生坚定在党的领导下为中国特色社会主义事业而奋斗的决心和信念。

"思想道德修养与法律基础"课教师要具有良好的思想理论素质，始终秉持学高为师、身正为范的教育情怀。要忠诚马克思主义理论教育事业，具有科学的世界观、人生观和价值观，具有强烈的事业心、责任感和不怕吃苦的精神，具有勤勉敬业、开拓进取、肯于奉献的思想作风。要坚持解放思想、实事求是的思想路线，全面地、深刻地把握马克思主义理论和中国特色社会主义理论体系，充分展现科学理论的实践性、逻辑性和生命力，并随着实践和时代的发展不断地充实和调整教学内容。使学生不仅感受到理论的魅力，也感受到教师的人格魅力，有效提高"思想道德修养与法律基础"课的感召力、吸引力、影响力。

"思想道德修养与法律基础"课教师要具有多方面的综合教学能力，始终保持与时俱进、完善自我的进取精神。教学能力主要包括教师在教材处理、课程开发、教学设计、教学组织、语言表达、了解学生、沟通交流等方面所具有的能力。教师要能够遵循教育教学规律，从学生的全面发展需要出发，处理好教材的系统性与教学的针对性的关系，把教材体系转化为教学体系，并把教学体系内化为学生体系和信仰体系。教师要观点鲜明、重点突出、逻辑严密、论证充分；语言要准确生动、课堂气氛要和谐；要充分运用适宜的教学方法和高超的教学艺术去吸引学生，努力用精湛的教学艺术去创造性地开展教学；要积极地向学生传成人之道，授成才之业，解成长之惑，真正成为学生健康成长的指导者和引路人。

（3）提高教师运用现代教育信息技术的能力。

现代教育信息技术应用于课程教学，特别是"互联网+"背景下互联网思维与互联网技术的推广与运用，给"思想道德修养与法律基础"课教与学的过程和教与学资源的设计、开发、利用、管理和评价等各个环节，都带来了极大的影响。例如，多媒体教学课件、教学音频视频、在线课程教学、自主学习平台、微信群和微信公众号等新形式、新路径、新方法相继出现，教学信息显示更加多样化，教学信息处理实现智能化，教学信息储存容量急剧增大，教学过程具有更强的交互性，教学信息传输更具有便捷性等，优势非常明显。现代教育信息技术已经成为丰富教学资源、提高教学质量、增强教学实效的一个重要载体。在现代教育技术的普及和运用下，教学过程的要素关系也发生了转变，教师不再是教学中心，而是成为学生学习的指导者和活动的组织者，学生的主体地位得到巩固，在教学过程中能够主动参与、发现、探究和进行知识建构。

"互联网+"时代，"思想道德修养与法律基础"课教师要进一步转变观念，提高运用现代信息技术的能力。第一，树立创新思维，在应用新技术的同时强化创新意识。"互联网+"课程教学，并不是传统教学模式的简单移植和"照搬照抄"，而是课堂教学的延伸和扩展，教师的主导作用和学生的主体地位并没有改变，这对教师的综合素质提出了更高的要求。教师要树立用户思维，以学生为中心，满足学生需求；要树立数据思维，从数据中认识学生，通过教学过程中采集到的数据关注学生的微观表现。互联网的高度开放性和相对自由宽松的环境，决定了教师的主导作用必须加以强化，教师由知识的传授灌输者转变为学生学习的指导者、促进者和组织者，必须对教学活动的每一个环节进行精心设计和组织，如多媒体课件的设计、教学内容的选择、如何与传统教学模式相结合、网络环境下学习情境的创设、学习策略的指导、交流和反馈等，从而引导学生思考问题，激发他们的学习积极性和主动性。同时，教师要掌握网络应用知识、熟练运用多媒体技术。第二，坚持"教育为体、互联网为用"。现代教育技术归根结底是为增强教学效果，服务于教师的教学目的和教学思想，起辅助教学作用的。教师要能够驾驭信息技术，而不是受制于信息技术；既要令信息技术更好地服务于教学，也要正视和思考"互联网+"教学模式的弱点，特别是学习碎片化特点。教师要始终成为教学中真正有魅力的"主角"，正确把握"互联网+"课程教学的特点和规律，把信息网络打造成课程教学的新平台、理论学习的新空间、舆论引导的新阵地，不断增强课程教学的时代感和吸引力。同时，教师还要明确认识到，运用互联网技术开展教学不是代替课程教学，也不能削弱课堂教学。

（4）发挥集体备课效用，促进教师成长。

备课是教学活动的重要环节之一，有个体备课和集体备课之分。集体备课是一种有组织、有规划的活动，一个学科组或课程组全体教师以提高教学质量、增强教学实效为目的，围绕课程教学共同研讨，通过集思广益和合作探究，形成关于课程教学在科学、艺术、创造三方面兼顾和相互融合的优化的教学思路。组织集体备课活动，第一，要有课程建设带头人或教学团队负责人，他们具有主导、组织和典范作用。对于教师团队统一思想、提高认识，增强教师责任感、使命感，开展好课程建设和课程教学，负有不可推卸的重要职责。第二，要有备课主讲人，负责课程某一章节的内容诠释与教学思路设计。第三，要有讨论主题和焦点问题，参加备课的教师要针对教学内容和方法等问题进行观点陈述和交流。"思想道德修养与法律基础"课采取专题式教学模式，进行集体备课是十分必要的。在集体备课中关于专题教学组织和实施的各个要素、各个环节、教学要求、教学设计、问题设计、考核方式等问题的研讨过程，就是"思想道德修养与法律基础"课教师发挥主观能动性、创造性的过程，是互相学习、取长补短、思想碰撞的过程，这对于提高教师素质有着重要意义。

（二）现实支点：融入职业素质教育，增强内容"实用性"

专题式教学融入职业素质教育，能够加强教学内容的针对性和实效性，让学生感受到思想政治理论课也是某种意义上的"实用之学"，助推教材体系向教学体系的转化。

"思想道德修养与法律基础"课专题式教学融和职业素质教育的基本思路如下：

1. 确定专题式教学中融入职业素质教育的目标

"思想道德修养与法律基础"课专题式教学中融入职业素质教育，要以提升学生的职业兴趣和职业能力等职业素质，培养学生良好的职业情绪和职业个性为目标。学生的职业属性虽然在选择专业时就已基本确定，但学生对未来的就业岗位是否充满期待，是其能否主动为适应企业需要来要求自己、发展自己的内在动因；对岗位职责是否有高昂乐观的情绪，是其能否主动适应竞争、坚持创新进取的个性条件。职业素质越高的人，获得职业生活成功的机会也越大。同时，学生是否充分认知与专业相对应的企业文化，即企业成员普遍认可与遵循的、具有企业特色的价值观念、团队意识、行为规范与思维模式，是否能够具备企业在实践中形成的爱岗敬业、遵章守纪、诚实守信、责任意识、竞争意识、团队精神、奉献精神等优秀职业品质，是其能否在就业形势严峻的条件下获得就业，以及能否在就业后迅速实现角色转变、融入企业文化、适应企业生产与管理要求的职业素质优势。

2. 确定专题式教学中融入职业素质教育的内容

"思想道德修养与法律基础"课专题式教学中融入职业素质教育，重点是教学内容上要与专业以及与专业所对应的产业、行业、企业实际相结合，而面向不同专业时，教学内容选取要有所区别，形成特定专业或专业群的个性化理论教学。还有一种便捷的路径，就是选用与专业或专业群密切相关的典型案例教学，帮助学生提高专业领域的记忆力、注意力、观察力、思维力等智力因素，增强其在专业领域的兴趣、情感、意志和性格等人格因素，引导学生知行合一，德才并进。例如，在绪论部分中，融入专业人才培养方案内容和专业课程设置情况内容。在第一章《人生的青春之问》教学时，在进行正确的世界观、人生观、价值观教育中融入职业观教育，使大学生正确认识社会发展规律，正确认识国家的前途命运，正确认识自己的社会责任，教育广大大学生自觉把自己的人生追求同祖国的前途命运联系起来，树立为祖国繁荣富强贡献青春力量的远大志向。在道德修养教育中融入职业道德修养教育，引导学生磨炼意志、砥砺品格，树立用诚实劳动创造美好生活的思想和精神，从小事做起，从一点一滴做起，诚实守信，服务人民。帮助学生形成良好的职业道德情操和道德修养，能够自觉遵守职业道德规范、进行职业道德自律。积极开展职业道德实践活动，把职业道德实践活动融入大学生的学习生活中，引导大学生自觉遵守爱岗敬业、诚实守信、办事公道、服务群众、奉献社会等基本职业道德规范。在加强法治教育和诚信教育中融入专业法律法规内容，增强大学生的职业法律意识和守信意识，提高大学生守法守规的自觉性，让大学生认识诚实守信的品德是立身之本、做人之道，树立守信为荣、失信可耻的道德观念。

3. 确定专题式教学中融入职业素质教育的方法

职业能力的提高和职业素质的养成，是一个学习、体验、内化的过程。"思想道德修养与法律基础"课专题式教学中融入职业素质教育，要按照尊重学生主体地位、提升学生素质能力的教育思路来进行。在教学组织上，以同一专业或同一专业群为主来排课，教学组成员联系班级的专业化倾向较为明显。例如，一位任课教师的授课班级全部以××系的学生为主，或是××系××专业的学生为主，便于任课教师结合专业开展专题教学。在内容选取上，要区分两个层次。一个是基础理论知识层次，如在理想信念、爱国主义、社会公德、法律意识的教育上，要坚持理论性；另一个是适合紧密结合专业特色开展教学的内容层次，如在职业道德、就业形势、法律规范的教育上，要突出专业性。在教学方法上，可采用演讲式、讨论式、探究式、体验式等生动活泼的教学方法，有序开展内容学习、综合实践、内化体验等课程活动，强调培养学生具备从事一般性职业活动的基本素质和能力，引导学生追求崇高的价值理想，塑造健全、完善的人格。更多采用与学生专业发展密切相关的职业领域案例，突出与学生职业能力发展密切相关的综合训练。

（三）精神支点：融入文化素质教育，增强内容"灵动性"

中华优秀传统文化是中华民族的"根"与"魂"。习近平总书记指出："优秀传统文化是一个国家、一个民族传承和发展的根本，如果丢掉了，就割断了精神命脉。"在"思想道德修养与法律基础"课专题式教学中融入文化素质教育，就是要将这些人文知识和人文精神渗透、贯穿到大学生的成长历程中，对学生的人格、操守、情感、责任感、人生态度、价值观、理想信念等在内的基本理念的形成与塑造起"化成"作用。这种塑造既可内化造就一个人卓然的人格品行和风度气节，也可外化锻炼其处事、交际时的礼仪分寸与方式能力。这是一个人学会做人（或者说做一个真正的人）的基础，是一个人综合素质的本质体现。

"思想道德修养与法律基础"课专题式教学中融入文化素质教育的基本思路如下：

1. 了解文化的作用和文化素质教育的一般含义

文化是人类社会的"基因"，教育是文化传承的主要手段，是文化创新的必要前提。在我国大学的素质教育中，文化素质教育起步较早，受到了更多的关注和重视，这与中华人民共和国成立后我国在文化上的一度弱化，需要特别加强来扭转的历史背景有密切关系。1994年9月，教育部高教司原司长周远清在华中科技大学的《加强文化素质教育　提高高等教育质量》报告中明确提出，将大学文化素质教育作为教育观念改革的切入口。1995年起，文化素质教育在国家教委的大力支持下，经过三年试点之后正式向全国高校推广，并建立了大学文化素质教育基地。

大学文化素质教育实施以来，我国教育界对"文化"一词的理解日趋深化。文化不仅仅是一个人的文化水平，更是一个国家的软实力，反映着一个国家的综合国力。而且，我国改革开放40多年来所取得的重大成就，我国经济社会发展的前景，都让我们愈加深刻地认识到，文化渗透于政治、经济、军事以及社会发展的各个方面，文化的作用越来越大。在2010年高等学校文化素质教育开展15周年纪念大会上，清华大学张岂之教授在发言中阐释了他所理解的文化理念：①它是民族优秀文化与全人类优秀文化的融合、会通的结晶；②它属于理论，即精神层面的理念；③它是形象思维与逻辑思维的综合；④它具有"种子"般的作用，在青年学子们的心灵上开花结果，有助于造就卓越的创新人才。①

中国科学院院士、华中科技大学教授杨叔子认为：只有科学文化与人文文化交融的教育才可能培育出全面而自由发展这样素质的人。文化素质教育的核心正是科学文化与人文文化的交融，其锋芒是指向急功近利、轻做人重做事、轻成人重成才的忽视人文教育的错误倾向，其重点是加强民族文化教育，增强民族凝聚力。这就是说，文化素质教育的锋芒是解决做人的问题，其重点是解决做中国人的问题②。而其核心是针对重理轻文、偏科偏废，促进科学教育与

---

① 林建华，欧阳康，杨慧林，等. 如何推进大学生文化素质教育 [J]. 教育与职业，2012（6）：66-68.

② 杨叔子，余东升. 高等学校文化素质教育的今日审视 [J]. 中国高教研究，2008（3）：3-7.

人文教育交融，解决好做现代中国人的问题。"大学之道，在明明德，在亲民，在止于至善。"高等教育需要认真领悟植根于实践的中华优秀传统文化思想精髓，深入挖掘温润而隽永的中华优秀传统文化人文精神要旨，坚持把中华优秀传统文化融入大学教育教学全过程，努力培养德智体美劳全面发展的社会主义建设者和接班人。

2. 科学分析学生文化素质的总体情况

总体上看，我国高校多年来始终存在着部分学生综合素质偏低的状况，特别是文化素质偏低、人文知识缺乏、文化底蕴不够丰厚，面对现实生活中某些事物与现象缺乏正确的判断。尤其是在高校扩招、就业形势严峻的现实面前，学生主动求知、探索的劲头不足，对自身缺乏信心。这种素质结构和特点已经影响到学生人格的健全发展，导致学生或多或少地丧失了科学思想指导下的锐意拼搏、努力进取的精神。

3. 确定专题式教学中融入文化素质教育的目的

在以人为本理念的指导下，高校"思想道德修养与法律基础"课专题式教学中融入文化素质教育，要重点解决高校学生成长过程中面临的两个问题。一是帮助学生树立正确的情感、责任感和价值观。爱因斯坦说过：用专业知识教育人是不够的，通过专业知识教育，他可以成为一个有用的工具，但是不可能成为和谐发展的人，一旦他遇上人生的变革，他就极易迷失方向，成为人民的敌人或敌人的帮凶。杨叔子院士指出，培养人有两条至关重要，一条是要有高度灵性，一条是要有高度人性。灵性和人性也可以看成是创新和爱国的关系，即一要爱国，二要创新。文化素质教育可以促使学生提升品位、修身养德，成长为对人民对社会发展有益的人。二是训导和激发学生的内在素质，使其在现有条件下尽量充分地施展出来，保证学生在实践中的创造活动既有益于自我的完善和发展，也有利于他人与社会的发展。

融入文化素质教育的根本目的，就是提升学生的情感智慧与审美情趣，提升学生的人文素质和人文精神，促进学生全面发展和可持续发展。通过文化的丰富内涵和文化特有的精神力量，引导学生在接受专业知识、专业技能教育的同时，学习和吸收人类社会的优秀文化成果，有效发挥文化在传承文明、弘扬民族精神、提高人文素质、促进人的全面发展过程中的巨大作用；引导学生体验与思考人类生存的意义价值，理解自我、反思自我，提升学生的人文精神和人文素养，提升学生由知识、能力、观念、意志等多种因素综合形成的内在品质，即人格、气质、修养等，促使学生更加社会化、人性化，使学生的思想品质、情操、心理乃至个性得以升华，从而更好地指导其学习和进行社会实践活动，高质量地实现自我价值和社会价值。

具体来说，融入文化素质教育的目的主要有以下五点：第一，引导学生感受学问之美、把握求学之道，顺利掌握专业知识和技能，探求治学规律，做到举一反三、学会学习，达到丰富知识、提高素质、增加内涵、提升气质的目的。第二，教育学生自觉遵守基本道德规范，懂得崇高卑下、礼义廉耻，使学生学会做人，养成良好的文明礼貌和道德行为习惯。教育学生懂得道德修养对自我安身立命的重要性，明确加强自身道德修养的方法。第三，帮助学生树立透过现象看本质的哲学思维，把握事物发展的规律，虑事全面、做事稳妥，能设身处地地思考问题，善于与人交流和合作，使学生学会做事，具有较强的岗位适应能力和人际沟通能力。第四，教导学生树立感恩意识，在学习生活中常怀感恩之心、常谋自立之策，善于把握情理与事理的辩证关系，处理好个人与集体、感情与纪律等的关系，使学生学会珍爱生命、善待他人、善于合作。第五，培养学生必要的学习能力和创新能力。文化素质教育可以极大地活跃与拓展学生的思维空间，改善其思维能力，提升其创新精神。在现代科学技术迅速发展和不断更新的新时期，有了科学的思维方式和较强的思维能力，学生才能够掌握在现代科学领域中形成的新知识，学会学习、融会与贯通。有了创新精神，学生才能够在技术创新中做出理性的思考。

4. 确定专题式教学中融入文化素质教育的内容

"思想道德修养与法律基础"课专题式教学中融入文化素质教育的内容主要包括以下七个方面：

（1）激发理想信念的内容。崇高理想是人们在实践中形成的具有现实可能性的对未来的一种追求，是人们的政治素质和世界观在奋斗目标上的表现。树立崇高理想的前提是拥有强烈的爱国心和民族自尊心、自信心。宋人张耒曾说："业无高卑志当坚，男儿有求安得闲。"只要树立符合时代要求的人生发展目标，就能够建功立业，有所作为，实现自己的人生价值。

（2）焕发人格力量的内容。拥有人格力量的人必然首先拥有健全的人格，即具有坚强的性格、良好的品德和无私奉献的精神。其中良好的品德是做人的基础，在个人素质结构体系中，道德素质始终是第一位的。一个有着高尚道德品质和修养的人，其行为对他人、对社会有益，否则，将适得其反。

（3）熏陶人文品质的内容。文学艺术修养是人文品质的一个重要表现。教学中应当适当融入文学艺术类作品中的内容，增强学生的文学艺术修养，陶冶情操、开阔视野、提升人格，培育民族文化精神和审美能力。

（4）展现人文情怀的内容。融入展现人文情怀的诗歌、文学、影视、历史等作品，弘扬尊重人、关心人、帮助人的人文情怀和胸怀天下的家国情怀，倡导与集体协调一致，与人友好相处、合作共事，建立和谐的人际关系。

（5）坚定意志品格的内容。艰苦奋斗的意志品质、坚忍不拔的性格是驾驭生活、创造未来的精神力量。

（6）体现民族精神和时代精神的内容。核心价值观是一个国家、民族的精神旗帜，是人民的精神家园。习近平总书记指出："如果一个民族、一个国家没有共同的核心价值观，莫衷一是，行无依归，那这个民族、这个国家就无法前进。""三个倡导"的社会主义核心价值观基本内容概括了国家的价值目标、社会的价值取向和公民的价值准则，鲜明回答了要建设什么样的国家、建设什么样的社会、培育什么样的公民的重大问题，是当代中国精神的集中体现，凝结着全体中国人民的共同价值追求。当前，我国已进入全面深化改革的关键时期，社会思潮更加多元多样多变，各种观念相互交织碰撞影响，迫切需要主流价值观念的引领。要坚守社会主义核心价值观之根，就是要在挖掘和阐发中华优秀传统文化的时代价值上下功夫，把讲仁爱、重民本、守诚信、崇正义、尚和合、求大同的价值体系和精神追求讲足说清、阐发透彻，让中华优秀传统文化蕴含的思想观念、人文精神、道德规范深入人心，正确阐明社会主义核心价值观与中华优秀传统文化的内在关系，使中华优秀传统文化成为涵养社会主义核心价值观的重要源泉，教育引导大学生树立共产主义远大理想和中国特色社会主义共同理想，增强"四个自信"。

（7）厚植爱国主义情怀的内容。在中华民族几千年绵延发展的历史长河中，爱国主义始终是激昂的主旋律，始终是激励我国各族人民自强不息的强大力量。习近平总书记指出："爱国，是人世间最深层、最持久的情感，是一个人立德之源、立功之本。"我们要在厚植大学生爱国主义情怀上下功夫，要把"先天下之忧而忧，后天下之乐而乐"的责任担当，"位卑未敢忘忧国""苟利国家生死以，岂因祸福避趋之"的报国情怀，"富贵不能淫，贫贱不能移，威武不能屈"的浩然正气，"人生自古谁无死，留取丹心照汗青""鞠躬尽瘁，死而后已"的献身精神等优秀传统文化和民族精神阐发透彻，引导大学生深刻认识中华优秀传统文化中所包含的爱国主义思想精髓。

5. 确定专题式教学中融入文化素质教育的方法

当前以"00后"为主体的大学生，追求独立，个性强，不喜欢被灌输。

同时，他们的知识结构不尽合理，尤其是理科学生，对部分文科知识存在盲区；学习能力、学习习惯、自我管理能力、科学规划和发展能力多有欠缺；学习功利性较明显，大多重视技能与专业知识，轻视对人文素质课程的学习。基于这些特点，结合社会发展对高层次人才的要求，"思想道德修养与法律基础"课专题式教学中融入文化素质教育，就要坚持因材施教、长善救失的原则，以弥补不足、激发潜能，使学生顺利成长为高素质人才，促进学生的可持续发展和人的全面发展。例如，依据学校专业情况，对不同专业学生的思想状态、知识基础、个性特点等方面情况进行广泛调研和统计分析，并在此基础上有针对性地强化不同入学渠道学生其素质上的优势，及时弥补其素质上的弱势，从而有效激发学生的自尊心、自信心和自强心，提高其综合素质，避免其陷入困惑迷茫、郁闷无聊等负面情绪。

四、从教材向教学转化的专题教学成果举例

本书综合从教材体系向教学体系转化的精神，基于问题导向意识，结合合理的案例应用，精心设计相关专题，把实际教学专题做了总体安排。具体设计如下：

（一）专题一 砥砺前行：做新时代的担当者

教学目的：通过教学，使学生了解大学生活的特点，适应人生的新阶段，珍惜历史机遇，胸怀实现中华民族伟大复兴的中国梦，肩负接续奋斗的光荣使命，坚定理想、增强本领、勇于担当，提升自身的思想道德素质和法治素养，立志为新时代贡献青春力量。

专题一的学习内容设计如表 3-1 所示。

表 3-1　专题一的学习内容设计

本专题学习内容设计	时间安排	辅助学习手段
本专题学习任务导入（或案例解析） 　　自由发言：拿到本教材时的第一想法是什么？ 　　得出结论：思修课与个人成长紧密相连——能帮助自己更好地成长，成为自己想成为的那个人。	5 分钟	问题导入

表3-1（续）

本专题学习内容设计	时间安排	辅助学习手段
本专题学习内容（含重点突出、难点突破） **任务一　新时代什么样?** 先回顾一下历史: 1949年10月1日,毛泽东主席站在天安门城楼上向全世界庄严宣告中华人民共和国成立了,中国人民从此站起来了! 1992年2月,邓小平同志视察武昌、深圳、上海等地,开启了中国富起来的新篇章。 2017年10月,中国特色社会主义进入新时代。 习近平:进入新时代,中国强起来。 中国特色社会主义进入新时代,意味着近代以来久经磨难的中华民族迎来了从站起来、富起来到强起来的伟大飞跃。 讨论:大家关于新时代最直接的感受是什么? 案例: 新四大发明:高铁、支付宝、共享单车、网络购物。 创新型国家建设成果丰硕:天宫、蛟龙、天眼、悟空、墨子、大飞机等重大科技成果相继涌现。 观看视频:《新时代》。 讨论:新时代的意义是什么? 新时代是我们理解当前所处历史方位的关键词。 **任务二　怎样才算时代新人?** 　　习近平总书记在党的十九大报告中提出了"培养担当民族复兴大任的时代新人"的新要求。 　　作为确定的人,现实的人,你就有规定,就有使命,就有任务。至于你是否意识到这一点,那都是无所谓的。这个是由你的需要及其与现存世界的联系而产生的。 　　　　　　　　　　　　　　　　——马克思 　　1. 做有理想、有本领、有担当的时代新人 　　青年兴则国家兴,青年强则国家强。青年一代有理想、有本领、有担当,国家就有前途,民族就有希望。 　　有理想:要有崇高的理想信念,牢记使命,自信自励。 　　有本领:要有高强的本领才干,勤奋学习,全面发展。	80分钟	理论讲授、案例分析、课堂讨论、视频欣赏

表3-1(续)

本专题学习内容设计	时间安排	辅助学习手段
有担当:要有天下兴亡、匹夫有责的担当精神,讲求奉献,实干进取。 2. 当代青年与新时代共同前进 广大青年既拥有广阔的发展空间,也承载着伟大的时代使命。希望每一个青年都成为社会主义建设者和接班人,不辱时代使命,不负人民期望。 2018年,习近平总书记在北大同师生代表座谈时对广大青年提出了四点希望:爱国、励志、求真、力行。 第一,要爱国,忠于祖国,忠于人民。 第二,要励志,立鸿鹄志,做奋斗者。 第三,要求真,求真学问,练真本领。 第四,要力行,知行合一,做实干家。 小结:有信念、有梦想、有奋斗、有奉献的人生,才是有意义的人生。当代大学生建功立业的舞台空前广阔,梦想成真的前景空前光明,每个人都有机会在实现中国梦的伟大实践中创造自己的精彩人生。当代大学生一定要担当起党和人民赋予的历史重任,在激扬青春、开拓人生、奉献社会的进程中书写无愧于时代的壮丽篇章! 观看视频:北大才女王帆霸气演讲《新时代青年》。 王帆说:"时代的责任赋予青年,时代的光荣也属于青年,没有一代人的青春是容易的,但是每一代人的青春,都是大有可为的!少年勤学,青年担当,中国青年,国之栋梁。" **任务三 新时代大学生必须具备的基本素质有哪些?** 案例导入:任正非为何要辞退这个北大高才生? 北大高才生被华为辞退:用不用你,与能力无关! 讨论:思想道德素质是什么? 思想道德素质是人们的思想观念、政治立场、价值取向、道德情操和行为习惯等方面品质和能力的综合体现,反映着一个人的思想境界和道德风貌。 讨论:如何改变现在大学生普遍法盲的情况? 根据校园统计,大学生法律观念问题主要体现在两方面:一方面,大学生的法律知识水平较低;另一方面,		

表3-1(续)

本专题学习内容设计	时间安排	辅助学习手段
大学生不能积极主动地利用法律武器维护自己的正当权益。 案例："继"校园贷""裸贷"套路再升级的"培训贷"。 讨论：法治素养是什么？ 法治素养是指人们通过学习法律知识、理解法律本质、运用法治思维、依法维护权利与依法履行义务的素质、修养和能力。 总结：思想道德素质和法治素养是大学生必备的基本素质。 大学是立德树人、培养人才的地方，是青年学习知识、增长才干、放飞梦想的地方。 讨论：什么是大学？ 1. 大学（university）的定义 最早的大学：12世纪，在意大利、法国和英国开始出现了一些最早的大学。其中具有代表性且影响较大的是博洛尼亚大学、萨莱诺大学和巴黎大学。 案例：中国最早的10所近现代意义的大学。 2. 正确认识大学 梅贻琦先生说："大学者，非谓有大楼之谓也，有大师之谓也。" 案例：1936年9月竺可桢浙大开学典礼演讲。 第一，到大学来做什么？ 第二，将来毕业后做什么样的人？ 答：第一，诸位求学，应不仅在科目本身，而且要训练如何能正确地训练自己的思想； 第二，我们人生的目的是在于能服务，而不在享受。 （1）大学的教育目的是育人。 步入人生新阶段，确立新目标，开启新征程，需要对新时代有深入的了解和真切的感悟，做一个时代新人。 从国外来看，爱因斯坦也曾指出："用专业知识教育人是不够的。通过专业教育，他可能成为一种有用的机器，但是不能成为一个全面发展的人。更像一只受过很好训练的狗，而不像一个和谐发展的人。" 从国内来看，"大学之道，在明明德，在亲民，在止于至善。"		

表3-1(续)

本专题学习内容设计	时间安排	辅助学习手段
（2）育人的根本在于立德。 　　思想道德素质是最根本的素质，是统摄其他素质的核心和灵魂。 　　一个人只有明大德、守公德、严私德，其才方能用得其所。——习近平 　　观看视频：北大刘媛媛演讲《年轻人能为世界做什么》。 　　课堂互动：结合自己的情况，谈谈如何成长为一个全面发展的人？ 　　3. 思想道德素质和法治素养的提高方法 　　（1）学习中升华。 　　（2）实践中锤炼。 　　（3）内省中完善。 　　（4）自律中养成。 　　升华：相信年轻人，未来才会更美好。——马云 　　升华：社会主义核心价值体系就是一种文化的传承。 　　大学生应积极调整和适应大学，主动适应转变。 　　（1）专业学习（有志趣）。 　　（2）社会交往（有心）。 　　（3）日常生活（有序）。 　　（4）闲暇娱乐（有益）。 　　（5）个人消费（有度）。 　　提高独立生活能力、树立新的学习理念、培养优良学风。 　　针对"这是一个最好的时代"大学生的建议： 　　（1）大学你应该确保收获：母校的文凭、实用的技能、独立的人格、同学的友情，这是你走向成功的四拼图。 　　（2）比起考试，学会自学更重要。 　　（3）多读点杂书，天文地理生物，历史经济管理，哲学小说诗歌，这些将来比读《成功学》更有用。 　　（4）现在该学会一个人走了。 　　（5）和你同学一起，让青春撒点野。 　　（6）别因为寂寞去恋爱，学会享受孤独，那会让你思考自我、学会和自己相处。		

表3-1(续)

本专题学习内容设计	时间安排	辅助学习手段
(7) 至少培养一种兴趣，这样心灵才不会寂寞。 (8) 别忘了有空给父母打电话或发短信。 (9) 别总想复制别人的成功，去做不一样的自己。 (10) 学会利用搜索，尝试用些新技术。 (11) 学点真本事，很多人一上班就会后悔。 (12) 学会 PPT、WORD、EXCEL，那是必须的。 (13) 开始关注社会，因为你很快就会投入其中。 预祝各位度过一个值得骄傲的大学生活。		
本专题学习内容简要小结 　"思想道德修养与法律基础"，是一门融思想性、政治性、科学性、理论性、实践性于一体的思想政治理论课。本课程针对大学生成长过程中面临的思想道德和法律问题，开展马克思主义的世界观、人生观、价值观、道德观、法治观教育，引导大学生提高思想道德素质和法治素养，成长为自觉担当民族复兴大任的时代新人。	5分钟	总结归纳

(二) 专题二　崇真尚美：成就无悔人生

　　教学目的：通过教学，帮助学生树立为人民服务的人生观，确立科学高尚的人生追求，与历史同向、与祖国同行、与人民同在，在奉献社会的实践中成就无悔人生。

　　专题二的学习内容设计如表 3-2 所示。

表 3-2　专题二的学习内容设计

本专题学习内容设计	时间安排	辅助学习手段
对上次课学习的内容进行简要回顾。	5 分钟	提问
本专题学习内容（含重点突出、难点突破） **任务一　人生目的** 　　人生目的是指生活在一定历史条件下的人在人生实践中关于自身行为的根本指向和人生追求。人生目的是对"人为什么活着"这一人生根本问题的认识和回答，是人生观的核心，在人生实践中具有重要的作用。 　　课堂活动：请同学们回答一下的你的人生目的是什么？ 　　同学往往回答这些： 　　找到一份好工作，挣许多的钱，带父母出去玩，找个漂亮的老婆、帅气的老公…… 　　教师要先肯定学生这种通过自己的劳动追求自己和家人的幸福生活的正确思想。但是，个人的生存发展与家庭的和谐幸福是人追求的起点而不是终极目标。马斯洛人类需求五层次理论告诉我们，在满足基本物质需求和基本情感需求后，会上升到自我价值和自我道德的需求，也就是自己的价值不仅仅局限于自己以及身边的亲朋好友，还会担负起对人民、社会和国家的责任。而且这种责任不再具有功利性、利己主义，更多的或纯粹的是奉献精神、利他主义。 　　具体来说，一方面，个人发展和经济收入源于你对社会、单位的付出与贡献，这就要求我们必须具有服务、奉献精神。另一方面，我们的成功、幸福生活也离不开他人的服务、奉献，乃至牺牲。 　　讨论：张继科获得世界冠军，仅仅是个人努力的结果吗？ 　　视频：《听完刘国梁训话队员，你就知道中国乒乓长盛不衰的原因了》。 　　张继科的成功离不开教练、陪练、队员的指导和支持。 　　因此，个人和社会的发展都需要每个社会成员的服务和奉献精神。而且在社会主义社会中，个人利益与社会利益在根本上是一致的，谁也离不开谁。	80 分钟	理论讲授、案例分析、课堂讨论、视频欣赏

表3-2（续）

本专题学习内容设计	时间安排	辅助学习手段
社会利益体现了作为社会成员的个人根本利益和长远利益，是个人利益得以实现的前提和基础，同时它也保障着个人利益的实现。所以，我们必须奉献，创造更多的社会利益。 中国自古以来，就有埋头苦干的人，就有拼命硬干的人，就有为民请命的人，就有舍身求法的人。他们是中国的脊梁。——鲁迅 这句话，告诉我们，成为国家脊梁的人，都是为社会创造利益的人，都是服务人民、奉献社会，推动社会发展的人。 视频：《他为什么"挨批"了？》 高晓松批评清华学子梁植，原因就在于此。梁植心中装的是自己的前途、自己的生计，丝毫没有为国家、为社会、为人民服务的思想，显然跟新时代大学生肩负的责任是相去甚远的。 有的同学认为，自己目前还是普通的大学生，能力有限，无法做出轰轰烈烈的"服务人民、奉献社会"的事情。 讨论： 正如古语云："穷则独善其身，达则兼济天下。"你是怎么理解的？"达"是"济天下"的前提吗？ 一方面，我们"达"之后能够拥有为他人服务的资本和便捷条件。例如，有钱之后，可以给家乡或老少边穷地区修路、建希望小学、捐资助学等。 另一方面，古人提到，有两件事不能等，行孝和行善。为社会服务、帮助他人也是如此。即使我们没有达到世俗眼中的"达"，但也必须拥有"济天下"的心，并制定目标，采取相应的行动，尽自己的能力为社会、为他人服务。 **任务二 人生态度** 人生态度是指人们通过生活实践形成的对人生问题的一种稳定的心理倾向和精神状态。 灰姑娘的故事每个同学都听过。故事里面的灰姑娘具有以下特点：第一，做好本职工作，即完成继母交代的任务；第二，与人为善，广交朋友，即关心小动物，		

表3-2(续)

本专题学习内容设计	时间安排	辅助学习手段
也因此得到他们的帮助;第三,爱自己;第四,永不放弃。知道自己想要的幸福,突破了继母以及两个姐姐的种种刁难和阻挠,实现了自己的华丽变身,和王子幸福地生活在一起。 　　正是灰姑娘这种对生活乐观、负责的人生态度成就了她的幸福人生。 　　大学生需要的正确的人生态度有哪些呢?主要有四个,认真、务实、乐观、进取。我们用几个例子来了解一下。 　　1. 人生须认真 　　网络有句流行语,"世界上最可怕的事就是比你优秀的人,比你还努力",这不是鸡汤,这是事实!清华大学学霸马冬晗使用的学习计划表,就把每个时间段都利用得很充分。而一些大学生却在课堂上睡觉、玩手机,导致学业荒芜,辜负了自己的宝贵青春。网上有一篇文章叫《你不失业,天理难容》,大家课后去认真看看。 　　2. 人生须务实 　　从基础干起,如青岛农业大学的 5 名毕业生应聘到山东平度市明村镇古庄北村北斗果蔬专业合作社工作。 　　3. 人生须乐观 　　王心仪:毕业于河北枣强中学。2018 年高考考了 707 分,已被北大中文系录取,意外因自招时的陈述走红。王心仪家境贫寒,母亲连给她掏买教辅的钱都吃力。她说,虽然经济上和别人有差距,但不会因此自卑,精神贫瘠才可怕。她因一篇《感谢贫穷》被人熟知,她出身寒门却热爱生活,积极乐观的精神感动无数人。从她的文字中能看出真正该感谢的是那个面对贫穷永不屈服、积极乐观的自己! 　　4. 人生须进取 　　1991 年,刚从中专毕业的药恩情被分配到中北大学当安保人员。在接触到大学校园后,本打算安心工作的他却产生了新想法。"成为大学教师"的念头一产生,便在药恩情心中扎了根。往后的 15 年里,药恩情从旁听课程、自考大专和本科,到自考研究生,最终站上了中北大学的讲台。如今,执教已 12 年的药恩情,是中北大学人		

表3-2(续)

本专题学习内容设计	时间安排	辅助学习手段
文社会科学学院副教授。他累计为学生们上了 2 000 多节法学课，编著了 3 本法学书籍。药恩情说，安保工作培养了他一有困难就要去克服的信念，无论是学习还是从教，那股劲儿、那种信念一直在。 1982 年生的甘相伟，出身于农民家庭。2007 年在北大做保安，2008 年通过成人高考考入北大中文系，被媒体报道后成为红人，2012 年出版书籍《站着上北大》。他现在在武汉创业，做青少年教育。 当然，人生态度还有许多种，你认为除了课本上的，还需要哪些? （1）苏东坡的顽强乐观的信念和超然自适的人生态度。 （2）范仲淹"不以物喜，不以己悲"的超脱。 课堂活动：谈一谈你的榜样（偶像），为什么是他（她）? **任务三　人生价值** 怎么活着才有意义呢? 劳动以及通过劳动对生活和他人做出的贡献，是社会评价一个人的人生价值的普遍标准。 人的价值包括自我价值和社会价值，但侧重点更多的是社会价值，就是对社会和国家的作用。 我认为人的价值有三个层次，第一个层次主要是自我物质和基本情感的满足。在这个过程中，主要价值思想是利己的。第二个层次所谓的成功，是通过自己工作成就，扩大自己个人及社会的影响力，这是主观为自己，客观为他人的阶段。第三个层次，追求道德要求，没有利己成分，完全是利他的思想。最典型的人物莫过于大家熟悉的雷锋同志，雷锋精神就是毫不利己，专门利人。 案例："建校狂人"古天乐。 香港男星古天乐近年来在内地偏远地区捐建小学或宿舍的事被广为称赞，不过古天乐本人对此却十分低调，从未向外透露具体捐建事宜。2014 年 5 月 5 日中午，导演尔冬升在微博贴出一份名单，列出古天乐自 2009 年至 2013 年捐建的 61 座学校和校舍的详细名单。古天乐实际上捐建的学校及宿舍楼已达 105 座。		

表3-2（续）

本专题学习内容设计	时间安排	辅助学习手段
任务四　成就无悔人生 讨论：如何成就无悔人生？ 首先，在观念上，我们要树立以下6种正确的观念。 1. 树立正确的幸福观。 2. 树立正确的得失观。 案例：习近平的得失观。 《习近平的七年知青岁月》中写道："他从不服输，吃了很多苦以后，不但能成为一把工作好手，而且还作为村支书，扎根在梁家河为乡亲们谋福利。" "习近平有个针缝的时间都要读书，抓紧一切时间学习。夜晚靠自制的煤油灯照明读书，因太过靠近，常常把鼻子弄黑。" 3. 树立正确的苦乐观。 4. 树立正确的顺逆观。 5. 树立正确的生死观。 6. 树立正确的荣辱观。 视频：《"耶鲁哥"秦玥飞》。 "耶鲁哥"秦玥飞的事迹很好地诠释了大学生扎根基层，服务社会，实现人生价值。 讨论：为成就无悔人生，大学阶段你将做哪些努力？ **结束语** 最后和学生共同分享苏联作家尼古拉·奥斯特洛夫斯基在小说《钢铁是怎样炼成的》中借主人公讲出来的话。"人，最宝贵的是生命；它，给予我们只有一次。人的一生，应当这样度过：当他回首往事时，不因虚度年华而悔恨，也不因碌碌无为而羞愧。这样在他临死的时候，他就能够说：我已经把我的整个生命和全部精力，都献给了这个世界上最壮丽的事业——为了人类的解放而斗争。" 本专题学习内容简要小结 要辩证对待人生矛盾，树立正确的幸福观、得失观、苦乐观、顺逆观、生死观、荣辱观。应反对错误人生观，认清拜金主义、享乐主义和极端个人主义等错误思想观念的实质，警惕和自觉抵制它们的侵蚀。		

表3-2(续)

本专题学习内容设计	时间安排	辅助学习手段
当代大学生担当新时代赋予的历史责任，应努力在服务人民、奉献社会的实践中与历史同向、与祖国同行、与人民同在，成就无悔人生。	5分钟	总结归纳

（三）专题三　筑梦青春：放飞理想，坚定信念

　　教学目的：通过教学，帮助学生正确理解理想信念的内涵特征，把握理想信念对大学生成才成长的意义；帮助学生坚定对马克思主义的信仰，正确认识社会主义共同理想与共产主义远大理想；帮助学生正确看待理想与现实之间的矛盾，将个人理想与国家前途、民族命运相结合，在实现中华民族伟大复兴的中国梦中，志存高远、脚踏实地、艰苦奋斗成就自己的精彩人生。

　　专题三的学习内容设计如表3-3所示。

表3-3　专题三的学习内容设计

本专题学习内容设计	时间安排	辅助学习手段
上次学习内容简要回顾	5分钟	提问
本专题学习任务导入 　视频：《中国的红色梦想》 　案例："佛系青年"——第一批"90"后已经"出家"了。 　所谓"佛系青年"是彻底的青春悲剧，青春苦短，过不再来，没法吃后悔药。唯有肩负国家民族梦、扛起家庭责任，才是灿烂无悔的青春。青年一代有理想、有本领、有担当，国家就有前途，民族就有希望，这才是中国青年该有的人生格言。 　提问：如果你真的平庸了，你快乐吗？ 　你理想中的大学是什么样的？理想的大学生活是什么样的？ 　人生是否一定需要目标和理想信念？	10分钟	视频欣赏、案例导入

表3-3（续）

本专题学习内容设计	时间安排	辅助学习手段
本单元学习内容（含重点突出、难点突破） **任务一　高举火炬，照亮前路** 1. 人为什么要有理想 　　理想是一个人奋斗的目标，没有了理想，生活就会失去方向，找不到生存的意义。崇高的理想可以让一个人生活得更充实，为社会做出更多的奉献，实现自己人生的目的。 　　2. 理想的含义与特征 　　理想是人生希望的最高形态，是人所有最重大、最持久的希望的结晶与升华，是源自生命深处的积极的精神趋向，它反映了人对生命所怀有的最美的心愿和精神追求。 　　理想的特征包括超越性、实践性、时代性。 　　3. 信念的含义与特征 　　信念是认知、情感和意志的有机统一体，是人们在一定认识的基础上确立的对某种思想或事物坚信不疑，并身体力行的心理态度和精神状态。 　　信念的特征包括执着性和多样性。 　　能使我们为之奋斗的东西，叫作理想。而实现理想所必需的东西，是信念。 　　"志之所趋，无远勿届，穷山距海，不能限也。志之所向，无坚不入，锐兵精甲，不能御也。"——习近平在全国组织工作会议上的讲话（2013年6月28日） 　　典出：清《格言联璧》。 　　释义：志向所趋，没有不能到达的地方，即使是山海尽头，也不能限制。意志所向，没有不能攻破的壁垒，即使是精兵坚甲，也不能抵抗。 　　案例："我不知道你的名字，但我终于成了你"。 　　强天林来自四川广元，2008年汶川地震时年仅14岁的他在回家途中遭遇余震，一名解放军军官用身体为他挡住了落石并将他护送到安置点。中国军人的担当和血性让他永生难忘，他告诉这位军人："叔叔，长大后我要成为你。" 　　经过不懈努力，10年后他终于成为国防科技大学的一名中尉排长。从一个成绩垫底的懵懂男孩成长为一个	80分钟	理论讲授、案例分析、课堂讨论、视频欣赏

表3-3(续)

本专题学习内容设计	时间 安排	辅助学习 手段
目光如炬、胸怀坦荡的优秀青年，10年的实践，那份冲动不知不觉间变成了他的信仰。他正在追寻自己梦想的道路上不断突破。 　　4. 理想信念是精神之"钙" 　　"钙"是人体重要的生命元素，而精神之"钙"就是指理想信念。 　　缺"钙"的表现：政治上变质；经济上贪婪；道德上堕落；生活上腐化。 　　"理想信念就是共产党人精神上的'钙'，没有理想信念，理想信念不坚定，精神上就会'缺钙'，就会得'软骨病'。"——习近平总书记在十八届中共中央政治局第一次集体学习时的讲话（2012年11月17日） 　　视频：《中央纪委曝光八起扶贫领域腐败和作风问题》。 　　第一，理想信念昭示奋斗目标。 　　案例：新生活从选定方向开始。 　　非洲撒哈拉大沙漠中有一个叫作作塞尔的村庄，它地处一块绿洲旁边，被誉为沙漠中的一颗明珠，如今每年都有数以万计的旅游者来到这儿观光游览。可当初若不是肯·莱文从这里走了出去，并把它介绍给世人，恐怕这里至今还不为人们所知。 　　第二，理想信念提供前进动力。 　　第三，理想信念提高精神境界。 　　**任务二　坚定信仰，走好新时代的长征路** 　　1. 信仰的力量 　　信仰是指人对宗教或某种理论、学说、主义的极度尊崇和信服，并以之作为行动的准则。信仰属于信念，是信念的最高表现形式，它是关于人生终极目标的信念。 　　视频：《笔尖上的信仰》。 　　理想、信念、信仰三个概念的关系。 　　信念、信仰决定理想。有什么样的信念、信仰，就有什么样的理想，理想以信念、信仰为基础。 　　信念、信仰决定理想的内容与方向，即信念与信仰决定了人为之奋斗的目标。		

表3-3（续）

本专题学习内容设计	时间安排	辅助学习手段
2. 马克思主义的科学信仰 "马克思主义是科学，是我们观察社会历史的解剖刀。"——美国诺贝尔经济学奖获得者、著名经济学家萨缪尔森 2018年5月4日，"纪念马克思200周年诞辰大会"在人民大会堂举行。习近平出席大会并发表重要讲话。 案例：信仰之本——《共产党宣言》。 《共产党宣言》是马克思和恩格斯为共产主义者同盟起草的纲领，国际共产主义运动第一个纲领性文献，马克思主义诞生的重要标志，由马克思执笔写成。《共产党宣言》是历史进步的伟大旗帜。1920年，《共产党宣言》中文全译本在上海秘密刊印并向全国传播，为创建中国共产党提供了理论指导。毛泽东、刘少奇、周恩来、邓小平等早期中国共产党人大多是读了这本书后开始确立马克思主义信仰，走上革命道路的。 毛泽东："《共产党宣言》使我树立起对马克思主义的信仰。"刘少奇："从这本书中，我了解共产党是干什么的。"周恩来："在赴法国之前，我从译文中读过《共产党宣言》。"邓小平："我的入门老师是《共产党宣言》。" "对马克思主义的信仰，对社会主义和共产主义的信念，是共产党人的政治灵魂，是共产党人经受住任何考验的精神支柱。"——《习近平谈治国理政》第1卷 3. 中国特色社会主义共同理想 提问：党的十九大主题是"不忘初心，牢记使命"。那么，我们的"初心"是什么？"使命"是什么？ 案例："红船精神"昭示初心、承载使命。 视频：《不忘初心　牢记使命　永远奋斗》。 2017年10月31日，党的十九大闭幕仅一周，习近平总书记带领全体中央政治局常委同志集体出行，瞻仰上海中共一大会址和浙江嘉兴南湖红船，回顾建党历史，重温入党誓词。 红船精神： 开天辟地、敢为人先的首创精神； 坚定理想、百折不挠的奋斗精神；		

表3-3(续)

本专题学习内容设计	时间 安排	辅助学习 手段
立党为公、忠诚为民的奉献精神。 　中国共产党人的初心和使命，就是为中国人民谋幸福，为中华民族谋复兴。这个初心和使命是激励中国共产党人不断前进的根本动力。 　中国特色社会主义的共同理想，就是在中国共产党领导下，坚持和发展中国特色社会主义，实现中华民族伟大复兴。 　只有社会主义才能救中国，只有中国特色社会主义才能发展中国。坚持中国特色社会主义，就是真正坚持科学社会主义。 　中国特色社会主义是中国共产党带领人民历经千辛万苦找到的实现中国梦的正确道路。 　提问：什么是"四个自信"？中国特色社会主义为何而自信？ 　"自信人生二百年，会当水击三千里。"——毛泽东《西行漫记·七古残句》 　这两句诗是毛泽东同志于1916年所作，他的意思是，我相信人生会有二百年，如果我能活二百年的话，我可以水击三千里！ 　诗句透露出了毛泽东同志的自信与豪迈以及他宏伟的人生目标。习近平总书记提及这句诗，也表达了治国理政的豪迈气概与坚定自信的勇气。 　（1）道路自信——人间正道。 　案例：人类历史伟大奇迹——长征。 　十大历史事件：湘江之战，遵义会议，四渡赤水，巧渡金沙江，强渡大渡河、飞夺泸定桥，突破腊子口，直罗镇大捷，血战独树镇，激战嘉陵江，转战乌蒙山。 　习近平： 　"长征胜利启示我们：心中有信仰，脚下有力量；没有牢不可破的理想信念，没有崇高理想信念的有力支撑，要取得长征胜利是不可想象的。" 　（2）理论自信——真理永恒。 　（3）制度自信——天下归心。 　（4）文化自信——中华之魂。 　视频：《"我们的自信"文化篇——中华之魂》。		

表3-3（续）

本专题学习内容设计	时间安排	辅助学习手段
中国共产党的领导是中国特色社会主义最本质的特征，是中国特色社会主义制度的最大优势。党政军民学，东西南北中，党是领导一切的。中国共产党自诞生之日起，就把为中国人民谋幸福、为中华民族谋复兴作为自己的初心和使命。 　　4. 共产主义远大理想 　　提问：你知道人类社会的发展规律吗？人类社会有几种社会形态？ 　　人类社会从低级向高级不断发展，有原始社会、奴隶社会、封建社会、资本主义社会、社会主义社会和共产主义社会。实现共产主义是我们的最高理想。 　　提问：共产主义社会将是一个什么样的社会？ 　　共产主义社会是物质财富极为丰富、实现按需分配、人的精神境界极大提高、每个人自由而全面发展的社会。 　　有的人认为"共产主义是渺茫的幻想""共产主义没有经过实践检验"，这是完全错误的。 　　原因：割裂了共产主义远大理想与现实的辩证统一关系。 　　共产主义远大理想的最终实现是一个漫长、艰辛的历史过程，需要一代又一代人付出艰苦的努力。 　　案例：共产主义运动历史进程。 　　1848 年《共产党宣言》问世； 　　1917 年第一个社会主义国家建立； 　　"第二次世界大战"后一大批社会主义国家勃然兴起； 　　20 世纪 80 年代末 90 年代初东欧剧变、苏联解体； 　　新时代中国特色社会主义焕发出前所未有的生机和活力。 　　5. 远大理想与共同理想的关系 　　**任务三　不忘初心，共筑中国梦** 　　视频：《中国进入新时代》。 　　1. 确立发展目标 　　习近平总书记在十九大报告中明确提出："为把我国建设成为富强民主文明和谐美丽的社会主义现代化强国而奋斗。"这是以习近平同志为核心的党中央基于我国发		

表3-3(续)

本专题学习内容设计	时间安排	辅助学习手段
展新的历史方位，着眼于实现"两个一百年"奋斗目标和中华民族伟大复兴，前瞻性地提出新时代中国特色社会主义发展的新目标。 "强"，一字之变，彰显了中国共产党和中国人民的信心和决心。"美丽"，则使新目标的内容变得更加丰富。 2. 化理想为现实 澄清两种认识偏向： 一种是用理想来否定现实。当发现现实不符合理想预期的时候，就对现实大失所望，甚至对现实采取全盘否定的态度。 另一种是用现实来否定理想。在追求理想的过程中一遇到困难就产生畏难情绪，觉得理想遥不可及，丧失为理想而奋斗的信心和勇气，直至最终放弃理想。 理想是美好的，现实却并不总是一帆风顺，理想与现实之间总是存在着差距。如何面对理想与现实的差距？这需要自己从思想和行动方面做出积极的努力。 3. 立志当高远 （略） 4. 立志做大事 "要立志做大事，不要立志做大官。"——孙中山 在今天，做大事就是献身于中国特色社会主义伟大事业。 提问：到中国共产党成立 100 年时和中华人民共和国成立 100 年时，我国各族人民的"共同理想"分别是什么？ 从党的十九大到党的二十大，是"两个一百年"奋斗目标的历史交汇期，我们既要全面建成小康社会、实现第一个百年奋斗目标，又要乘势而上开启全面建设社会主义现代化国家新征程，向第二个百年奋斗目标进军。 建设社会主义现代化国家的进程分两个阶段来安排：第一个阶段，从 2020 年到 2035 年，基本实现社会主义现代化。第二个阶段，从 2035 年到 21 世纪中叶，把我国建成富强民主文明和谐美丽的社会主义现代化强国。 新时代的大学生应该把个人的命运与国家和人民的命运联系在一起，在实现社会理想而奋斗的过程中实现个人理想。		

表3-3（续）

本专题学习内容设计	时间安排	辅助学习手段
5. 立志须躬行 案例：习近平总书记这样和青年共度"五四"。 　2013年5月2日，给北京大学考古文博学院2009级本科团支部全体同学回信；5月4日，到中国航天科技集团公司同各界优秀青年代表座谈。 　2014年5月3日，给河北保定学院西部支教毕业生群体代表回信；5月4日，到北京大学考察，并在师生座谈会上发表讲话。 　2015年5月4日，在会见中国国民党主席朱立伦时寄语两岸青年。 　2016年4月26日，在安徽合肥主持召开知识分子、劳动模范、青年代表座谈会。 　2017年5月3日，到中国政法大学考察。 　2018年5月2日，到北京大学考察。 　提问：第六次北大之行，习近平都去了哪里？第六次北大之行，习近平对广大青年提出了哪四点希望？ 　当代青年是同新时代共同前进的一代。继四年前要求广大青年在四个方面下功夫之后，2018年习近平又提出了四点希望。 　一是要爱国，忠于祖国，忠于人民。 　二是要励志，立鸿鹄志，做奋斗者。 　三是要求真，求真学问，练真本领。 　四是要力行，知行合一，做实干家。 　"爱国、励志、求真、力行"这八个字，不仅是对青年一代的激励、鼓励、勉励，也为我们在新时代发奋图强、砥砺前行提出了具体要求。 　"中国梦"是中华各族儿女共同的愿景。大到民族，小到我们每一个人都有梦想。亿万个你我的小梦想，汇聚成国家的大梦想，民族的大梦想。		

表3-3(续)

本专题学习内容设计	时间安排	辅助学习手段
本专题学习内容小结 　　本专题教学内容遵循了从思想到行为的逻辑结构，探讨理想变为现实的途径和方法等实践行动的指导。讨论个人理想与社会理想的关系，从而将理想落实到大学生个体的成长实践中，让大学生明白在实现中国特色社会主义共同理想奋斗中实现个人理想，是自身成才的现实需要，也是国家和人民的殷切期盼。	5分钟	总结归纳

（四）专题四 百炼淬钢：以工匠精神引领职业道德

教学目的：通过教学，帮助学生认清社会主义道德是人类道德发展的一个合乎规律的崭新阶段，是对人类历史上道德发展的优秀成果进行批判继承的产物；准确把握社会主义道德建设的核心和原则；增强道德责任感，加强新时代职业道德建设。

专题四的学习内容设计如表 3-4 所示。

表 3-4　专题四的学习内容设计

本专题学习内容设计	时间安排	辅助学习手段
上次学习内容简要回顾	2分钟	提问
本专题学习任务导入（或案例解析） 　　视频：《匠人画像》。 　　请为视频中的人物做出"画像侧写"。	5分钟	视频观看、趣味讨论
本单元学习内容（含重点突出、难点突破） 　　**任务一　从匠人到匠心（什么是工匠精神）** 　　1. 何为"匠"？ 　　在传统习惯中，职业人往往被称之为"匠"，即工匠，又习惯称之为"手艺人"。 　　在当代，工匠的称谓已经悄然变化，如设计师、技术能手、专业带头人等都可称之为能工巧匠。 　　工匠是最朴实的劳动者画像、是实践中的职业者、是行家里手、是技术应用型拔尖人才。 　　外显的"匠"——技术。	80分钟	理论讲授、案例分析、课堂讨论、视频欣赏

表3-4(续)

本专题学习内容设计	时间安排	辅助学习手段
内隐的"精神"——内心。 匠心,即匠人精神。匠人到匠心,是一种文化凝练,更是人与术的神形贯通。 2. 工匠精神的内核 (1)精益求精的专注精神。 工匠精神体现着:凝神聚力、精益求精、追求极致的职业品质。 自古有"艺痴者技必良"的说法。古代工匠大多穷其一生只专注于做一件事。 案例: 古代:庖丁解牛。当代:中国顶级焊工。 (2)忘我工作的敬业精神。 敬畏自己的职业,远远超越了为了生计的谋业,职业岗位的责任担当已经成为自觉,职业与人生真正融合在一起。 (3)追求突破的创新精神。 "工匠精神"强调执着、坚持、专注甚至是陶醉、痴迷,但绝不等同于因循守旧、拘泥一格的"匠气",其中包括追求突破、追求革新的创新内蕴。 案例:赵州桥、都江堰工程。 提问:同学们还知道哪些创新的小故事? 总结:"工匠精神"的本质是一种职业精神,它是职业道德、职业能力、职业品质的体现,是从业者的一种职业价值取向和行为表现。 **任务二 工匠精神是高尚的职业道德体现** 我国《公民道德建设实施纲要》提出了职业道德的主要内容是:爱岗敬业、诚实守信、办事公道、服务群众、奉献社会。职业道德是道德在职业实践活动中的具体体现。 1. 爱岗敬业 (1)从业者热爱自己的工作岗位。 "要真正做到一张好的蓝图一干到底,切实干出成效来,我们要有钉钉子的精神。"习近平总书记在多个场合礼赞劳动创造,讴歌劳动精神。		

表3-4（续）

本专题学习内容设计	时间安排	辅助学习手段
在我们党团结带领人民进行革命、建设、改革的各个历史时期，以劳动模范为代表的广大劳动者辛勤耕耘、砥砺奋进，共同奏响了劳动最光荣、劳动最崇高、劳动最伟大、劳动最美丽的时代强音。 　　案例：劳动开创未来 习近平这样描述追梦之路。 　　从"兵工事业开拓者"的吴运铎、"边区工人一面旗帜"的赵占魁，到"宁肯一人脏、换来万人净"的时传祥；从"高炉卫士"孟泰、"两弹元勋"邓稼先，到"中国航空发动机之父"的吴大观等一大批劳动模范和先进工作者，他们干一行、爱一行、专一行、精一行，带动群众锐意进取、积极投身建立新中国和社会主义现代化建设，为国家和人民建立了杰出功勋。 　　（2）对工作极度负责。 　　中华人民共和国成立以来，一代又一代先进模范人物在各自的工作岗位上建功成才，他们用自己的辛勤劳动和开拓精神谱写着"换了人间"的动人篇章。劳动模范身上那种爱岗敬业、无私奉献、艰苦奋斗、勇于创新的优秀品质和时代精神激励着许许多多的人拼搏奋进，影响了几代人的人生追求。 　　视频：《家园与根脉》。 　　（3）敬重自己所从事的职业。 　　"伟大的事业呼唤着我们，庄严的使命激励着我们。"我们正处在催人奋进的新时代，劳动者，既是建设国家、实现中国梦的中坚力量，又是一个个真实、朴实且平凡的追梦者。 　　习近平在多个场合礼赞劳动创造，讴歌劳动精神，号召工人阶级和广大劳动群众承担庄严使命，投身伟大事业。 　　视频：《"蓝领专家"孔祥瑞》。 　　2. 诚实守信 　　要求从业者在职业活动中诚实劳动、合法经营、信守承诺、讲求信誉。 　　案例：信客王顺友。 　　在绵延数百公里的木里县雪域高原上，20 年来，每个月都有 28 天一个人孤独而坚毅地行走在大山深处、河谷江		

表3-4(续)

本专题学习内容设计	时间安排	辅助学习手段
畔、雪山之巅……20 年来,他一个人跋山涉水、风餐露宿,只了为按班准时地将一封封信件、一本本杂志、一张张报纸准确无误地送到每个用户手中……20 年来,他一个人直面挑战,从不懈怠,只是为了将党和政府的温暖、时代发展的声音和外面世界的变迁不断地传送到雪域高原的村村寨寨…… 他,就是木里藏族自治县邮政局的一个普普通通的乡邮员;一个 20 年来每年都有 330 天以上独自行走在马班邮路上的苗族邮递员;一个在雪域高原跋涉了 53 万里、相当于走了 21 趟二万五千里长征的共产党员——王顺友。 3. 办事公道 要求从业人员做到公平、公正,不损公肥私,不以权谋私,不假公济私。在职业生活中,无论对人对己都要出于公心,遵循道德和法律规范来处事待人。 4. 服务群众 每个人无论从事什么工作、能力如何,都应该在本职岗位上通过不同形式为群众服务。 5. 奉献社会 要求从业人员在自己的工作岗位上兢兢业业地为社会和他人做贡献。 奉献社会是指要履行对社会、对他人的职业义务,自觉地为社会、为他人做出贡献。这是职业道德的出发点和归宿,当社会利益与个人利益发生冲突时,要求每一个从业人员把社会利益放在首位。 总结:职业道德的灵魂是为人民服务,即服务群众、奉献社会。职业道德的核心是爱岗敬业。职业道德的外在要求是诚实守信、办事公道。 "工匠精神",毫无疑问是职业道德的最高境界——对产品品质、专业技术永无止境的追求,对职业的敬畏,对社会高度的责任感。投入自己全部的精力,达到物我两忘、天人合一的境界。 **任务三　新时代匠心回归与职业道德建设** 在 2016 年全国"两会"中,"工匠精神"写入了政府工作报告,引发代表委员热议。		

表3-4(续)

本专题学习内容设计	时间安排	辅助学习手段
当今社会心浮气躁，追求"短、平、快"（投资少、周期短、见效快）带来的即时利益，从而忽略了产品的灵魂——品质。因此企业更需要工匠精神，才能在长期的竞争中获得成功。坚持"工匠精神"，依靠信念、信仰，对产品进行不断改进和完善，最终通过高标准的历练。 　　所以，我们今天弘扬"工匠精神"，不仅是对传统工匠技艺的留恋，而是对一切职业的道德呼唤。 　　1. 个人成长的道德指引 　　"工匠精神"作为一种职业精神，是企业员工提升个人精神追求、完善个人职业素养、实现个人成长进步的重要道德指引。 　　视频：《习近平：奋斗本身就是一种幸福》。 　　2. 企业竞争发展的品牌资本 　　"工匠精神"在企业品牌形象塑造和品牌资本创造过程中具有十分重要的作用。"工匠精神"是企业品牌内涵的重要体现，也是企业品牌知名度、美誉度以及顾客忠诚度培育的有效途径，更是企业品牌资本价值增值的重要来源。例如，中华老字号全聚德烤鸭能够驰名世界，也是得益于其"食不厌精、脍不厌细"的"工匠精神"。 　　提问：生活中，你还知道哪些企业品牌正面或反面的例子？ 　　3. 社会文明进步的重要尺度 　　"工匠精神"的发育程度，同一个社会的物质文明、精神文明的进步程度都有着直接的关联。从精神文明来看，"工匠精神"作为一种职业精神，在本质上它是同社会主义核心价值观特别是同其中的"敬业""诚信"要求高度契合的。从物质文明来看，"工匠精神"在物质文明的创造过程中可以发挥强大的精神动力及智力支持作用。 　　4. 中国制造前行的精神源泉 　　只有当敬业、精益、专注、创新的"工匠精神"融入生产、设计、经营的每一个环节，实现由"重量"到"重质"的突围时，中国制造才能赢得未来。 　　我国制造业大而不强，产品质量整体不高，背后的重要根源之一就是缺乏具备"工匠精神"的高技能人才。		

表3-4(续)

本专题学习内容设计	时间安排	辅助学习手段
结束语：匠心筑造中国梦 　　在中华民族伟大复兴的关键时刻、在全面建成小康社会的决胜阶段，"工匠精神"是实现中国梦的重要保障，也是劳动人民群众追梦路上的精神食粮。		
本专题学习内容简要小结 　　"工匠精神"并非新名词。在中国五千年历史中，有无数匠人以其匠心，刻画出中华文明的脉络。当代"工匠精神"的提倡，也并非为了复古传统技艺，而是要传承其匠心，来进行社会主义职业道德建设。	3分钟	总结归纳

（五）专题五　问道家常：国风之本在家风

教学目的：通过教学，使学生能够重视家庭、家教、家风，遵守恋爱、婚姻家庭生活中的道德规范，树立正确的恋爱观和婚姻观，处理好复杂的感情和人际关系，掌握家庭美德的内容和要求，弘扬家庭美德。

专题五的学习内容设计表3-5所示。

表3-5　专题五的学习内容设计

本专题学习内容设计	时间安排	辅助学习手段
上次学习内容简要回顾	2分钟	提问
本专题学习任务导入（或案例解析） 　　"不论时代发生多大变化，不论生活格局发生多大变化，我们都要重视家庭建设，注重家庭、注重家教、注重家风。"——习近平 　　视频：《习近平：要注重家庭家教家风》。 　　提问：习近平总书记为什么重视"家风"？ 　　结论：家国为本，家风正则民族兴。	5分钟	视频导入

表3-5(续)

本专题学习内容设计	时间安排	辅助学习手段
本专题学习内容(含重点突出、难点突破) **任务一　家庭、家教、家风** 1. 家庭 　　家庭是社会的细胞。家庭和睦则社会安定,家庭幸福则社会祥和,家庭文明则社会文明。我们要认识到,千家万户都好,国家才能好,民族才能好。国家富强、民族复兴,人民幸福,最终要体现在千千万万个家庭都幸福美满上,体现在亿万人民生活不断改善上。——习近平在会见第一届全国文明家庭代表时的讲话(2016年12月12日) 　　2. 家教 　　家庭是人生的第一个课堂,父母是孩子的第一任老师。家庭教育涉及很多方面,但最重要的是品德教育,是如何做人的教育。也就是古人所说的"爱子,教之以为方""爱之不以道,适所以害之也"。 　　家庭环境对下一代的影响很大。青少年是家庭的未来和希望,更是国家的未来和希望。古人都知道,养不教,父之过。家长应该担负起教育后代的责任。家长特别是父母对子女的影响很大,往往可以影响一个人的一生。注重家教应该把美好的道德观念从小就传递给孩子,引导孩子有做人的气节和骨气,帮助孩子形成美好心灵,促使孩子健康成长。 　　3. 家风 　　家风是指一个家庭或家族的传统风尚或作风。良好的家风,对家庭成员的个人修养产生着重要的作用,也对整个社会道德风尚的形成产生着重要的影响。家风好,就能家道兴盛、和顺美满;家风差,难免殃及子孙、贻害社会,正所谓"积善之家,必有余庆;积不善之家,必有余殃"。 　　视频:《一分钟看懂什么是家风》。 　　案例:伟人家风。 　　案例思考:你家有哪些世代相传的家风? **任务二　树立正确的恋爱观与婚姻观,弘扬家庭美德** 1. 树立正确的恋爱观与婚姻观 爱情是一对男女基于一定的社会基础和共同的生活	80分钟	理论讲授、案例分析、课堂讨论、视频欣赏

表3-5(续)

本专题学习内容设计	时间 安排	辅助学习 手段
理想,在各自内心形成的相互倾慕并渴望对方成为自己终身伴侣的一种强烈、纯真、专一的感情。男女双方培养爱情的过程或在爱情基础上进行的相互交往活动,就是人们所说的恋爱。恋爱作为一种人际交往活动,必然受到道德的约束。恪守恋爱中的道德规范关系到未来婚姻家庭生活的幸福。恋爱中的道德规范主要有尊重人格平等、自觉承担责任和文明相亲相爱。 　　案例:超五成大学生认为"毕婚族"不靠谱。 　　课堂讨论:作为青年大学生,你怎样看待恋爱中的道德观? 　　视频:《大学生恋爱观调查》。 　　婚恋观是人生观的一种,人生观从属于世界观。大学生正处于认知世界的时期,世界观正处于发展变化阶段,积极引导大学生树立正确婚恋观,对大学生形成良好的世界观具有积极的作用。 　　大学时代是人生中十分美好的时光。如果在大学时代与爱情相逢,那就要用心呵护、倍加珍惜。处理好恋爱中的各种关系,是对爱情的祝福,也是对自己的祝福,更是对未来人生幸福的祝福。 　　不要误把友谊当爱情。 　　不能片面或功利化地对待爱情。 　　不能只重过程不顾后果。 　　不能因失恋而迷失人生方向。 　　树立正确的恋爱观,大学生要处理好这样几种关系:一是恋爱与学习的关系,二是恋爱与关心集体的关系,三是恋爱与关爱他人和社会的关系。 　　大学生要对结婚成家持谨慎、理性的态度。《普通高等学校学生管理规定》明确提出,在校大学生如果符合我国婚姻法规定的结婚条件,可以结婚。大学时期的根本任务是完成学业、不断提升和完善自我,婚姻不仅代表两情相悦,更代表责任和义务。大学生尚未走向社会就草率结婚成家,会对学业和生活产生许多负面影响。决定结婚成家的大学生要合理筹划、量力而行,勤俭节约,尽量不给父母增加过多的负担,也不能因此影响自己的学业。		

表3-5(续)

本专题学习内容设计	时间安排	辅助学习手段
2. 弘扬家庭美德 　　家庭美德以尊老爱幼、男女平等、夫妻和睦、勤俭持家、邻里团结为主要内容，在维系和谐美满的婚姻家庭关系中具有重要而独特的功能。 　　（1）尊老爱幼。 　　"尊老"指的是尊敬长辈，"爱幼"即爱护晚辈。我国自古以来就倡导"老有所终，幼有所养"，形成了尊老爱幼的良好家庭道德传统。 　　视频：《斯琴高娃朗读〈母亲〉》。 　　子女要孝敬、赡养父母及长辈，父母要抚育、爱护子女。这不仅是每个公民必须遵守的道德准则，也是应尽的社会责任和法律义务。要保护老人、儿童的合法权益，坚决反对虐待、遗弃老人和儿童的行为。 　　视频：《百善"孝"为先，如何"尽孝"》。 　　案例：习近平和母亲。 　　视频：《习近平父母眼里最大的孝心》。 　　案例：习近平谈亲情和家风。 　　"当今社会快速变化，人们为工作废寝忘食，为生计奔走四方，但不能忘了人间真情，不要在遥远的距离中割断了真情，不要在日常的忙碌中遗忘了真情，不要在日夜的拼搏中忽略了真情。"——习近平在2017年春节团拜会上的讲话（2017年1月26日） 　　"正所谓'天下之本在家'。尊老爱幼、妻贤夫安、母慈子孝、兄友弟恭，耕读传家、勤俭持家、知书达礼、遵纪守法，家和万事兴等中华民族传统家庭美德，铭记在中国人的心灵中，融入中国人的血脉中，是支撑中华民族生生不息、薪火相传的重要精神力量，是家庭文明建设的宝贵精神财富。"——习近平在会见第一届全国文明家庭代表时的讲话（2016年12月12日） 　　思考：百善"孝"为先，作为新时代的青年大学生，你是如何孝顺父母的？ 　　案例：名校硕士宅家啃老。 　　思考：你怎样看待"啃老族"？你希望父母将来过上什么样的生活？ 　　视频：《时间都去哪儿了》。		

表3-5(续)

本专题学习内容设计	时间安排	辅助学习手段
（2）男女平等。 男女平等是指男女两性在婚姻家庭关系中，享有同等的权利，负担同等的义务。家庭关系中的男女平等表现为夫妻权利和义务上的平等、人格地位上的平等，又表现为平等地对待自己的子女。坚持男女平等，特别要尊重和保护妇女的合法权益，反对歧视和迫害妇女的行为。 视频：《男女平等》。 提问："男女平等"的说法很早就被国人提倡，党的十八大已经把"男女平等"作为一项基本国策写进《中华人民共和国宪法》。在现代社会里，你觉得男女平等吗？ （3）夫妻和睦。 夫妻关系是家庭关系的核心，夫妻和睦是在男女平等基础上的互敬互爱、互助互让。 夫妻和睦需要具备的要素：夫妻之间从一开始就该是谈得来的朋友，有共同的人生追求和价值观，充分了解和信任彼此，遇到问题时彼此要善于沟通，要有奉献精神和牺牲精神，要做到宽容和大度，志趣和情趣要能基本相投，能坚定地支持对方的正确行为，接纳对方的家庭，有基本的物质经济做基础。 案例：夫妻关系是家中的 NO.1。 案例思考：你认为家庭中和睦的夫妻关系应该是什么样的？ （4）勤俭持家。 勤俭是家庭兴旺的保证，也是社会富足的保证。勤俭持家既要勤劳致富，也要量入为出。大学生要尊重父母劳动所得，体谅父母的辛苦操劳，在日常生活中注意节俭，减轻父母和家庭的生活负担，这就是对父母和家庭最实际的贡献。 （5）邻里团结。 邻里团结最重要的是相互尊重，尊重对方的人格、民族习惯、生活方式、兴趣爱好等，做到互谅互让，互帮互助，宽以待人，团结友爱。 视频：《关爱家人，关爱父母》。 案例：如何使家庭关系更加和谐。		

表3-5(续)

本专题学习内容设计	时间安排	辅助学习手段
投入时间。何为投入时间？不是例行公事，而是从心而发；不是时间长短，而是要有质量。 　　每天抽 5~10 分钟的时间，关心一下自己的家人。如每天给父母打电话或发微信聊 10 分钟。 　　欣赏。在家庭中，我们需要接纳个体的独立性，认识到每个家庭成员都是重要的，父母、子女之间也需要互相扶持。 　　感谢。礼多人不怪，和谐家庭应该从基本礼貌做起。我们可以减少负面的言语，多说赞美话语，节假日互送礼物，培养以礼待人的文化。 　　聆听。和谐家庭要求家人之间互相信任，信任的首要条件是要"聆听"。家庭成员要学会聆听对方的声音，成员自然愿意把开心或不开心的情绪与家人分享。 　　情境互动：做一个倾听者，听同桌说话 2 分钟，然后交换角色，最后互相分享被聆听的感受。		
本专题学习内容简要小结 　　本专题主要讲述了家庭、家教、家风的重要性，以及恋爱中的道德规范。青年大学生要树立正确的恋爱观与婚姻观，掌握家庭美德的基本规范。	3 分钟	总结归纳

（六）专题六　德行天下：社会公德你我他

　　教学目的：通过教学，使学生学习和认识在公共生活中维护公共秩序的两种基本手段，即了解社会公德的基本要求，促使大学生树立在公共生活中自觉遵守社会公德和法律规范的意识，引导大学生通过个人品德的养成来遵守道德、法律规范，锤炼高尚品格。

　　专题六的学习内容设计如表 3-6 所示。

表 3-6 专题六的学习内容设计

本专题学习内容设计	时间安排	辅助学习手段
上次学习内容简要回顾 上节课讲授了道德的继承与转化，本次课主要讲授道德在公共生活中的作用。	2 分钟	提问
本专题学习任务导入（或案例解析） 案例：象山一男子在微信朋友圈侮辱交警 被处拘留 3 日。 提问：为何新闻中的当事人会受到处罚？何为公共秩序？公共生活中如何处理遵守公共秩序与保障个人自由的关系？	10 分钟	案例导入
本专题学习内容（含重点突出、难点突破） **任务一 公共生活与公共秩序** 1. 私人生活与公共生活 （1）私人生活。 定义：以家庭内部活动和个人活动为主要领域。 特点：具有封闭性和隐秘性。 （2）公共生活。 定义：公共生活超越了私人生活的局限。 特点：具有鲜明的开放性和透明性，对他人和社会的影响更为直接和广泛。 2. 公共生活的特征（举例） （1）活动范围的广泛性； （2）活动内容的公开性； （3）交往对象的复杂性； （4）活动方式的多样性。 社会公德发展落后于经济发展。 3. 公共生活需要公共秩序 秩序是由社会生活中的规范来制约和保障的。秩序之于社会，就像规矩之于方圆；没有规矩不成方圆，没有秩序，社会便无法正常运行。 公共秩序是由一定规范维系的人们公共生活的一种有序化状态。 公共秩序主要包括工作秩序、教学秩序、交通秩序、娱乐秩序、网络秩序等。	80 分钟	理论讲授、案例分析、课堂讨论、视频欣赏

表3-6(续)

本专题学习内容设计	时间安排	辅助学习手段
思考讨论：大学生张某每逢周末，经常邀请老乡来看球赛或聊天至深夜，高兴时常大喊大叫。周围寝室的同学无法正常休息，多次与他交涉无效。张某认为，这是个人自由，他人无权干涉。你是怎样认为的? 总结分析：个人自由不可冲击公共秩序。 4. 维护公共秩序的重要性 （1）有序的公共生活是构建和谐社会的重要条件； （2）有序的公共生活是经济社会健康发展的必要前提； （3）有序的公共生活是提高社会成员生活质量的基本保证； （4）有序的公共生活是国家现代化和文明程度的重要标志。 "通缉"社会生活七大问题： 通缉令一：各类非法经营、非法占道行为； 通缉令二：汽车维修市场秩序混乱； 通缉令三：非法小广告； 通缉令四：旅游市场秩序混乱； 通缉令五：环境脏乱差； 通缉令六：户外广告、公共设施残缺不全； 通缉令七：网上造谣、传谣。 提问：公共秩序靠什么来维持和维护? 5. 维护公共秩序的手段——道德与法律 自古以来，维护公共秩序的手段经历了三个阶段的发展，从图腾崇拜、禁忌风俗到民间风俗、礼仪、宗教教规、戒律再到纪律、道德、法律等。 两种基本手段——道德与法律。 二者关系： （1）目标相同。 通过规范人们的行为来维护公共生活中的秩序，实现社会稳定和经济发展。 （2）作用不同。 如果说道德是法治的道义基础和精神保证，那么法律则是道德得以实施的制度保障。		

表3-6(续)

本专题学习内容设计	时间安排	辅助学习手段
（3）既有区别又相互补充。 　道德规范作用的更好发挥，需要法律支撑；而法律作用的更好实现，则需要以道德建设为重要条件。良好社会秩序的形成、巩固和发展，要靠道德，也要靠法律。在公共生活中，道德可以用来调节、规范人们的行为，预防犯罪的产生。道德是法律的补充。 　知识拓展：破窗效应。 **任务二　公共生活中的道德规范** 　1. 社会公德的含义 　社会公德，即人们在社会交往和公共生活中应该遵循的道德规范。它涵盖了人与人、人与社会、人与自然之间的关系。 　案例：部分国家的社会公德。 　新加坡：公共场所禁止吸烟、抛杂物、随地吐痰，禁止在地铁里吃东西，否则罚款。在禁烟区吸烟者及失职的管理人员，属初犯的，罚款1 000新加坡元以下，重犯者被罚款高达2 000新加坡元。上公共厕所如不冲水，受批评；若再犯，名字连同照片将会上报纸。 　约旦：每年4至5月，首都安曼的居民都要参加公益劳动，打扫环境卫生，清理垃圾。 　韩国：韩国人的特点是爱国，以使用国产产品为豪。政府重视倡导精神文明，严惩那些伤风败俗、有损国格的行为。 　讨论：乘坐公交车时你会让座吗？为什么？你怎样看待不让座的行为？ 　提问：怎样理解公交车上的公德与私德？ 　分析总结：公交车上的公德与私德。 　2. 社会公德的主要内容 　（1）文明礼貌。 　视频：《弘扬社会公德 倡导文明新风》。 　（2）助人为乐。 　视频：《爱的涟漪》。 　（3）爱护公物。 　（4）保护环境。 　（5）遵纪守法。		

表3-6（续）

本专题学习内容设计	时间安排	辅助学习手段
校园调查：身边的缺"德"行为（举例）。 总结：上述行为虽然不是大学生的主流行为，但它产生的消极影响令人忧虑，因为它不仅影响了大学生的学习和生活，而且对大学生的健康成长将产生重大的影响。因此，新形势下加强和改进大学生的社会公德教育显得极为重要而紧迫。 视频：《道德文明之距离》。 提问：举例说明自身如何遵守社会公德? **任务三　网络生活中的道德规范** 网络空间天朗气清、生态良好，符合人民利益。网络空间乌烟瘴气、生态恶化，不符合人民利益。 当前网络活动中存在的突出问题： （1）网络色情信息泛滥，严重危害青少年的身心健康； （2）软件、游戏、影视作品、音乐、书籍和论文等知识产权受到盗版行为的严重侵犯； （3）电子商务活动中的欺诈与失信现象时有发生； （4）计算机病毒的传播和黑客对网络的破坏日益严重。 网络生活中的道德要求： 1. 正确使用网络工具 提高信息的获取能力，加强信息的辨识能力，增进信息的应用能力。 2. 健康进行网络交往 应通过网络开展健康有益的人际交往，树立自我保护意识，避免给自己的人身和财产安全带来危害。同时应注意，不能以网络交往代替现实交往。 3. 自觉避免沉迷网络 应当合理安排上网时间，约束上网行为，避免沉迷网络，导致耽误学业甚至放弃学业的现象的出现。 4. 加强网络道德自律 应当在网络生活中培养自律精神，在缺少外在监督的网络空间里，做到自律而"不逾矩"，促进网络生活的健康与和谐。		

表3-6(续)

本专题学习内容设计	时间安排	辅助学习手段
5. 积极引导网络舆论 　　网络言论如果得不到正确引导，势必会引发各种社会问题。网络舆论的引导更需要激浊扬清，弘扬正气。作为新时代的大学生，应当带头引导网络舆论，对模糊认识要及时廓清，对怨气怨言要及时化解，对错误看法要及时引导和纠正，积极营造风清气正的网络空间。 　　提问：自身如何积极引导网络舆论？ 　　总结：拒绝网络暴力，不做键盘侠！ 　　其实不管是明星还是普通人都有自己的人生和生活，我们毕竟都是生活在现实之中。网络后的人们并不能知晓现实情况，也更没有资格去要求他人必须做什么。 　　视频：《网络暴力到底有多可怕?》《〈键盘侠，不是英雄〉对网络暴力说不》。		
本专题学习内容小结 　　社会公德在维护公共秩序方面具有重要作用。包括大学生在内的每一个社会成员，都应遵守以文明礼貌、助人为乐、爱护公物、保护环境、遵纪守法为主要内容的社会公德，应遵守网络生活中的道德要求，成为营造清朗网络空间的正能量。	3分钟	总结归纳

（七）专题七　金科玉律：培养社会主义法治思维

教学目的：通过教学，使学生正确理解法治思维的内涵和特征，了解培养法治思维的方法；明确尊重和维护法律权威的重要意义，促使大学生在日常生活中养成守法的习惯。

专题七的学习内容设计如表3-7所示。

表3-7　专题七的学习内容设计

本专题学习内容设计	时间安排	辅助学习手段
上次学习内容简要回顾	2分钟	提问

表3-7（续）

本专题学习内容设计	时间安排	辅助学习手段
本专题学习任务导入（或案例解析） 　提问：为什么要培养法治思维？ 　视频：《法治的力量》 　国无常强，无常弱，奉法者强则国强，奉法者弱则国弱。——习近平在中共十八届四中全会第二次全体会议上的讲话 　提问：究竟什么是法治思维？	15分钟	视频欣赏、案例导入
本单元学习内容（含重点突出、难点突破） **任务一　法治思维及其内涵** 　1. 法治思维的含义与特征 　法治思维是指以法治价值和法治精神为导向，运用法律原则、法律方法思考和处理问题的思维模式。 　现实生活中，有的人规则意识、法治思维较淡薄。 　视频：《某火车站女子挡门拦高铁只为等老公》。 　案例：高铁霸座频频上演。 　案例：中国游客瑞典受辱事件。 　早在希腊时期，亚里士多德就谈过："法治应当优于人治。" 　培养法治思维，必须抛弃人治思维。法治思维与人治思维的区别集中体现在四个方面：一是在依据上，法治思维认为国家的法律是治国理政的基本依据，处理法律问题要以事实为根据、以法律为准绳；而人治思维的本质是主张人高于法或权大于法，它过于强调依赖个人的魅力。二是在方式上，法治思维以一般性、普遍性的平等对待方式调节社会关系，解决矛盾纠纷，坚持法律面前人人平等的原则，具有稳定性和一贯性；而人治思维漠视规则的普遍适用性，按照个人意志和感情进行治理，治人者以言代法、言出随、朝令夕改，具有极大的任意性和非理性。三是在价值上，法治思维强调集中社会大众的意志来进行决策和判断，是一种"多数人之治"的思维，避免陷入无政府主义或以民主之名搞乱社会；而人治思维是个人说了算的专断思维。四是在标准上，法治思维与人治思维的分水岭不在于有没有法律或者法律的多寡与好坏，而在于最高的权威究竟是法律还是个人。法治思维以法律为最高权威，强调"必须使民	80分钟	理论讲授、案例分析、课堂讨论、视频欣赏

表3-7(续)

本专题学习内容设计	时间安排	辅助学习手段
主制度化、法律化，使这种制度和法律不因领导人的改变而改变，不因领导人的看法和注意力的改变而改变"；人治思维则奉个人的意志为最高权威，当法律的权威与个人的权威发生矛盾时，强调服从个人而非服从法律的权威。 　　现实中一些领导干部法治思维还比较欠缺，对法治"说起来重要，做起来不要"的现象还时有发生。 　　案例：《人民的名义》火遍大江南北。 　　2017年3月28日，搬上荧屏的反腐大剧《人民的名义》在播出不久便迅速火遍大江南北，一路飘红。这部由陆毅、张丰毅等出演的反腐大剧，以检察官侯亮平的调查行动为叙事主线，讲述了检察官查办贪腐案件、维护公平正义的故事，被评价为"反腐高压下中国政治和官场生态的长幅画卷"。 　　对公民而言，法治思维就是当自己的理想目标、思想感情、行为方式、权利诉求和利益关系等与法律的价值、规则或要求发生冲突时，能够服从法律，做出符合法律的选择，按照法律的指引实施自己的行为。 　　2. 法治思维的基本内容 　　法治思维的内涵丰富、外延宽广，主要表现为价值取向和规则意识两个方面。价值取向是指如何看待和对待法律，规则意识是指如何用法律看待和对待自身。一般来讲，法治思维主要包括法律至上、权力制约、公平正义、权利保障、正当程序等内容。 　　案例："表叔"受贿案。 　　2012年8月26日，陕西延安发生特大车祸，然而车祸现场竟然有一名官员面带微笑。经人肉搜索，确定该官员是陕西省安监局局长杨某。网友还发现，杨某经常更换自己的手表，至少有5块不同的表且这些手表都价值不菲。后纪委等部门介入调查。 　　2013年9月5日，杨某受贿巨额财产来源不明案在西安市中级人民法院一审公开宣判。法院判决，杨某犯受贿罪、巨额财产来源不明罪，数罪并罚，决定执行有期徒刑14年。		

表3-7（续）

本专题学习内容设计	时间安排	辅助学习手段
案例：浙江就业性别歧视案。 2014年6月，应届大学毕业生郭某（女）在某网站看到杭州市西湖区东方烹饪职业技能培训学校在招聘文案人员，便在网上提交了简历，但学校以"限招男性"为由拒绝了郭某。针对性别歧视，郭某向人民法院提起诉讼。法院经审理认为，学校的行为侵犯了郭晶平等就业的权利，给小郭造成了一定的精神损害，故酌情判决杭州的这所学校支付其精神损害抚慰金2 000元。 视频：《迟到的正义依然无比珍贵》（内蒙古呼格吉勒图案）。 3. 怎样培养法治思维 （1）学习法律知识。 （2）掌握法律方法。 （3）参与法律实践。 （4）养成守法习惯。 （5）守住法律底线。 **任务二　尊重和维护法律权威** 1. 法律权威的含义 法律权威是指法律在社会生活中的作用力、影响力和公信力，是法律应有的尊严和生命。 法律权威源自人民的内心拥护和真诚信仰。 我国宪法法律是党的主张和人民意志的统一体现，具有最高的权威。 案例：警方通报昆山"反杀"案：正当防卫、不负刑责、撤销案件。 案例："医闹"终于入刑！最高可判七年。 案例：唐山教科书式耍赖。 法律有权威、必须维护法律权威，这本来是一个常识性问题，但真正理解和做到并不容易。一些人不把法律当回事，把个人意志凌驾于法律之上，藐视法律权威；一些人之所以走上犯罪道路，也与内心不信仰法律、行为不尊重法律有很大关系。我们要牢固树立宪法法律至上、法律面前人人平等、权由法定、权依法使等基本法治观念；面对各种危害法治、破坏法治、践踏法治的违法犯罪行为，克服事不关己、高高挂起的消极心态，敢于挺身而出、坚决斗争。		

表3-7(续)

本专题学习内容设计	时间安排	辅助学习手段
2. 尊重和维护法律权威的重要意义 　　全体社会成员尊重社会主义法律权威,不仅是保证法律发挥作用的基本前提和要求,也是保障个人平安幸福的底线和红线。尊重和维护法律权威,对全面依法治国至关重要。 　　尊重和维护法律权威是社会主义法治观念的核心要求和建设社会主义法治国家的前提条件。 　　尊重和维护法律权威对于推进国家治理体系和治理能力现代化、实现国家的长治久安极为重要。 　　尊重和维护法律权威是实现人民意志、维护人民利益、保障人民权利的基本途径。 　　尊重和维护法律权威是维护个人合法权益的根本保障。 3. 尊重和维护法律权威的基本要求 　　就大学生而言,作为一个公民,要在尊重法律权威方面加强砥砺,在学习和生活中积极作为,养成敬畏法律的良好品质,努力成为尊重法律权威、信仰法律的先锋。 　　信仰法律。对法律常怀敬畏之心,常思敬重之情。 　　遵守法律。要用实际行动捍卫法律尊严,保障法律实施。 　　服从法律。应当拥护法律的规定,接受法律的约束,履行法定的义务,服从依法进行的管理,承担相应的法律责任。 　　维护法律。争当法律权威的守望者、公平正义的守护者、具有良知的护法者。		
本单元学习内容简要小结 　　本单元认真梳理法治思维和法律权威的相关概念,掌握基本概念后灵活应用于案例,分析思考判断,领会法律精神、体会法律严谨,自觉养成法治思维。	3分钟	总结归纳

(八)　专题八　良法善治:从法律体系迈向法治体系

　　教学目的:通过教学,帮助学生准确把握法律的含义和其发展,全面了解社会主义法律的本质特征和运行机制过程,了解我国宪法的形成和发展,掌握我国宪法确立的基本原则和制度，了解各个法律部门的基本功能和原则，让学生懂得遵循正确的程序实施法律行为，懂得通过法定程序解决法律纠纷。从整体上把握中国特色社会主义法律体系和法治体系，深刻理解中国特色社会主义法律体系和法治体系的主要内容，准确把握全面依法治国的基本格局，准确把握坚持走中国特色社会主义法治道路的"五个坚持"，提升大学生的法律素质，增强建设法治国家的使命感。

专题八的学习内容设计如表 3-8 所示。

表 3-8　专题八的学习内容设计

本专题学习内容设计	时间安排	辅助学习手段
上次学习内容简要回顾。	2 分钟	提问
本专题学习任务导入（或案例解析） 　　视频：《法律那些事儿》 　　提问：关于法律你知道多少？ 　　法律是治国之重器，是现代文明的制度基石。法治兴则国家兴，法治衰则国家衰。建设法治中国，离不开每个公民的参与和推动，尊法学法守法用法是法治的必然要求。在全面依法治国、建设法治中国的进程中，大学生肩负着重要责任。	15 分钟	视频导入、趣味讨论
本单元学习内容（含重点突出、难点突破） 　**任务一　法律的概念及发展** 　　1. 法律的词源 　　律原为音乐之音律，音乐只有遵守音律，才能和谐，否则杂乱无章。均布是古代调整音律的工具，以正六音，木制，长七尺。 　　律后来引申为规则、有序，范天下之不一而一，成为规范所有人及其行为的准则，即规范天下千差万别的所有人、所有事，使之趋于整齐划一。 　　2. 法律的含义 　　根据我国法学界通说，法律是由国家制定或认可并依靠国家强制力保证实施的，反映由特定社会物质生活条件所决定的统治阶级意志的规范体系。 　　第一，法律是由国家创制和实施的行为规范。 　　第二，法律由一定社会物质生活条件决定。 　　第三，法律是统治阶级意志的表现。（法律的本质） 　　提问：国家创制法律规范的方式有哪两种？	120 分钟	理论讲授、案例分析、课堂讨论、视频欣赏

表3-8（续）

本专题学习内容设计	时间安排	辅助学习手段
一是国家机关在法定的职权范围内依照法律程序，制定、修改、废止规范性法律文件的活动；二是国家机关赋予某些既存社会规范以法律效力，或者赋予先前的判例以法律效力的活动。 3. 法律的历史发展 　　法律不是从来就有的，也不是永恒存在的。它随着私有制、阶级和国家的产生而产生，也将随着私有制、阶级和国家的消亡而消亡。法律有四种历史类型：奴隶制法律，封建制法律，资本主义法律，社会主义法律。 　　案例：人类社会最早的法。 　　人类历史上最早出现的法是公元前4 000多年古代埃及的法，但是这种法并没有流传下来。现在还保存的最古老的成文法是公元前18世纪古代巴比伦王国的《汉穆拉比法典》，它刻在一根石柱上，现收藏在巴黎的一家博物馆中。中国历史上最早的法据说是公元前20世纪左右夏朝的"禹刑"，但具体内容也无从考证。 4. 英美法系和大陆法系 　　英美法系，又称为普通法法系或者海洋法系，是指以英国普通法为基础发展起来的法律的总称。它首先产生于英国，后扩大到曾经是英国殖民地、附属国的许多国家和地区。 　　大陆法可追溯到古罗马，其后在欧洲中世纪的后期（约12世纪至15世纪），罗马法在欧洲大陆再度受到重视。到了18世纪，欧洲大陆的许多国家都颁布了法典，尝试列出各种法律分支的规范，因此欧陆法系又叫成文法法系。"大陆"两字指欧洲大陆，故又有"欧陆法系"之称，与英美法系同为当今世界两大重要法系。 　　大陆法系和英美法系的区别： 　　（1）法律渊源不同。 　　（2）法律适用不同。 　　（3）判例地位不同。 　　（4）法律分类不同。 　　（5）法律编纂不同。 　　（6）诉讼程序不同。 　　视频：《公诉人追问郭某牌局抽水去向》。		

表3-8(续)

本专题学习内容设计	时间安排	辅助学习手段
视频:《刘某等10人案结束法庭辩论》。 通过以上两个法庭辩论视频感受不同法系的特点。 **任务二 中国特色社会主义法律体系** 提问:我国社会主义法律与其他历史类型法律的联系和区别是什么? 联系:都是由国家制定并由国家强制力保证实施的行为规范。 区别:从本质上说,我国社会主义法律是中国特色社会主义制度的重要组成部分,是党领导人民当家做主的制度保障。这也是我国社会主义法律的本质属性。 1. 社会主义法律的本质特征 (1)从体现的意志看,我国社会主义法律是党的主张和人民共同意志的体现,是阶级性与人民性的统一。 (2)从实质内容看,我国社会主义法律是社会历史发展规律、自然规律的反映,是科学性和先进性的统一。 案例:《中华人民共和国宪法》(以下简称《宪法》)相关法条规定。 我国《宪法》第一条开宗明义规定:"中华人民共和国是工人阶级领导的、以工农联盟为基础的人民民主专政的社会主义国家。社会主义制度是中华人民共和国的根本制度。" 《宪法》第二条规定:"中华人民共和国的一切权力属于人民。人民行使权力的机关是全国人民代表大会和地方各级人民代表大会"。 案例:燃放烟花爆竹,法令无法消除的民俗。 中华民族传统民俗文化随传统节日延续至今,有着根深蒂固的传承意识。 1992年6月1日,广州首开"禁放"先河。1993年12月1日,北京"禁放",全国280多个城市人大立法。城市春节成无声节日。 2003年12月,青岛率先修改了"禁放",多城仿效。2005年,北京等城市正式"禁改限"。 (3)从社会作用看,我国社会主义法律是中国特色社会主义建设的重要保障。		

表3-8(续)

本专题学习内容设计	时间安排	辅助学习手段
2. 社会主义法律的运行 　　法律的运行是一个从创制、实施到实现的过程。这个过程主要包括法律制定、法律执行、法律适用、法律遵守等环节。 　　《英雄烈士保护法》于2018年5月1日起实行，维护英雄烈士尊严和合法权益。 　　视频：《〈英雄烈士保护法（草案）〉分组审议》。 　　（1）法律制定，即立法，是指有立法权的国家机关，依照法定职权和程序、制定规范性法律文件的活动，是法律运行的起始性和关键性环节。 　　案例：2018国务院机构改革方案。 　　2018年3月，国务院机构改革方案提请十三届全国人大一次会议审议。改革后，国务院正部级机构减少8个，副部级机构减少7个，除国务院办公厅外，国务院设置组成部门26个。 　　具体调整情况如下： 　　①组建自然资源部。不再保留国土资源部、国家海洋局、国家测绘地理信息局。 　　②组建生态环境部。不再保留环境保护部。 　　③组建农业农村部。不再保留农业部。 　　④组建文化和旅游部。不再保留文化部、国家旅游局。 　　⑤组建国家卫生健康委员会。不再保留国家卫生和计划生育委员会。不再设立国务院深化医药卫生体制改革领导小组办公室。 　　⑥组建退役军人事务部。 　　⑦组建应急管理部。不再保留国家安全生产监督管理总局。 　　⑧重新组建科学技术部。 　　⑨重新组建司法部。不再保留国务院法制办公室。 　　⑩优化水利部职责。不再保留国务院三峡工程建设委员会及其办公室、国务院南水北调工程建设委员会及其办公室。 　　⑪优化审计署职责。不再设立国有重点大型企业监事会。		

表3-8(续)

本专题学习内容设计	时间安排	辅助学习手段
⑫监察部并入新组建的国家监察委员会。不再保留监察部、国家预防腐败局。 改革后，除国务院办公厅外，国务院设置组成部门26个。 我国立法贯穿公正、公平、公开原则，坚持科学立法、民主立法、依法立法，表达人民的共同意志和诉求。 （2）法律执行，即执法，广义上是指国家机关及其公职人员，在国家和公共事务管理中依照法定职权和程序，贯彻和实施法律的活动；狭义上是指行政执法。 案例：破窗效应。 一个房子如果窗户破了，没有人去修补，受到某些暗示性的纵容，隔不久，其他的窗户也会莫名其妙地被人打破。久而久之，这些破窗户就给人一种无序的感受，导致治安混乱。 启示：这个理论告诉我们，有人违法，就应受到处罚，如果不严格执法，法律就不会被人们遵守，结果如同无法。 （3）法律适用，即司法，是指国家司法机关及其公职人员依照法定职权和程序适用法律处理案件的专门活动。 （4）法律遵守，即守法，是指国家机关、社会组织和公民个人依照法律规定行使权力和权利以及履行职责和义务的活动。 一切组织和个人都必须遵守宪法和法律，任何公民都享有宪法和法律规定的权利，但同时必须履行宪法和法律规定的义务。 视频：《大学生掏鸟被判10年半》。 提问：你觉得因为掏鸟被判刑10年半冤不冤？大学生应该如何守法？ 3. 宪法是国家的根本法 完善以宪法为核心的中国特色社会主义法律体系，是全面依法治国的重要内容，是建设中国特色社会主义法治体系的前提和基础。 视频：《动画说宪法》。 （1）我国宪法的形成和发展。 2001年，中共中央、国务院决定将12月4日作为每		

表3-8(续)

本专题学习内容设计	时间安排	辅助学习手段
年的"全国法制宣传日"。每 10 年都举行一次隆重的纪念活动，这已成惯例。2014 年，党的十八届四中全会提出，将每年 12 月 4 日定为国家宪法日。 提问：我国宪法一共经历了几次修订？最近的一次修订是在什么时候？ 1982 年宪法是现行宪法，曾经历了 1988 年、1993年、1999 年、2004 年、2018 年五次修订。 案例：聚焦 2018 年宪法修正案。 2018 年 3 月，十三届全国人大一次会议根据党的十九届二中全会提出的建议，审议通过了《中华人民共和国宪法修正案》。 为更好发挥宪法在新时代坚持和发展中国特色社会主义的重大作用，把党和人民在实践中取得的重大理论创新、实践创新、制度创新成果上升为宪法规定。 视频：《新时代的宪法保障》。 十三届全国人大一次会议投票表决通过宪法修正案共有 21 条，主要内容有 11 个方面： 确立了科学发展观、习近平新时代中国特色社会主义思想在国家政治和社会生活中的指导地位，实现指导思想的与时俱进。 调整完善了中国特色社会主义事业总体布局和第二个百年奋斗目标方面的内容。 完善全面依法治国和宪法实施方面的内容。 调整充实了我国革命和建设发展历程的内容。 调整完善了广泛的爱国统一战线和民族关系方面的内容。 调整完善和平外交政策方面的内容，对外工作方面的大政方针。明确地讲到坚持和平发展道路，坚持互利共赢开放战略，推动构建人类命运共同体。 充实坚持和加强中国共产党全面领导的有关内容。 增加国家倡导社会主义核心价值观方面的内容。 修改完善国家主席任职任期方面的规定。 在宪法中增加有关设区的市的立法权方面的内容。 适应深化国家监察体制改革的要求，完善了这方面的制度，也就是增加与监察委员会有关的规定，这方面		

表3-8(续)

本专题学习内容设计	时间安排	辅助学习手段
的规定在修正案中还比较多，首先增加了一节，同时在另外十个条款的11处做了相应的修改。 视频：《誓言》。 全体起立，大家一起向宪法宣誓。 "我宣誓：忠于《中华人民共和国宪法》，维护宪法权威，履行法定职责，忠于祖国、忠于人民，恪尽职守、廉洁奉公，接受人民监督，为建设富强民主文明和谐美丽的社会主义现代化强国努力奋斗！" （2）我国《宪法》的地位。 我国《宪法》是国家的根本法，是治国安邦的总章程，是党和人民意志的集中体现。我国《宪法》是国家各项制度和法律法规的总依据；我国《宪法》规定了国家的根本制度；《宪法》的生命在于实施，《宪法》的权威也在于实施。 （3）我国《宪法》的基本原则。 党的领导原则；人民主权原则；尊重和保障人权原则；社会主义法治原则；民主集中制原则。 （4）我国宪法确立的制度。 国体和根本政治制度。 基本政治制度。 基本经济制度。 4. 中国特色社会主义法律体系的构成 （1）实体法律部门包括《宪法》相关法、民法商法、行政法、经济法、社会法、刑法等。 宪法相关法是与《宪法》相配套、直接保障《宪法》实施和国家政权运作等方面的法律规范。 民法是调整平等主体的自然人、法人和非法人组织之间的人身关系和财产关系的法律规范，遵循民事主体地位平等、自愿、公平、诚信、公序良俗、有利于节约资源和保护生态环境等基本原则。商法是调整平等主体之间商事关系的法律规范，是与民法并列并互为补充的部门法。商法遵循民法的基本原则，同时秉承保障商事交易自由、等价有偿、便捷安全等原则。 视频：《〈民法总则〉诞生 开启"民法典时代"》。 行政法是关于行政权的授予、行政权的行使以及对行政权监督的法律规范。		

表3-8(续)

本专题学习内容设计	时间安排	辅助学习手段
经济法是国家从社会整体利益出发，对经济活动实行干预、管理或者调控的法律规范。 　　社会法是调整劳动关系、社会保障、社会福利和特殊群体权益保障等关系的法律规范。 　　我国制定了劳动法，将劳动关系以及与劳动关系密切联系的劳动保护、劳动安全卫生、职业培训以及劳动争议、劳动监察等关系纳入调整范围，确立了我国的基本劳动制度。 　　视频：《试用期限和工资有规定》。 　　视频：《试用期遭辞退怎么办?》。 　　《中华人民共和国刑法》是规定犯罪与刑罚的法律规范。它通过规范国家刑罚权，惩罚犯罪，保护人民，维护社会秩序和公共安全，保障国家安全。 　　（2）我国的程序法律部门包括《中华人民共和国诉讼法》与《中华人民共和国非诉讼程序法》。 　　《中华人民共和国诉讼法》是指国家司法机关和当事人以及其他诉讼参与人进行诉讼活动所必须遵循的法律规范的总称。 　　《中华人民共和国非诉讼法》是指当事人自愿达成协议并交给非司法机构审理的一种制度，包括仲裁法、人民调解法等。 　**任务三　建设中国特色社会主义法治体系** 　　1. 建设中国特色社会主义法治体系的重大意义 　　（1）中国特色社会主义的本质要求和重要保障。 　　（2）推进国家治理体系和治理能力现代化的重要举措。 　　（3）全面依法治国的总抓手。 　　视频：《被开除的癌症患者》。 　　兰州中院二审判决博文学院以旷工为由开除刘伶利并解除与刘伶利的劳动关系无事实和法律依据，一审认定交大博文学院开除刘伶利决定无效，双方恢复劳动关系。 　　2. 建设中国特色社会主义法治体系的主要内容 　　建设中国特色社会主义法治体系，就是在中国共产党领导下，坚持中国特色社会主义制度，贯彻中国特色社会主义法治理论，形成完备的法律规范体系、高效的		

表3-8(续)

本专题学习内容设计	时间安排	辅助学习手段
法治实施体系、严密的法治监督体系、有力的法治保障体系，形成完善的党内法规体系。 （1）建设完备的法律规范体系 　视频：《无证收玉米获刑引争议》（法律亟须与时俱进）。 　视频：《首例冷冻胚胎继承案》（法律存在立法空白）。 （2）建设高效的法治实施体系。 　高效的法治实施体系，是指执法、司法、守法等各个环节有效衔接、协调高效运转、持续共同发力，实现效果最大化的法治实施系统。 　完善法治实施体系的重点内容包括：健全《宪法》实施制度；建设法治政府；深化司法改革；培育营造守法氛围。 　案例：昆山反杀案。 　最高法巡回法庭：司法改革的"试验田"。 （3）建设严密的法治监督体系。 　严密的法治监督体系，是指以规范和约束公权力为重点建立的有效的法治化权力监督网络，以有权必有责、用权受监督、违法必追究，坚决纠正有法不依、执法不严、违法不究等行为为主要任务。 　完善法治监督体系的重点内容包括：健全宪法实施和监督制度；强化对行政权力的制约和监督；加强对司法活动的监督；发挥监督合力，推进法治监督规范化、程序化、制度化；深化国家监察体制改革。 　视频：《从"滥用职权"到"故意伤害"》。 （4）建设有力的法治保障体系。 　有力的法治保障体系，是指在法律制定、实施和监督过程中形成的结构完整、机制健全、资源充分、富有成效的保障系统，它包括政治和组织保障、人才和物质条件保障、法律意识和法治精神保障等。 　案例：4.14聊城于欢案。 （5）建设完善的党内法规体系。 　中共中央政治局2015年10月12日召开会议，审议通过了党内两大法规——《中国共产党廉洁自律准则》		

表3-8（续）

本专题学习内容设计	时间安排	辅助学习手段
《中国共产党纪律处分条例》，以道德为"高线"，以纪律为"底线"，进一步扎紧了管党治党的"笼子"。 此外，还有《中国共产党党内监督条例》《中国共产党党内问责条例》《中国共产党巡视工作条例》《党政领导干部选拔任用工作条例》《关于防止干部"带病提拔"的意见》。 案例：党的十八大以来全面依法治国取得的突出成就。 一是把全面依法治国纳入"四个全面"战略布局； 二是科学立法、民主立法取得重大进展； 三是法治政府建设稳步推进； 四是司法水平和司法公信力进一步提升； 五是法治宣传教育深入推进； 六是依规治党驶入"快车道"； 七是法治工作队伍建设取得明显成效； 八是党领导依法治国的制度和工作机制更加健全。 3. 全面依法治国的基本格局 视频：《全面依法治国"新十六字方针"》。 （1）科学立法。 科学立法以完善以宪法为核心的中国特色社会主义法律体系，加强宪法实施为目标。 讨论：母亲女友先救谁？（善法/恶法） "立善法于天下，则天下治；立善法于一国，则一国治。"——王安石《周公》 【译文】在天下设立好法制，天下就会太平；在一国制定好法制，一国就会太平。 【评介】这是借议论古人来提出自己的政见：不仅要立法，而且必须立"善法"；要使法"善"，就要改革。其中变法的思想是显而易见的。 （2）严格执法。 "天下之事，不难于立法，而难于法之必行。"法律的生命力在于实施，法律的权威也在于实施。严格执法以深入推进依法行政，加快建设法治政府为目标。 视频：《司机诉交警行政违法》。		

表3-8（续）

本专题学习内容设计	时间安排	辅助学习手段
（3）公正司法。 "理国要道，在于公平正直。"公正是法治的生命线，是司法活动最高的价值追求。公正司法是维护社会公平正义的最后一道防线。 视频：《惠州许霆案判决书获业界称赞》。 视频：《友谊河路车祸》。 案例：纠正冤错案才能确保司法公正。 英国哲学家培根曾经说过："一次不公正的审判，其恶果甚至超过十次犯罪。因为犯罪虽是无视法律——好比污染了水流，而不公正的审判则毁坏法律——好比污染了水源。"习近平总书记多次引用培根这段话，其中的道理十分深刻。 在2014年中央政法工作会议上，习近平总书记指出："不要说有了冤假错案，我们现在纠错会给我们带来什么伤害和冲击，而要看到我们已经给人家带来了什么样的伤害和影响，对我们整个的执法公信力带来什么样的伤害和影响。我们做纠错的工作，就是亡羊补牢的工作。" 党的十八大以来，司法机关先后纠正了陈满案、呼格案、聂树斌案、缪新华案等一系列重大错案，截至2017年7月，全国司法系统依法纠正重大冤错案34件，涉及54名当事人。人民群众从一件件纠正冤错案中，感知到司法迈向公平公正的坚实脚步。 （4）全民守法。 "邦国虽有良法，要是人民不能全部遵循，仍然不能法治。"法律的权威源自人民的内心拥护和真诚信仰。 提问：谈谈你对全面依法治国的认识，你心目中的"法治中国"应该是什么样的？请用几个词语来表达。 4.坚持走中国特色社会主义法治道路 第一，坚持中国共产党的领导。 党的领导是中国特色社会主义最本质的特征，是社会主义法治最根本的保证。 党的十八大之后，为解决发展中的难题，做出一系列重大部署，以中央"领衔"的领导小组有中央全面深化改革领导小组、中央网络安全和信息化领导小组、中央军委深化国防和军队改革领导小组等。		

表3-8(续)

本专题学习内容设计	时间安排	辅助学习手段

党的十九大报告首次提出"成立中央全面依法治国领导小组"。
    提问：中央成立全面依法治国领导小组的目的是什么？有何深意？
    目的：加强对法治中国建设的统一领导。
    意义：极大提高了全面推进依法治国战略的权威性和实效性；有利于全面推进依法治国战略举措的顶层设计；有助于依法执政与依法治国有机统一。
    第二，坚持人民主体地位。
    人民是依法治国的主体和力量源泉，必须把人民当家做主贯彻到依法治国的全过程之中，保证人民的广泛参与。人民代表大会制度是保证人民当家做主的根本政治制度。协商民主保证了人民在日常政治生活中有广泛持续深入参与的权利。
    第三，坚持法律面前人人平等。
    平等是社会主义法律的基本属性，是社会主义法治的基本要求。坚持法律面前人人平等，要求公民不分民族、种族、性别、职业、家庭出身、宗教信仰、教育程度、财产状况、居住期限等，都应当平等享受公民权利、平等履行公民义务。坚持法律面前人人平等，一方面要求违法必究，一切违反宪法法律的行为都必须予以追究；另一方面要坚决反对特权思想和特权现象。
    党的十八届六中全会审议通过的《关于新形势下党内政治生活的若干准则》要求："把权力关进制度笼子，让权力在阳光下运行。"
    第四，坚持依法治国和以德治国相结合。
    习近平总书记说："德治和法治不可分离、不可偏废，国家治理需要法律和道德协同发力。"
    坚持依法治国与以德治国相结合，最终目的是提升全民族法治素养和道德素质。
    第五，坚持从中国实际出发。
    走什么样的法治道路、建设什么样的法治体系，是由一个国家的基本国情决定的。
    案例：杭州成立互联网法院。
    2017年6月26日，中央深改组审议通过《关于设立		

表3-8(续)

本专题学习内容设计	时间安排	辅助学习手段
杭州互联网法院的方案》。8 月 18 日,杭州互联网法院正式揭牌成立,成为全国首家互联网法院。该法院诉讼全程,即从起诉、立案、送达、举证、开庭、判决乃至执行全部在网上进行。 　　坚持从实际出发,就是要突出法治道路的中国特色、实践特色、时代特色。		
本专题学习内容小结 　　本专题主要介绍法律是治国之重器,尊法学法守法用法是法治的必然要求。以《宪法》为核心的中国特色社会主义法律体系的形成,中国特色社会主义法治体系的完善,是全面依法治国、推进社会主义法治建设取得的重大成就。	3 分钟	总结归纳

第四章　案例式教学

案例式教学法萌芽于两千多年前古希腊哲学家、教育家苏格拉底（Socrates）的"问答法"教学法。柏拉图把"问答法"编辑成书，附加了许多日常生活的小故事，说明了故事所蕴含的原理，这就可以视为小案例。案例教学法形成于1870年到1910年，当时哈佛大学法学院和医学院为了培养学生解决问题的能力，便以案例为资料开展教学活动。美国属英美法系，以往的案例是法院审判的重要依据。因此，法学院主要用法院的判例进行教学。学生主要从判例中学习审理案件的技能，学习从事法官、律师工作的能力。20世纪20年代，随着美国工商业的快速发展，企业规模的扩大，市场竞争的加剧，案例式教学法被广泛运用于工商管理教学中，为社会培养出大量杰出的工商界骄子。从此，这种教学方法被认为是代表未来教育方向的成功教育模式，广泛传播到世界各地。20世纪80年代初开始，案例式教学法被引入我国。案例式教学法优于其他教学方法的是它用案例诠释理论，用兴趣教育学生，在"思想道德修养与法律基础"课教学中，教师采用具新颖的、与课本知识相关的案例，组织学生分析案例中的问题，引导学生自己发现问题、分析问题、解决问题，教师最后在总结的过程中化解学生的疑难，拨开困扰学生的迷雾，使学生获得不断更新的知识。由于案例教学法有着独特的教学效果，它在我国引起教育界的广泛关注。

一、案例式教学法概述

（一）案例的概念

案例从字面上理解就是指案件、事例。案例是已经发生了的事情或现象，而且具有普遍性、典型性的特征，它反映了一件事情或一个问题的发展及其演变的过程。

关于案例的界定，目前没有固定的规范，我们通过多方查阅资料并结合多年的教育实践经验，对案例做如下的解释：案例是为了实现一定的教育目标，根据客观存在的事实，对已经发生的某一具体事件或现象进行描述的过程。

由案例的概念可知，案例所描述的事件或现象是已经发生的，即客观存在的事实，不容许随意编造和杜撰，而且必须深入调查了解，进行相对客观的描述，这样才能准确地分析问题、解决问题，以实现预期的教育目标。

在运用案例的过程中，一定要注意区分案例教学和举例子，不能简单地从字面意思上认为二者是同一概念。

首先，二者概念不同，案例教学是一种利用案例进行教学的教学模式，而举例子不是教学模式，举出一个例子来证明论点，是教学方式中的一个手段。

其次，二者在教学中的地位不同，案例教学是用案例诠释理论，将书本中晦涩难懂的理论浅显化，使学生掌握理论。而举例子只是让学生在学习知识的过程中更加肯定某种认识或理解某个难点。

最后，二者运用的目的也不同，案例教学是通过真实事件的模拟再现，让学生进入案例情境中进行角色体验，分析案例中反映的问题并提出解决的方法，来提高学生的综合能力。而举例只是佐证一个观点，简化一个理论。

（二）案例式教学法的内涵

案例式教学法又称个案教学法，这种教学法于 20 世纪 80 年代初传入我国。案例式教学法是一种新生事物，具有很多不足之处，并且传统教学方法根深蒂固，学生一时也难以适应，所以其刚开始在中国受到了各种阻挠，发展缓慢。但是随着教育的发展，教育教学不断地改革创新，一线教育工作者的积极努力，经过近三十年的发展，案例式教学法逐渐完善并被广泛应用于各大高校。如今，学术界对案例式教学法的定义尚没有一个比较明确规范的表述，但有几个具有代表性的界定：

《案例教学指南》的作者郑金洲认为，"案例教学是通过对一个具体情境的描述，引导学生对特殊情境进行讨论的一种教学方法。它以教学案例为载体，是基于一定的教学目标，选择一定的教学案例从事教学的一种教学法，它以学生的积极参与为特征，强调师生对案例素材共同进行探讨，并写出有关案例报告，它与案例为本课程的关系更多地体现为一种内容和形式的关系。"

《案例教学原理》的作者靳玉乐认为，"案例教学是在教师指导下，根据教学目的的需要，采用案例来组织学生进行学习、研究、锻炼能力的方法。"梁红敏认为，"案例教学法是指为了适应素质教育发展的要求，教师根据一定的教学内容，采用案例来化解难点，突出重点，培养学生独立自主分析案例、讨论案例的创新探究能力的一种教学活动。"①

笔者认为，尽管学术界对案例式教学法还没有科学规范的定义，但普遍把案例式教学法看作一种教师根据教学目标的要求，经过精心策划，以案例为主线贯穿教学内容，组织学生对案例进行分析探究，引导学生发现案例中蕴含的问题并解决问题，有效地将理论与实践相结合的一种教学方法。

（三）案例式教学法的特点与意义

1. 案例式教学法的特点

思想政治理论课教学中的案例式教学法具有如下几个方面的特点：

一是主体参与性。案例教学活动本身就是一个师生互动的动态教学过程，这就要求学生主动参与，与老师形成良好互动。案例式教学法采用案例传递信息，通过一个或者多个贴近学生生活实际的具有代表性的案例，由学生自己表演来真实再现案件情境，促进学生主动参与课堂教学。案例的精彩呈现、案例的热烈讨论、案例的点睛结尾都能够调动学生的主动性，吸引学生主动参与，其案例式教学法突出的特点是主体参与性。

案例教学中的案例是一种复杂的、悬念的问题情境，需要学生积极动脑分析，从而领悟其中所蕴藏的理论。由于高校学生的认知水平和学习能力有限，其需要教师的指导、帮助和启发而不是和盘托出，需要点睛而不是直接讲授，这样学生才能受到启发，激起求知的欲望，进行更加深入的研究，从而锻炼其独立思考和解决问题的能力。例如，在"思想道德修养与法律基础"课教学活动中，教师可以在课前或课中适时地提出些与课程内容密切相关的典型案例，让学生分析案例、思考问题，循序渐进地启发学生，使学生在形象具体的情境中比较容易地领悟理解所学的内容，提高教学的有效性。

二是充分的民主性。民主性即教学活动中教师不压制学生主体性的发挥，不打压学生，要给予学生充分发表自己观点的自由和空间。

采用案例式教学法能够充分体现教学的民主性。首先，学生可以围绕案例的分析和讨论，发表自己的见解，表达自己的想法，畅所欲言，使课堂成为师生共同的"舞台"，教师指导，学生唱主角。其次，在案例教学中，学生和教师的地位是平等的，没有尊卑之分，也没有"权威""服从"之别，在这种平

---

① 梁红敏. 高校思想政治课运用案例教学要处理好几个关系 [J]. 广东技术师范学院学报，2008：20.

等、民主的教学氛围中，学生可以大胆提出自己的独到见解，不用惧怕犯错挨批评，教师也可以退居其次，放弃课堂的控制权，充分发挥学生的主体性，达到教学相长的目标。

三是高度的情境性。案例式教学法以案例为教学载体，将真实的、已发生的、典型的事件通过学生表演或视频展示等方式再现出来，可以使课本中复杂深奥的知识还原为形象生动的通俗易懂的生活情境，教师组织学生在类似真实的情境中进行角色体验，使学生感知事情的来龙去脉，把握事物的因果关系，抓住事物的本质规律，加深对已有知识的理解，提炼案例中蕴含的新知识，使自己不断地更新知识，丰富头脑。

2. 案例式教学法的意义

第一，有利于推动思想政治理论课教学改革。《中共中央宣传部教育部关于进一步加强高等学校思想政治理论课教师队伍建设的意见》（教社科〔2008〕5号）提出："要紧密联系改革开放和社会主义现代化建设的伟大实践，了解和掌握大学生思想政治状况，探索符合教育教学规律和大学生特点的教学方法，提倡启发式、参与式、互动式、案例式、研究式教学。"在思想政治理论课上采用案例式教学法，符合当前教育方法改革趋势。在这一系列教学方法改革目标要求的指导下，在传统讲授法及多种教学方法的配合下，充分利用案例式教学法的互动性特点，结合理论，生动形象地展示教学内容，帮助学生理解和掌握正确的理论知识，培养学生分析问题、解决问题的能力，树立正确的世界观、人生观、价值观，提高思想政治理论课教学实际效果，进而推动并完成思想政治理论课教学改革。

第二，有利于提高学生学习积极性。相对于其他学科而言，思想政治理论课有着较强的理论性和思想性，同时，它不仅是传授知识的课程，而且是培养学生运用正确的理论、立场、观点和方法，去观察和思考政治经济文化等领域的问题，帮助学生学会科学分析问题和解决问题的综合性较强的课程。传统的教学方法，形式比较单一，不利于教学效果的提高。而案例式教学法，因其真实性、典型性、互动性等特点，使得学生在理论学习的过程中，在案例情景的代入感的影响下，通过案例的生动演绎，在学生之间或者师生之间展开讨论，将枯燥的理论同生动的现实结合起来，激发学生的学习兴趣，从而极大地提高学生课程学习的主体参与性和积极性。

第三，有利于提高教师教学水平。思想政治理论课教学中案例式教学法的运用，对教师提出更高层次的要求，使得教师不仅要熟悉理论知识和传统教学模式，还必须在教学方法创新上下功夫，不断提升自己的教学技能和教学水平。案例式教学法在教学环节中的运用对教师的教学水平是一种考验和提高。案例式教学法的具体运用，一方面要求教师必须在熟练掌握理论知识的前提下善于选择合适的案例材料来辅助理论讲解，丰富教学过程；另一方面还要求教师必须有较强的课堂组织能力和课堂协调能力，懂得掌握好课堂节奏，驾驭好课堂。因为案例的使用，不是简单的平铺直叙式的宣讲，而是需要教师引导学生观察、思考、分析，因此，教师在呈现教学案例的时候需要随时关注学生反应，并且不失时机地提出问题引导学生思考，在学生回答问题的过程中，在与学生交流互动的过程中，既懂得培养学生独立思考问题、分析问题和解决问题的能力，又能够正确地对他们加以引导。教师在案例式教学法的运用中，通过不断更新教学案例，不断实践，尝试将理论与实践密切结合，不断积累丰富的教学经验，从而有助于教师自身教学水平的不断提高。

第四，有利于培养师生创造性思维。在思想政治理论课教学中运用案例式教学法还可以锻炼师生的创造性思维。从教师的角度来看，案例的选择、编写，课堂的展示过程及引导学生融入情景当中积极思考的过程，都是创造性的劳动过程。它需要教师用心选取最合适的案例放到最合适的教学内容当中去，案例本身的时间长度、内容编排都需要根据具体情况反复掂量。课堂运用中必须结合学生实际进行创造性的展示，不一定非要采用"先描述案例+后提出问题"的模式，还可以边陈述、边提问，吸引学生进入案例情景当中。学生在回答的时候，教师也应该创造性地融入互动：不是简单地点评，而是可以进一步根据学生的观点提出问题一起探讨。这样有利于问题的进一步深入挖掘，也能锻炼学生随机应变的创造性思维。就算学生的答案不完全正确，但是针对学生的回答思路和分析方式做出正确的引导本身也是一种创造性行为。从学生的角度来看，案例的学习和相关问题的思考分析以及讨论交流过程本身就是一个创造性的学习过程。边观摩、阅读案例，边融入情景当中，当教师提出相关问题时，不仅仅是从书本上寻找答案，更需要的是联系案例和实际以及个人的理论掌握状况来进行创造性的思考分析和解答。一方面在同学之间的讨论过程中打开思路、集思广益、创新思维；另一方面在同教师的交流互动中，针对教师提出的问题做进一步思考，在教师的启发和引导下，不断发散思维，锻炼自身的创造性思维能力。

第五，有利于推动理论与实际相结合。在思想政治理论课教学中运用案例式教学法有利于学生将书本理论与实际相结合，一方面可以提高思想政治理科论课的实际教学效果；另一方面让学生的理论与实际相结合的能力得到了培养和锻炼。如前文所述，思想政治理论课的理论性和思想性较强，单纯的讲授和灌输容易让学生产生情绪上的厌倦和思维上的阻滞。而在教学过程中恰当地运用案例，一是能吸引学生的注意力和兴趣，二是将书本的知识和实际案例相结合，可以用更生动的方式将枯燥的理论讲解出来，使它们更加接地气。理论来源于实践，又在实践中得到验证，在教学过程中运用案例式教学法，可以使理论和实际联系得更紧密，从而实现理论与实践的交互关系。学生通过这种教学方法，把从书本上学到的理论知识用于分析生活当中的实际案例，活学活用，在对实际问题的分析讨论过程中锻炼自己的思维能力、分析问题和解决问题的能力，反过来也促进和加深了学生对所学的理论知识的理解和掌握。无论是从教学活动过程本身理论与实际相结合来促进教学效果的提高，还是从学生在理论与实际相结合分析问题和解决问题的能力培养方面，案例式教学法都发挥出积极的功能和作用。

（四）当前案例式教学法在思想政治理论课教学中存在的问题

当前，案例式教学法在思想政治课的教学实践过程中仍然存在一些值得关注的问题。现将问题归纳如下：

1. 师生角色定位出现偏差

第一，教师角色定位出现偏差。在案例式教学过程中，有些教师在看到学生言不对题时，缺乏足够的耐心，就会成为一个演说家的角色，声情并茂地来叙述自己的观点和看法，而学生则在教师演说家的光环之下显得微不足道。有些教师在学生发表了一些不完善的观点时，会像一个评论家一样对学生的见解进行批评和干涉，忘记了案例式教学法"引导非替代"的原则。有些时候，学生在讨论过程中难免会意见不合、争论不休，教师非常不明智的一个做法就是充当裁判员，帮助学生评论对错，上述即在思想政治课使用案例式教学法的过程中时常发生的教师角色定位错误的情况。

第二，学生的角色定位出现偏差。例如，有些学生缺乏主动参与的意识，总是等着老师给出现成的答案，不愿意自己参与到课堂中来，这是思想政治理论课教学中使用案例式教学法的过程中最严重的问题；又如，在课堂中，许多学生抱有侥幸心理，认为反正是小组汇报，就可以搭便车了，这样也很不利于教学的开展；再如，有些时候，学生在讨论过程中难免会意见不合、争论不休，有些学生就会把它当成凸显自己的手段，甚至会在交流过程中对其他人进行恶意批评，这种主体角色定位是完全错误的。

2. 案例准备不够充分

第一，案例的选择不够精准。在思想政治理论课教学中，部分教师在使用案例式教学法教学时所选的案例不具有时代性，严重脱离时代，这既不符合思想政治课紧扣时代的主题，也不符合案例式教学法的实质和基本宗旨。有的老师为了方便，采用的是比较陈旧的已经上过很多轮的案例，或者直接使用从网上拷贝的案例。这样的案例内容对学生来说没有任何的吸引力，对思想政治课案例教学没有任何的意义。例如，在讲授向"道德模范学习"这一问题时，老师总是比较倾向于选择雷锋的案例来讲述。这样的案例学生从小听到大，一味地重复难以让学生有学习的热情，导致学生学习的积极性下降，也达不到原本的教育目的。

第二，案例的呈现方式单一。在思想政治理论课案例式教学中，案例的呈现方式主要包括以文字资料的方式呈现案例材料、口头描述案例、组织学生表演案例、利用多媒体技术再现案例四种。经过教育观察发现，部分教师在使用案例式教学法时，采用口头描述案例和以文字材料的方式呈现案例材料的次数过多，呈现方式过于单一，不利于激发学生的学习兴趣。

3. 案例实施存在瓶颈

在案例教学中，部分教师对于案例的分析过程过分地关注，这就导致了案例分析的主次颠倒，教师耗费了大量的时间和精力，去引导学生对于每一个细节去分析和讨论，这就使一些细枝末节、无关紧要的简单问题成为讨论的主角。部分老师常常认为，只要对每一个细节问题都进行深入的分析，就可以让学生学到知识、提高能力，但对一些简单问题及细节分析得过多，常常会让学生觉得乏味和无聊，找不到问题的重点，也不利于学生学习能力的提高。教师对案例的主次认识不明确，会使学生对问题的认识仅仅是对案例情景呈现的问题的本身的认识，停留在思维较低的层面，这就让学生很难触碰到案例问题的本质和内在的方面。长此以往，学生对事物的认识很难得到从感性认识到理性认识的飞跃，这对学生的长足发展是特别不利的，这也是思想政治理论课案例教学中存在的比较严重的问题。

4. 教学评价过于单一

第一，教学评价的主体单一。在案例式教学法的应用过程中，教学评价的主体比较单一，几乎只有教师对学生的评价，缺少学生自我、学生与学生、学生对教师和教师自身的评价。受传统教育思想的影响，教师对学生的案例评价只局限在学生对知识的理解和能力的提高上，学生的自我反思和评价比较缺乏，学生之间真正的相互评价的交流更是比较少的。总体来说，教师既没有真正做到自我评价，也没有引导好学生进行相互评价和自我评价，评价的主体过于单一。

第二，教学评价的方式单一。在思想政治理论课使用案例式教学法的过程中，教学评价的方式比较单一，只关注对知识目标的达成情况，对德育目标的达成情况的教学评价相对缺乏。学生的考核仍然采用的是闭卷考试的考核形式，这种考核形式能够清楚地反映学生对知识的掌握程度，但无法检验学生道德情操、道德品质、道德意志和法治思维等能力的发展情况。案例式教学法对学生德育评价考核的忽视，会在一定程度降低学生的学习热情，严重影响教学效果。

二、"思想道德修养与法律基础"课案例式教学法的具体运用

（一）案例式教学法的实施过程

1. 案例的收集整理

案例的收集整理是案例教学有效实施的前提条件，案例的收集整理可以根据学科教学内容的实际需要进行，也可以根据教学对象的现实要求准备，任何一个案例都应该是教师精心准备的结果。教师授课犹如制作美味佳肴，"好菜需要好料来配"，高质量高水平案例在教学准备阶段至关重要。案例的收集整理方式多种多样，没有严格统一的标准，笔者从以下七个方面将案例的收集整理进行简单分类：

（1）以时间划分：古代案例和现代案例。

时间划分法是案例划分最常用的方法，各个学科领域在设计案例时都会将时间作为重要参考因素之一。每一个案例都具有历史性的时间向度。古代案例，即时间追溯至古代的案例，古代案例在选取和整理时存在一定难度，它具有自身的历史价值和时代价值，需要紧密结合案例所处的历史文化背景，案例准备前深刻理解、准确定位是避免对案例的误读误解，造成对案例教育意义和教学价值的泛化和曲解的必要条件。"思想道德修养与法律基础"课第三章第二节"爱国主义及其时代要求"中讲到爱国主义的表现形式，选取古代案例可以收集霍去病、郭子仪、戚继光、史可法等"精忠报国、战死沙场"之士，也可以收集古代如商鞅变法、王安石变法、张居正改革、戊戌变法等为促进国家繁荣、社会发展勇于尝试、敢于牺牲之英雄，或者屈原、杜甫、陆游、辛弃疾等通过一首首诗词表达心中爱国之情的仁师。先进思想的倡导者，默默耕耘、为祖国做贡献的贫苦大众的行为都可以归为"爱国主义"的表现。讲述爱国者的事迹就是一种案例的呈现，回到现实需要注意的是在封建割据，诸侯征战

的年代，爱国者是忠君者；在列强入侵的年代，爱国者又是民族英雄；在和平繁荣，盛世之际，爱国者又是促进社会历史发展的进步者，不同的历史背景要求不同的爱国表现。

相较于古代案例，现代案例的收集整理需要对当前社会给予更多关注，尤其要对当前大学生的现状予以理解和分析。现代案例要紧跟时代步伐，与时俱进，对目前的国际国内政治形势、经济发展、主流文化、社会民生要积极关注和思考，在社会现实中选取与教学内容相关、与学生实际相连的具有典型性、代表性的案例。在讲到"新时代的爱国主义"时，时代赋予爱国主义新的内涵，其表现形式也多种多样，要考虑"和平与发展"的时代主题。在和平年代，可以从不同行业、不同领域去收集。例如，时代楷模南东仁，在他人生的最后 22 年，只干了一件事，实现了一个梦想，就是建成了直径 500 米、世界最大、最为灵敏的单口径射电望远镜，用生命铸就了世人瞩目的"中国天眼"，诠释了自己一直坚持的专业——爱国。2020 年新冠肺炎疫情席卷全球，在这次全民抗击新冠肺炎疫情的伟大战役中，涌现出了许许多多的英雄人物和感人故事，他们所体现的精神是当前"思想道德修养与法律基础"课教学的生动案例，教师可以从不同角度去解读。

（2）以空间划分：国内案例和国外案例。

以空间地理坐标划分案例在案例分类研究中经常使用，空间划分具有其合理性，是案例收集的重要参考因素。应该强调的是，这样的划分指标并不是绝对的，它们往往是案例多样性的表现形式。空间划分强调的是一种地域差异性，国内案例与国外案例划分注重典型性上的比较和补充，不同地域文化具有其独特的地域特征和文化风貌。在案例收集中需要注意培养学生包容和开放的心态。例如，在"思想道德修养与法律基础"课中讲到"树立正确的人生观、价值观"时，对中美两国价值观教育进行比较研究是有必要的。儒家文化中倡导"立功、立德、立言"三不朽、注重"修身、齐家、治国、平天下"的人生追求，歌颂勇于奉献、克己奉公、恪尽职守、为人民服务等集体主义精神。在提倡民主、平等、自由、博爱的美国人眼中，个人的独立至高无上，乐观进取、开放包容、勇于挑战的精神品质被认为是人生观、价值观的重要表现。这种价值观从根本上讲是以个人主义为核心的价值观。师生在中西方价值观比较中深刻剖析影响价值观念形成的重要因素，从而形成更加适合自身发展的正确的人生观和价值观。

（3）以性质划分：正面案例和反面案例。

"用正面案例教育人，用反面案例警示人"，这是典型教育法的意义所在，也是案例教学的重要内容。典型教育方法中有正面典型教育和反面典型教育。正面典型教育注重正确宣传先进积极的事例以凸显示范教育的成效，反面典型教育则强调正确运用反面素材来凸显警示教育的成效，两种典型具体运用时需要注意比例的合理分配。在案例教学中，正面案例教育应作为主导，反面案例教育是辅助。运用好正面典型，实现正面教育。例如，"思想道德修养与法律基础"课第五章第三节"遵守公民道德准则"中引入现实生活中乐于助人、高风亮节、遵纪守法、维护权利履行义务的典型，如牛玉儒、杨善洲、陈家顺、宋鱼水秉公执法、依法断案的典型等。通过对先进人物，先进事迹的学习、宣传让学生更加相信道德实践的价值意义。同时，在案例教学中，运用好反面案例对大学生也具有强烈的教育作用，它告诫人们不要这样做，否则会受到道德的谴责和法律的制裁。例如，分析医闹案的深层次原因，高铁霸座现象的动机成因，等等。

（4）以数量划分：单一案例和案例群。

从数量上划分案例是对教学中案例的数量与运用的效果的一种规律性的把握。案例教学中会出现使用案例数量难以把握的情况，甚至会出现案例越多教学效果越差的反比效应。案例数量上的划分依据与教材内容和教学目标规定性是一致的。单一案例更具代表性和典型性，适用于主题鲜明、目标价值明确的教学内容。案例群是将多个案例一起使用，从而增强效果和说服力的教学方式，案例群以一个系列为单位，在多个案例中既有相似性案例用于层层递进，也有相反案例用于比较说明，案例群在两种关系中增强了教学效果，提高了教学质量。案例群在"思想道德修养与法律基础"课教学中运用广泛。例如，在讲到"人生的青春之问"一章时，我们可以将古今中外名人励志的故事归为一个系列，如将科学巨匠居里夫人、霍金、爱因斯坦、阿基米德，音乐巨人贝多芬、肖邦，文学大师海明威，青年时代习近平等以案例群的方式来呈现。

（5）以形式划分：单媒体案例和多媒体案例。

随着科学技术的发展，多媒体教学的普及，案例从表现形式上出现了单媒体案例和多媒体案例，单媒体主要指文字图像案例，在这里特指通过文字和图像等无声形式表现的案例，文字图像案例是以书籍、报纸、杂志等静态的平面传统纸质资料为主要表现载体的案例。多媒体也就是音频、视频案例，是通过音频和视频等有声动态多媒体来表现的案例，音频、视频案例通过音乐广播、电视电影等呈现具有直观生动、形象逼真的效果，在案例教学中运用广泛。多媒体教学的效果通常优于单媒体教学。文字图像案例可以通过各种文学形式来表现，如小说、散文、诗歌等，也可以是漫画、摄影等美术作品。音频视频案例可以是音乐、广播、MV、电影或者以《今日说法》《焦点访谈》《感动中国》《百家讲坛》《寰宇视野》《辉煌中国》《法律讲堂》《道德观察》等电视节目作为优秀案例的素材。

（6）以真实性划分：真实案例和文艺作品案例。

案例的真实性是进行案例教学的前提和基础，案例的真实性使案例更生动、形象和具有说服力。所谓真实性，是指所选择的案例是真实存在的事件或事例，不是想象或杜撰的事件。真实案例注重对现实生活的考察，在现实中去攫取案例，如"思想道德修养与法律基础"课第二章讲到"在实现中国梦的实践中放飞青春梦想"时，可以分享学生各自心中的理想和信念，以学生自身的理想信念作为案例来进行探讨，根据学生实际来分析理想信念对大学生成长成才的重要意义。也可以通过文艺作品中所描述的关于古人如何理解理想和信念进行比较。例如，越王勾践卧薪尝胆、陆羽弃佛从文并著《茶经》等都是通过文学艺术作品来呈现。讲到第五章"职业道德"时引入在抗击疫情时的真实案例，以弘扬医生的崇高职业道德精神来引导学生积极思考求职过程中的职业道德问题，分析道德对于大学生成长成才的重要意义和价值，积极引导学生正确看待职业道德。

（7）以模式划分：典型案例和非典型案例。

典型案例和非典型案例强调的是案例是否被模式化，也就是案例的适用性是否受限制。感染力和吸引力是案例典型性的重要标志，也是激发学生兴趣和产生思想共鸣的主要依据。所谓典型案例主要是指备受社会关注的案例，在社会生活中具有重要意义和影响力的人物或事件。典型案例在这里侧重于社会的焦点和热点问题，它能震撼人们的心灵，具有启发、导向、矫正、警示等育人功能。典型案例与教学内容主旨紧密联系，围绕特定的主题在适用范围上具有规定性，具有较强的典型性和说服力，更具有权威性。

非典型案例特指不具有鲜明的价值导向和教育意义，在现实生活中经常出现，却不具有严格标准和划分，不限定教学内容的特定运用范围和适用对象，不被模式化的案例。非典型案例更具讨论性和研究价值。非典型案例较典型案例适用的范围和空间更为广泛，但缺乏专业性，代表性与说服力较弱。

2. 案例的设计

首先，案例设计要紧扣教学目标。教学目标作为课堂教学的首要任务，在案例教学中占据突出位置。在思想政治课中，案例教学的教学目标包括三个维度：第一，要确立本节课的知识与技能，即基础理论知识。完成这个目标，要考虑学生接受知识的能力，在选择案例上要根据案例体现的难易程度，循序渐进地进行案例排序，让学生的思维逐渐扩散。第二，要明确过程与方法，即让学生了解学科知识形成的过程。要求学生"亲历"探究本节课案例中蕴含理论知识的过程；在案例中学会发现问题、思考问题、解决问题的方法，学会学习。第三，要培养学生的社会情感、人生态度和科学价值观，即让学生形成积极的学习态度、健康向上的人生态度，具有科学、探究精神和正确的世界观、人生观、价值观，成为有社会责任感和使命感的社会公民。

其次，案例的设计要突出学生在课堂的主体地位。教师在教学过程中的首要任务是要在案例中体现教材的理论知识，让学生通过案例掌握思想政治原理，从而达到教学的目的。案例式教学法作为一种教学方法，是协助教师更好地完成教学目标的手段，所以案例的内容要紧扣教学要点，内容丰富但不烦琐，案例所蕴含的理论要条理清晰，让学生能够成功地发现理论，产生成就感，学生才会对案例产生兴趣，主动在教师的引导下进行学习。

最后，要合理选择案例。"思想道德修养与法律基础"课中的案例式教学法可否达到预期的教学效果，关键在于案例的选取。案例一定要可以激发学生的兴趣，符合学生的好奇心理，抓住学生的注意力，使学生主动与教师配合，完成教学内容。

案例选择要遵循经典性、启发性、教育性等原则。经典性就是案例具有典范性、权威性，能够让学生过目不忘，成为思想政治课中经久不衰的一个部分。学生通过案例分析本节课讲授的原理，使案例成为一个具有代表性的作品，不仅能够给教师提供授课案例的内容，为教师做好课前的充分准备，而且能够帮助学生记忆思想政治课的基本原理，起到一箭双雕的作用。

启发性就是案例要能在教师教学的引导下对学生具有一定的启发作用，调动学生的学习兴趣和主动性，学生在教师的引导下阅读案例，并主动找到案例中说明的理论，启发学生独立思考和积极探索的精神，自觉地掌握科学知识，从而提高自己分析问题、解决问题的能力。

教育性就是案例要尽量体现对学生的教育意义，既要让学生对案例有阅读和探究的兴趣，还要体现一定的教育意义。通过案例告诉学生面对生活中遇到的各种问题时应该怎样做，什么事情是自己可以做的，什么事情是自己不能做的，明事理，通人情。

3. 案例呈现

案例呈现在教学过程中有着至关重要的作用，新颖独到的案例呈现环节能够增强案例的吸引力、感染力，激发学生的学习兴趣，转变课堂的学习气氛，使沉闷的课堂变得轻松活泼，并且能为接下来的教学起到良好的铺垫作用。案例呈现通常包含三个方面，即案例背景、呈现时间、呈现方式。

首先，教师对案例发生的背景和具体内容进行讲解，带领学生掌握案例提供的有利信息，防止学生偏离课题含义和课题内容，指导学生做出正确的判断和分析。教师讲授案例的背景看似与课堂内容没有关联，实则可以通过案例的背景和细节扩展学生的知识面，丰富学生的信息储备，吸引学生对新课程的学习兴趣。

其次，教师应该根据所要讲授的内容适当确定案例呈现的时间。教师在案例呈现之前可以先提出问题让学生进行思考，提出的问题不易过难，能使大部分学生统一进行回答，活跃课堂的气氛，然后再呈现案例，学生通过问题的引导阅读案例，进行思考分析，教师可以在旁引导学生，并启发学生，使其自觉找到问题的答案。另外，教师也可根据书本内容先讲述理论，然后呈现案例，学生可根据理论知识在案例中寻找与理论相关的事件，锻炼学生发现问题的能力，并能够学会分析问题，从而培养学生利用所学原理解决实际问题的能力。教师还可以先呈现案例，然后提出问题让学生讨论，在归纳总结中讲授理论。教师可以围绕案例在学生中进行引导，促使学生能够自己总结观点，再进行发言陈述观点，教师最后对学生的发言进行总结评价，归纳出理论知识点。

最后，案例呈现的方式在教学过程中主要有利用多媒体播放和教师口头表述两种。随着信息技术的发展，多媒体播放被认为是案例呈现最直观有效的方式，教师借助多媒体，可以生动活泼地将授课内容展示在大屏幕上，为学生创设良好的情境，让学生乐于学习；教师口头表述则可以简明扼要地讲述案例和中心思想，教师通过对案例的理解和把握，使学生对案例体现的内容有清晰的认识，同时，这种方式还可以使课堂时间相对充裕，在教学过程中减少教师授课时间的压力。

4. 案例的深度解读

案例解读在案例教学动态过程中具有重要地位。案例收集整理和呈现为案例的解读做铺垫，案例的解读是案例表述的进一步升华。案例解读重在解读方式，不同角度的解读方式彰显了案例式教学法的艺术性与技术性。

（1）围绕历史背景解读。

围绕历史背景解读案例是准确分析案例和讨论案例的前提和基础，历史背景具体可说是事件发生的时间地点和相关人物的时间性的历史特征。围绕历史背景这一个宽泛的概念，将案例放入当时的环境中，可以结合案例发生时的政治、经济、文化环境，国际国内状况解读案例，也可以联系案例发生时的地域特征、社会人文环境，相关人物的身份背景、社会地位、性格特征等进行解读。

（2）瞄准时代价值解读。

案例的解读离不开对案例时代价值的思考，结合所处环境特征、瞄准现实意义来解读案例是案例教学的重要环节。用全面发展的观点，联系实际，把握当前主流意识形态和思想价值观念，针对社会发展、学生实际存在的问题提出质疑，在分析案例历史背景的同时更加关注案例情节对现实问题的指导意义是案例解读中瞄准时代价值的主要内容。

瞄准时代价值解读对于授课教师有一定的要求。首先，教师对于案例中的历史背景要有一定了解，同时对当前时代特征和价值观念、主流意识、文化思潮，尤其是对教学对象的三观特征要有充分的认识，只有在彼时与此时都相对了解的基础上才能瞄准时代价值来深刻解读案例。其次，对案例解读中出现的不同观点、见解和意见，解读者要在引导的同时客观分析不同意见，用包容和开放的态度去理解，教学对象的认知水平、经验积累都具有差异性，尊重差异性才能调动学生的积极性、参与度和创造性思维。

例如，在讲解"思想道德修养与法律基础"课的绪论"时代新人要以民族复兴为己任"这一内容时引入抗疫过程中发生的感人事件，以此为案例讲述奋战在疫情防控第一线的医务工作者、基层干部，不求回报的志愿者，以及默默为"抗疫"做贡献的普通劳动者和身在海外心系祖国的华人华侨形成了举国上下共克难关的磅礴力量。作为新时代的思想政治理论课教师，我们有责任在课堂教学中讲好中国"抗疫"的故事，讲好社会主义制度的强大优势、鲜明正确的价值导向，让同学们坚信，有以习近平同志为核心的党中央的坚强领导，我们一定能够打赢这场阻击战、攻坚战。结合国内外共同抗击疫情的实际，深刻阐释中国作为负责任大国的国际担当，命运共同体意识的深刻含义，让同学们深切体会中国共产党以人民为中心的执政理念，保护中国人民和世界人民的健康和生命安全，维护中国对世界公共卫生安全所做出的国际社会贡献。

（3）结合主人公思想解读。

结合主人公思想解读案例是案例解读方式的重要组成部分，每一个案例都是人、事、物所组成的，案例中的人物是案例的核心，案例中主人公思想决定了案例情节的发展和变化。解读主人公思想离不开对人物的分析，要分析人物的身份背景、政治角色、社会经济地位、性格特点、人格特征，深入主人公的内心世界，准确把握主人公的思想特征。解读者需要将自身转化为主人公，进行换位思考，从人物内心去把握案例、解读案例，真实再现案例的本质内涵。

（4）抓住重点情节解读。

抓住重点情节解读，是案例解读的关键环节，现在对情节的解释有很多种，从美学角度来说，情节是艺术创作中一系列经过组织的事件的发展过程。它从人物与环境、人物与人物间的错综复杂的关系中产生，又反转来展示人物的性格，表现社会关系和某种意旨。从文学角度谈，情节是叙事性文艺作品中表现人物间相互关系的一系列生活事件的发展过程，它是人物性格成长和构成的历史。从法律层面说，情节是错误或罪行的具体情况。从心理学角度谈，情节也被称为情意综或情结，它是精神分析学的术语，指由一些无意识的思想、情感、知觉、记忆等组成的具有类似核心作用的复杂心理现象。完整的情节一般包括开端、发展、高潮、结局等组成部分。重点情节的解读就是将案例看成一件作品，通过对一系列叙述的情景和事件的总体把握，重点解读特殊性、艺术性、偶然性或戏剧性的事件，从而理解案例所要表达的情感、态度和价值观。抓住重点情节解读，不仅帮助学生丰富了对案例的认识、加深了对案例的理解，也使案例更有感染力和故事性，当然，对于描写人物性格和相互关系的丰富生动的情节也是解读重点情节的主要内容。

"思想道德修养与法律基础"课中在讲到"创造有意义的人生"和"集体主义"道德原则时引入案例：蚂蚁在遇到火灾时，为了种族的生存和繁衍会迅速抱成一团，形成一个大圆球，快速向外滚动，而在最外一层的蚂蚁就会在噼里啪啦的声响中献出生命。此案例中的"抱成一团"令人深思，这样的情节表现出了案例的深刻内涵，从蚂蚁的勇敢行为中，学生领悟到了无私奉献、勇于献身、团结观念、合作意识，使学生认识到蚂蚁尚能如此，何况我们人类，从而更深刻体会到集体的力量和团结的重要性，这种案例对学生正确处理个人与他人、个人与集体的关系启发教育意义重大。

（5）置入特殊语境解读。

置入特殊语境解读是对案例准确把握的重要途径，语境本身具有丰富的内涵，从艺术、美学角度谈，语境指文艺作品或其某一部分所处的言语环境和人文环境。从逻辑学、哲学角度谈，语境是人们在交际过程中表达思想感情的语言环境，它包括说话者、听话者、说话的时间、说话的地点以及交际者已共同具有的知识等因素。语境可分为狭义的与广义的两种，狭义的语境，即书面语言的上下文或口头语言的前言后语；广义的语境则还包括表达思想时的社会环境。案例解读中分析案例事件发生的具体语言环境，深入了解案例所处的社会环境，包括隐藏在案例背后的与理解、分析这个案例有关的一切事情，如文化传统、民族习惯、历史积淀、时代特点、地方风俗、心理因素等，即离不开说话时的具体情境。置入特殊语境是通过语言表达的超语言的环境。

（6）回归文本原点解读。

回归文本原点解读是案例解读的一种有效行为，在还原原始思维的指导下，回归到案例原来的面貌，把握案例原有旨意，在进行文本原始意义的研究中深刻理解案例，旨在探究案例提供的深层次规律性的价值和意义。回归文本原点重在回归情感，是"有效背景"与"无效背景"之间的抉择，因为这个背景不是理解案例的"钥匙"。

（7）意义延伸式解读。

意义延伸式解读是从认知语言学的角度解读案例的一种方法。意义延伸式解读又称为动觉意象图式或简称为"意象图式"。人的经验和基本知识是建立在这些基本结构和关系之上的。意义延伸式解读是以案例的中心意象图式为支点，通过隐喻投射等手法解析案例的延伸的意义。案例延伸的意义主要表现在由原有意义向时间域、空间域、听觉域、视觉域、情感域等的投射。

例如，可以组织学生收集疫情中发生的"抗疫"故事，从钟南山、张文宏等人身上挖掘人生的意义与价值，引导学生思考在这个时代我们究竟应该做一个什么样的人。通过讲述那些不顾自身安危、积极参加"抗疫"的大学生志愿者的典型事例，引导学生自觉追求大德，树立远大志向，追求崇高理想。从法治的角度引导学生用"法"的视角和立场去看待公共突发事件发生后，应如何自觉树立规则意识，增强法治精神。

意义延伸旨在将案例意义的内涵扩大、外延缩小，意义可以是具体的事物，也可以是论点、思维等抽象事物。意义的延伸解读意在拓展思维，不受固有思维限制，扩大案例意义范围，探求案例的深层内容。"思想道德修养与法律基础"课中意义延伸式解读的案例很多，如案例"河流为什么不直走？"就是通过意义延伸的方式解读案例。

（8）对比情境式解读。

解读案例是需要用有效的方法来进行比较分析的，对比情景就是运用比较法作为解读技巧来分析案例的。一般来说，比较就是确定对象的共同点和不同点，关于怎么比较的问题似乎很直观，把两个事物并列在一起，然后根据比较者的"经验"和一定的外在"标准"做出判断即可。在这看似简单的过程中，比较方法在一定程度上决定着判断的价值。对比情景在一定程度上对情景有预设性和规定性，对比情景有真实情景的对比，即两种真实情景之间的比较，也有对情景假设的对比，即在原有情景基础上的发挥和突破，意在与原情景比较，以揭示案例所包含的价值诉求。

例如，教师可以通过对比国内外疫情爆发后政府的行动速度与防控措施，以及民众的配合程度（美国、意大利、韩国、日本等国的状况），用无可争辩的事实充分彰显中国速度、中国"抗疫"方案的果断与坚决，充分体现社会主义中国集中力量办大事的优越性，从而让学生坚定中国特色社会主义的制度自信。

从"钻石公主号"在日本横滨港的遭遇和"歌诗达赛琳娜号"在中国天津港的火速救援，中日两国的紧急援助能力、大国担当精神和国际人道主义精神判若云泥。这样的案例对比在课堂上不需要太多的语言阐述，同学们很容易分出高下。

对比情景式解读也可以将案例转换时空限制，围绕特定的内容主题、事件、人物、空间，进行穿越时空式解读，角色互换式解读。

笔者主要从以上八个方面来论述案例解读的技巧和手段。理论上的说明和阐述需要在实践中得到运用。案例解读需要从课堂出发、从案例出发，将解读技巧运用到教学实践中。

5. 案例讨论

案例讨论是案例教学法的核心，是案例教学中最重要的过程和环节。案例讨论简单而言就是围绕案例进行探讨、辩论、交换意见和评论，探讨寻究，议论得失。讨论旨在对案例本身的理解和认识，引导学生对案例意义价值进行思考和分析，从而为案例的总结和案例的理论提炼做准备。

在分组讨论中，教师要鼓励全体学生都参与到讨论中，让学生直抒胸臆，体验案例教学的优势。然而学生的性格各不相同，因此，针对有些性格腼腆、不爱讲话的学生，教师要深入学生中间，发挥人格魅力，找到与学生的亲和点，让每个学生都能够融入小组中，与其他同学共同进行讨论。让学生在一个轻松自在的课堂氛围下学习讨论，学生就会主动表达自己对案例分析后的一些观点和想法，突出案例式教学法开放式的课堂教学和以学生为主导的优势。在分组讨论过程中，教师一定要管控好课堂纪律，使课堂气氛张弛有度。

另外，在讨论中，教师一定要间接地引导学生将书本上的理论知识与案例相结合，构建理论知识体系，不要偏离轨道。可能在讨论中学生会时不时提出一些问题，教师要耐心地引导和解答，让学生能从误知到真知，逐渐进入课程的主体内容中。

下面简要介绍几种不同的讨论方式。

（1）横向对比讨论。

横向对比在案例讨论中表现为对横向不同地域或不同时间相似案例的讨

论，也可表现为对同一时间或同一地区相反案例的对比讨论。横向讨论重在比较，在案例教学实践中，横向对比讨论加深了学生对案例的整体把握和全面理解，学生在案例对比中进行反思，深刻领会案例的教育价值和意义。横向对比讨论在案例教学中需要坚持两条原则：一是相似案例要与规定的教学内容主题保持一致，避免不相关案例的出现，讨论前对地域特征和地区差异达成共识是对比的前提。尽量讨论不同地域案例，其表现形式不同，案例主旨统一，意在求同。二是相反案例的讨论注重同时同地不同事，也就是案例在客观条件上保持一致，案例在发生过程中主观上形成反差，案例效果大相径庭。相反案例正反鲜明才能提高学生的问题意识和思考能力，在正反对比中形成正确的认识。例如，在讲到"借鉴人类文明优秀道德成果"中引入主题案例"来自世界的声音"，通过解读世界各国对于社会公德的不同理解和规定，通过不同地域文化中形成的社会公德意识和行为规范来全面地理解认识社会公德的深刻内涵。

（2）纵向深入讨论。

纵向深入讨论是一种刨根问底式的讨论，案例的讨论不能停留在表层含义，需要研究案例深层暗含的内容意义。纵向深入讨论是将案例作为一个典型事件进行深度剖析，这一过程有助于学生提高独立思考问题的能力、深入分析问题的能力、全面解决问题的能力，纵向深入讨论案例对于案例本身具有更高的要求，案例的典型性、可探究性是至关重要的，案例本身要具有研究价值和研究意义。纵向深入讨论案例是从"面"到"线"再到"点"的一个过程，在围绕这个"点"展开讨论时应做到学生本位，从而平衡讨论中出现的差异。例如，讲到"坚定理想信念"这一章时引入案例"手表定理"，即有一个人他有一只手表时，可以知道现在是几点钟，而当他同时拥有两只手表时却无法确定。两只手表并不能告诉这个人更准确的时间，反而会让他失去对准确时间的信心。那么此时他该怎么办呢？组织学生围绕"手表困惑"展开讨论，为什么两只手表反而不能让看表人确定准确时间？学生会答出五花八门的答案，如"因为两只表的时间一开始就不一样""因为看表人没有信心""看表人可以不相信任何一只表，再去找第三只表""看表人可以将两只表的中间时间看成确定时间"，随着答案的不断更新，教师可以引导学生进行总结，其实看表人要做的就是选择其中较信赖的一只，尽力校准并以此作为他的标准，听从它的指引行事。

（3）连续性讨论。

连续性讨论是一种跟踪式讨论，其强调时间性、连贯性和发展性。它可以伴随着变动的过程反映，并不断地跟踪新的信息，而不仅仅是在变动过程完全终结之后才加以总结。它可以反映事件或人物的每一次重大发展，并体现出阶段性，通过连续的报道和编排，把过去、现在、未来有机地联结起来。连续性讨论在这里就是连续不断地反映案例变化过程的特性。连续性讨论在案例教学实践中由于受时间限制，所以运用较少。例如，在讲到"学习道德理论，注重道德实践"一章中引入争议案件"彭宇案"，跟踪案例发展过程，进行连续性讨论。"彭宇案"风波被视为道德滑坡的典型案例，"彭宇案"五年后真相大白，跟随案件的发展脉络去剖析案例背后隐藏的冲突和错误的价值导向，这也使"彭宇案"又逐步成为承载公众舆论道德焦虑的标志性事件。在道德焦虑中解读此事件是一种误读。"彭宇案"的过去、现在和未来的发展变化不仅调动了学生的积极性，案件曲折的发展变化也使学生不断去探究、去反思，在舆论道德追问中确立理性的道德观，明白误读止于真相，真相才是引导舆论的方向。

（4）设置疑问讨论。

"思维自惊奇和疑问开始。"在案例讨论过程中，精心设"疑"，制造"悬念"，有意识地将一些案例事件蒙上一层神奇的色彩，从而引发学生的探求欲望，促使其积极主动参与讨论，在兴趣盎然的气氛中获得新的认识。设置疑问讨论案例就是依据"学起于思，思源于疑"之说，案例讨论设"疑"能使学生心理上感到困惑，产生认知冲突从而拨动其思维之弦。在案例讨论中适时引发学生的疑问，可以使学生因疑生趣、由疑诱思、以疑获知。设置疑问讨论对设疑有一定的要求，在讨论实践中做到设疑要从学生实际出发，意在激发学生的积极性。问题要问在点子上，不要求多而要求精。问题要造成悬念，以唤醒、鼓励学生的讨论兴趣。在"思想道德修养与法律基础"课案例教学中以问题式讨论的问题进行案例讨论（如在讲到"确立积极进取的人生态度"一节时设问"他是怎么摔死的？"）：

> 大山深处，住着一个孤独的人。他来到一个悬崖边。站在崖底，仰头望去，似乎在山崖顶上有一块肥沃的土地可以开垦耕种。他扒着岩石，费了好大的力气爬到了崖顶。崖顶的土地很肥沃，土地上生长着许多果树。那个人把身上携带的绳子系到崖顶的一棵树上，带着一些果实顺绳索下了山崖。第二天，他顺着绳索上了崖顶。第三天，他又顺着绳索上了崖顶。第四天，第五天……第二年，第三年……他从山崖掉下来，摔死了。

组织学生带着"他是怎么摔死的？"这个问题去思考、分析、讨论案例，在讨论中，学生可以假设很多原因来解释那个孤独者的死亡原因，由此唤醒学生对生命的自觉认识，包括生存意识、安全意识和死亡意识等。在讨论中，师生之间、生生之间相互交流答案、沟通意见。在互动中，教师及时总结归纳出学生给出的具有典型性和代表性的答案反馈给学生。最后，教师可将案例补充完整"他每天都沿着他原先系着的那条绳索爬上爬下。然而，有一天，他在爬到半崖的时候，那棵树断了，他从半崖掉下来，摔死了。崖顶并非只有那一棵树"。学生自会恍然大悟，原来孤独者死亡的原因是他一成不变、不思进取，摔倒在了他曾经的"成功"上。

（5）两难式讨论。

两难式讨论是将两难问题引入"思想道德修养与法律基础"课案例教学中，是变"学科式"教育为"问题式"教育，两难式讨论有效地促进了"基础"中德育理论向道德实践的转化，有利于激发学生道德教化的认知内驱力和情感内驱力，实现道德教化中学生主体地位的回归，激发学生道德思维的创造性，提高德育实效。在"思想道德修养与法律基础"课教育实践中两难式讨论既是将两难问题引入讨论，也是将面临的两难问题提出指导性的教学思维，即遇到两难问题时讨论所遵循的原则和宗旨。在案例讨论中遇到两难问题的讨论，需要把握一定的步骤，课堂讨论过程中，教师要注意启发与引导。讨论过程具体可概括为：一读、二思、三议、四评述。

道德两难问题是两难式讨论的重要内容，在案例教学中通过假设的方式鼓励学生积极参与问题的讨论：假设你是一个医生，有三个患同样病的病人需要救助，但现有的资源只能拯救一个人。这时，该救谁呢？目前有几种选择，每一种选择背后都代表了一种价值观和一种哲学态度。假设以上三人的性别、国籍、民族都相同。学生在讨论中得出的答案多种多样，这些答案的背后是不同的价值追求和社会哲学思维。在讨论中教师需要积极地引导，在两难中去剖析和讲解，给予学生积极的价值导向。

（6）辩论式讨论。

我国古代思想家墨子曾说："夫辩者，将以明是非之分，审治乱之纪，明同异之处，察名实之理。"辩论式讨论对于培养大学生的良好素质具有许多积极的意义。在思想品格方面，它能使大学生更多地关心国计民生，能让大学生明辨是非，用正确的思想武装自己的头脑，格物致知，探求真理；在知识能力方面，它能有效地拓展大学生的知识，提高其思维辩说能力。

辩论式讨论是案例讨论中讨论效果较突出的讨论模式，辩论式讨论是将辩论形式运用到案例的讨论之中，以其主动性、探究性、多变性、现实性和趣味性的特征成为最受师生欢迎的教学方式之一。这一讨论形式在"思想道德修养与法律基础"课教学中的应用，锻炼了学生的语言表达能力、逻辑思维能力、理论联系实际能力和团结合作能力。辩论式讨论突出的是讨论的技巧性，为此在案例讨论过程中需要注意以下五点：一是根据教学内容确立辩论主题；二是驾驭材料范围，掌握辩论内容；三是注重课前演练，拟定辩论方法；四是拓宽学生视野，完善辩论实践；五是总结经验教训，认识辩论意义。

在"思想道德修养与法律基础"课中引入案例进行辩论式讨论，可以为学生们提供一个展示自我和提升自我的机会和平台。

（7）联系实际式讨论。

联系实际式讨论是案例讨论中将案例内容联系到实际生活，通过案例认识和把握现实世界，案例也在与实际的联系中得到生动、有力的说明。联系实际式讨论是一种从教学世界走进生活世界的讨论思维方式。联系实际式的案例讨论可以从三个维度来进行，即空间、时间、形式，这有利于缩短师生之间的心理距离，让他们更容易进行情感交流。在以学生和以教师为中心的坐标系中，以学生为中心更为重要，两者可以交织、有机结合，如在地区、国内、国际的范围就会交织重合。联系历史就是按照历史背景去理解，具体问题具体分析，将案例融入当时当地的历史环境中去讨论。将抽象的案例恢复其历史的丰富、生动、复杂的本来面目。只有联系历史背景才能使抽象的案例变得可亲、可信，从而加强案例的可接受性。联系未来需要教师和学生共同分析、研究国际、国内的发展趋势，这是学习理论中最有魅力的方面。联系实际式讨论的形式维度大略可按学生接触实际的直接程度和深入程度划分。联系实际式讨论的重要途径是联系热点问题，这可以有效提高案例时效性。此外，追踪热点、结合热点、讲好热点，是案例讨论联系实际进行教学的现实需要。

（8）角色情景讨论。

角色情景讨论的核心是角色扮演与情景模拟，角色扮演是莫雷诺首先提出的概念，它通常指个人试图设身处地去扮演另一个在实际生活情境中不属于自己的角色行为的过程。个体进入人际问题情境的一种活动，旨在了解不同的观点，对自己的感情和反应获得深刻的认识，探索其他可供选择的处理问题的途径和培养学生解决问题的能力。角色情景讨论是案例讨论成功的有效方法，只有在案例教学实践中重现案例、回归案例，才能更好地理解和把握案例的本质和意义。在"思想道德修养与法律基础"课中讲到"社会主义核心价值观"内容时，引入案例"慷慨的农夫"，案例的呈现方式是播放视频，用真实的场景画面和语言对话将案例呈现在课堂之上。纪录片讲述了美国南部的一个州，每年都会举办南瓜品种大赛，有一个农夫的成绩相当优异，经常是一等奖及优等奖的得主。他在得奖之后，还会毫不吝惜地将得奖的种子分送给街坊邻居。当学生观看完视频之后，教师可以组织学生将自己假设为"农夫"去思考农夫的行为，如果自己是"农夫"会怎样去做？会和农夫一样将自己的劳动成果分享给大家吗？引导学生联系自己的实际生活去积极地思考。

（9）自媒体讨论。

自媒体又称"公民媒体"或"个人媒体"，是指私人化、平民化、普泛化、自主化的传播者以现代化、电子化的手段，向不特定的大多数或者特定的单个人传递规范性及非规范性信息的新媒体的总称。自媒体平台包括微博、微信、论坛等网络社区。案例讨论中介入自媒体讨论是一种尝试，也是一种趋势。自媒体讨论在这里可以从两个角度来界定。

第一，从自媒体自身特点来理解，自媒体讨论可以将面对面的传播扩展到通过自媒体手段来进行远程的交流和共享。在自媒体讨论中，案例讨论的时空不再局限于课堂，通过互联网信息平台进行互动式教学，围绕案例主题展开讨论，将更多资源引入教学中，可以丰富教学内容，也可以充实教学对象对案例的认识和理解。例如，创建班级 QQ 群、微信群、班级论坛等自媒体平台，在约定的时间去参与对社会时事、新闻、报道、热点问题等的讨论、分析，并各抒己见。同时，这样做也可以减少师生之间的距离感。

第二，自媒体讨论可以被理解为案例资源的共享。将与案例有关的资源通过多媒体在课堂中播放演示，如涉及案例讨论的国内外优秀案例分析作品、国内外高校公开课、精品课、论坛讲坛等，鼓励学生通过对这些资源的观看形成观点、进行课堂案例的讨论，形成多点式、多面式双向互动讨论。例如，在讲到"弘扬中国精神"一章时，可以组织学生进行爱国主义影片观摩，在观摩中抒发感想、表达观后感。

6. 案例总结点评

案例总结是案例教学过程中非常重要的环节，是学生消化理论知识的过程，也是学生反思理论与实际联系的过程，更是由单纯理论知识上升为理论体系的关键。教师总结评价的内容主要包括两个方面：一方面是案例本身的问题，无论是封闭式的答案还是开放式的答案，教师都应给出科学合理的解释；另一方面是学生讨论的情况，教师必须充分肯定学生参与的态度和积极性，对学生分析到的正确合理的观点应予以肯定。同时，对学生在交流过程中出现的一些问题也应该及时地加以正确引导，引导方式应该以正面鼓励为主，毕竟学生的理论知识及分析问题的能力是有限的，不应该针对学生的问题大加批评和指责，应该抱着积极的、帮助学生的心态而不是打击的心态对待学生在讨论过程中出现的错误。此外，教师的最终总结也非常重要，它不是单单针对案例或者学生表现而言，还应该帮助学生建立分析问题、解决问题的思维体系，教会学生不仅仅停留在这个案例上或者自己本次的表现，还应该懂得举一反三，在今后的学习和生活中正确地观察和思考身边的人事物。

（二）案例教学法实施过程中应注意的问题

1. 要使案例教学法区别于举例教学法

在教学过程中，有些教育者往往忽视了案例教学法独有的特点，经常将其与"举例教学法"相混淆。首先，在案例教学法中，案例占据主导位置，整个教学过程中都是围绕案例进行授课，教师要围绕案例引导学生进行分析、理解、讨论，因此案例教学法是以案例为线索，引导教学的整个过程。举例教学法是在某一个理论观点上运用例子进行说明和论证理论，举例在说明理论之后就已结束，不贯穿整个教学过程，居于教学过程中的次要地位。其次，案例教学法是在教师的引导下，让学生成为教学过程中的主体，通过案例启发学生自主学习，在案例中分析、理解、讨论、总结，学会理论知识并解决实际问题，提高学生的分析能力和解决问题的能力。而举例教学法是用例子来证明观点，这种方法往往是教师作为课堂的主体，教师通过举例来证明理论观点，使之通俗易懂，在此教学过程中学生处于听课的状态，没有主动分析问题的过程，因此学生在课堂处于被动位置。

2. 要突出教材的重点理论概念

案例教学法的目的就是通过呈现案例来明理，以理来辨事，因此选择案例要恰到好处。教师可以通过上网查询资料，收集报纸、杂志、期刊等社会现实的热门问题，并将其进行整理和编改，撰写成符合课本要求并体现相关政治原理的案例。其重中之重就是将案例和重点理论概念有效结合，找到具有共性和针对性的问题进行分析，使学生自主发现案例中所蕴含的理论概念及含义，激发学生的学习热情，达到预期的课堂效果，并有效地完成教学目标。

3. 要以实际生活为选材依据

案例要贴近生活，与实际问题紧密相关，让学生觉得学习思想政治课之后，能用所学的原理真正解决生活中遇到的问题，让学生感悟到实践才是检验真理的唯一标准。党的十九大召开后，"思想道德修养与法律基础"课教材进行了新一轮的改版，其内容增加了许多时尚化的新元素，更加贴近生活、符合实际。在课堂教学中，教师选用的案例要尽量贴近学生生活，与学生息息相关。例如，在学习"让改革创新成为青春远航的动力"时，可以引入案例"新时代的四大发明"，使学生从实际的生活中感受到"思想道德修养与法律基础"课的魅力。

4. 要使案例教学为教育目的服务

案例式教学法以案例作为主线，在教学过程中需要运用丰富的案例资源，因此教师在选择案例时就需要考虑很多因素。譬如：案例是否符合本课的教学目标，是否具有经典性、启发性，是否能够激发学生的兴趣、吸引学生的注意力，是否贴近学生的生活，等等。此外，案例收集完之后，有些案例不能直接在授课时运用，还需要进行加工和改编，使其突出与本课知识点紧密联系的理论，所以，教师在授课前准备案例需要花费很多时间。对于一些经验不足的教师来说，在案例选择上需要花费很大的精力，这样就耗费了很多宝贵的备课时间。针对这个问题，教师们可以互相借鉴案例、共同分享案例，不要本末倒置，只为寻求新颖独特的教学方式，而忽略了真正的教育目的。

三、适用于高等院校学生教学案例的选取示例

（一）人生观教学案例

【案例呈现】

故宫男神王津：我在"宫"里上班42年

在"宫"里上班是一种什么样的体验？200年前的破损文物要怎么"复活"？

2019年1月25日，由中国钟表协会收藏研究委员会和故宫鼓浪屿外国文物馆共同举办的"钟鸣盛时——古董钟表至臻展"，在故宫鼓浪屿外国文物馆临展厅揭幕。展览为期2个月，共将展出5个系列的百余件西洋古董钟表。

有一位修钟表匠人也来到了展览现场，他就是在纪录片《我在故宫修文物》中，被无数网友封为"故宫男神"的王津。他从16岁开始修钟表，到现在已经坚持42年。

1. 不独光阴朝复暮

王津红了，在他年过半百的时候。外人都说，他红的原因是纪录片《我在故宫修文物》火了。他不太认同，他把自己的意外走红归结为："打动观众的是自己的那份匠心。"

2013年，王津就曾经上过中央电视台。当时，一位男性观众徒手击碎了故宫大殿的一块玻璃窗，导致临窗陈设的一座钟表跌落受损。

受损的玻璃窗属于故宫内西路开放区的翊坤宫正殿原状展室。很多人熟悉这座宫殿，是因为《甄嬛传》，华妃娘娘的寝宫就设在翊坤宫里。

"华妃娘娘的钟"被第一时间送到王津手里修复。安顿好了长枪短炮，王津端坐在文物后边，慢条斯理儿地说："这次被损文物叫铜镀金转花水法人打钟，是清宫旧藏，18世纪英国制造。其底部内置机芯，正面有三组料石转花。底部上方四角亦安设转花。文物中部为三株棕榈树及水法装置。棕榈树托起上方的圆形时钟，钟上立一敲钟人，与钟表机芯联动，可报时。该文物按照国家文物评定标准，为二级文物。"

全程没打磕巴，没有废话，干脆利索。

他偶尔用手轻指文物，点到即止，仿佛手上的不是冷冰冰的金属件，而是一朵娇嫩的花苞。

此时，桌上文物的真实状态，用伤痕累累来形容也毫不夸张——原本的防尘罩已经全部散架，直立钟体上部"扭伤"，万幸的是最娇气的白色表盘还完好无损，但表蒙子脱落了，齿轮仍然可以运转。

"修得好吗?"

王津胸有成竹："受损的玻璃件儿，宫内仍有原料备用，修复不成问题。"这位儒雅的钟表修复师坐在钟后，耐心地讲解着往事："这款钟表是英国特别为中国打造的，不仅制作工艺中融汇了东方宝石镶嵌技艺，而且出厂就是两座。西方制作钟表多是一座，只有东方讲究'好事成双'。"他自己就像是一块精密的机械钟，无论外界如何，自己永恒地维持着嘀嗒嘀嗒的节奏，不急不躁、不慌不忙。

2. 择一事，"钟"一生

刚开始上班时，王津学会的第一件事儿不是修表，而是打水。

"每天下班，师傅都得洗手。他不洗手，谁也不敢动。这水谁打? 总不能让老师傅临下班自己去打水吧? 当徒弟的得有眼力见。"

为什么下班先洗手?

因为传统的钟表修复讲究的是用煤油清洗机械构件。双手必须长年累月地浸泡在煤油里，有时候手一洗就是一个小时。"师傅说了，宁可伤手，不能伤文物。"王津说得轻描淡写。"谁干了谁知道，别说手了，鼻子都熏得受不了。"

然而，古钟的铜质零件经过这样一遍遍的清洗，才能焕发出久违的光泽，也露出了程度不一的残损。"修复后过几十年还能保持得很完好，有的可能会有一层淡淡的氧化层，但绝不会有腐蚀的痕迹。"

王津的师父是从故宫警卫队转来的，不苟言笑。每天八点上班，他七点半就进办公室，也不言语，就绕着工作台转悠。

"我们的活儿都摆在桌上，他从来不问你干到什么程度了，活不干利索了，绝对不允许你碰下一个活儿。"

其实说是干活儿，但当学徒的第一年是不让碰文物的，就是练练基本功，比如弄点铜丝，粗的细的，锉个销子之类的。

这规矩谁定的？没人说得清，从师父的师父那儿就是这么传下来的。

师父的师父是谁？2014 年 12 月，国务院批准的第四批国家级非物质文化遗产名录发布了，古代钟表修复技艺榜上有名，王津是第三代传承人。他的师父马玉良是第二代传承人，第一代传承人写着徐文璘的名字。

其实，再往前捯可以追溯到 1601 年，意大利的传教士利玛窦将 40 多件贡品送给明朝的万历皇帝，其中就包括一大一小两面西洋钟表。至此，红墙金瓦的紫禁城里，除了打更的声音外，还增加了嘀嗒嘀嗒钟表流转的声音。同时催生的一门技艺，就是钟表修复技艺。

最初的钟表技师是西洋传教士。1648 年，葡萄牙传教士安文思抵京，被征召为清宫御用作坊——造办处的钟表匠师。到 1811 年，总共有 15 位传教士入宫承接皇帝下达的制钟、修钟的任务。

清朝乾隆年间，宫里成立了"做钟处"，制造钟的技术也达到了鼎盛，参与设计、制作、修理钟表的技术人员也随之增加。此时，钟表匠人也有了中国人的参与，其中还按照地理位置不同，分为南匠和北匠。当然，还有一类是做钟太监。

三百年间，故宫的钟表修复技术从未断过档。清末前后，仍有少数钟表维修的工作人员在宫里供职，其中就有徐文璘。相传，他早年还曾经跟洋人切磋过手艺。

之后，徐文璘培养了徐芳洲（徐文璘的儿子）、白金栋、马玉良、陈浩然四位学生，他们成为故宫修复古钟表的第二代传人。

如今，王津收了徒弟——亓昊楠。像是钟表一样，这门技艺又一次可丁可卯地传承着，没有漏跳或者缺转儿。"今年，我们这屋里还能热闹些，应该能来一两位新徒弟。"

3. 鬓华虽改心无改

王津数不清楚自己修过多少座钟，只一个概数：40 年两三百座。但是经手的每一座钟，只要一提名字，他都能记得当年修了哪儿。

一件"变魔术人钟"被王津提起的次数最多。这座钟由瑞士钟表大师路易斯·罗卡特在道光九年（1829 年）制造，高 70 厘米，宽 50 厘米，厚度约 30 厘米。神奇之处在于，钟内有一个变戏法的老人，手里拿着豆子、小球。运转时，钟顶的小鸟不断张嘴、转身、摆动翅膀，它身下的圆球则随之转动，三个圆盘也同时不断变色转动。

据说这座"变魔术人钟"曾计划修，但是一耽误赶上了"文化大革命"，就回库了。老师傅们见过这钟，形容起来就一个字——破。

1998年，王津动过念头修这座钟，但迟迟没敢上手。犯怵的原因是这座钟太复杂了，它总共由1 000多个零件组装成了7套系统、5套机械联动，底盘的齿轮多得就像一座盘根错节的"迷宫"，他说瑞士的专家也来宫里看过，他们说这是公认的、世界上最复杂的西洋钟表之一。

2007年，荷兰想借这座钟展出。王津和亓昊楠小心翼翼地把钟从库里请出来。可当时"机芯、开门都坏了，链条也断了"。

开始修的时候，没有图纸，王津师徒俩一步步地拆，细小的零件摊了一张双人写字台。俩人喘气儿都小心翼翼地，生怕吹跑了什么。

该补的补，该修的修，装起来调试的时候最磨人。"7套系统有管连接的、有管走时的、有管音乐的、有管开门的、有管鸟叫的、有变魔术的……一环扣一环，稍微差一点儿就打架，卡在一起还不敢硬掰开。好在我们都有耐心。"

前前后后忙活了一年，这座钟修好了。2010年，它还远赴荷兰展出了半年。

王津在紫禁城的"冷板凳"一"坐"就是42年，"这么多零件，哪个该装哪儿，光是拆开来看着就令人头大。而且，面对年久失修、没有活力的老古董，看着就想睡觉，提得起兴趣吗？"曾有人询问王津，每天都是这样的工作是否厌倦。

"你要是坐不住，就只能改行呗。"王津淡定而又幽默地回复，"我们这个行业，择一事终一生。再干四五年，我就到了退休的年纪了，如果身体允许，如果故宫需要我，我还是会继续留下来修文物的。"

时钟嘀嗒，我们听过无数的故事，最好的大抵如此吧。

【教学建议】

本案例着重体现的是工匠精神中"择一事，终一生"的专注精神。很多人认为工匠是一种机械重复的工作者，但其实，"工匠"意味深远，代表着一个时代的气质，与坚定、踏实、精益求精相连。教师通过案例的讲授，引导学生明白这样一个事实：要想把一件事做得很好，没有捷径，必须有坚持的毅力，必须有等待的耐心，必须沉下来静心去磨炼。教师在应用本案例时，可以从学生频繁跳槽的现象提出问题并引导学生进行思考，让学生联系实际谈一谈自身对"一万小时定律"的思考，即一万小时的锤炼是任何人从平凡成为某个领域的专家的必要条件，让学生进行讨论和交流。最后教师进行总结升华学生的职业道德意识：专注、耐心，一辈子把一件事做到极致很是不易，新时代的大学生要立足岗位，摈弃浮躁，潜心钻研，不断精进、追求卓越，养成踏实、不浮夸、不浮躁的工作态度，更加敬业爱岗、脚踏实地开拓前行。在讲授过程中，教师也可将本案例与故宫文物介绍相结合，激发学生对中国文物、文化的民族自豪感，提升民族自信心。

（二）理想信念案例

【案例呈现】

《逆境修炼指南》

在实现人生价值的时候，别人做事从"零"开始，青年习近平却要从"负数"开始。面对逆境，他没有消沉，反而形成了更为稳重顽强的性格，比同龄人更具有刻苦的学习精神和拼搏奋进的顽强意志。习近平是如何做到的？

乐观

习近平曾在一次访谈中回忆起当时出发去延安插队的情景。他说："在去延安的专列上，我记得很清楚，那是 1969 年的 1 月份，全部都哭啊，那整个专列上没有不哭的。就是我在笑。当时车底下我的亲属都说，你怎么还在笑啊？我说我不走才得哭啊，我不走在这儿有命没命我都不知道了，我走这不是好事吗？我哭什么呢？他们听后就破涕为笑了。"

融入

习近平回忆称："我一去最受不了的就是跳蚤，不知道现在还有没有了，当时那个跳蚤，我这个皮肤很过敏，一咬就是成片的红包，最后红包就变成水泡了，水泡就烂掉，哎呀，痛不欲生啊。但是三年以后过去了，那也真是叫'牛肉马皮'了，不怕咬了。"

对于饮食，习近平回忆称："五谷杂粮，那哪是五谷杂粮？是糠菜半斤粮，慢慢地我们就学会了，什么都吃了，没有吃的还不吃嘛？最后最爱吃老百姓送来的东西。这家送一个玉米糕，那家送来一个高粱米的团子，吃得都很好。酸菜成为我最好的美味佳肴，以至于到后来，我到现在还想念那个酸菜。"

独立

习近平回忆称："（当时）什么也不会做，什么都要依靠别人，后来就慢慢什么都学。我们都学着捻毛线，但是织袜子我还是织不好，羊毛袜子，但是缝衣服、缝被子这些活都是自己做，所有的这一套生活上的事情都会自己料理，所以这个是受益无穷啊。到现在为止我们的生活自理能力很强，就是在那打下的基础。"

千锤百炼

如何适应高强度劳动，习近平回忆称："我刚去上了山就气喘吁吁，后来给我们评的分是六分，当时六分是什么呢？刚刚参加劳动的小女孩，十五六岁，我们当时也十五六岁，拿跟我们一样的工分，我们觉得简直是一种歧视，实际上是自己没本事。但是这一年下来我就干得没黑没白，风里雨里我们都在窑洞里铡草，牲口圈里铡草，然后一样一样地学。当然这些，一年过去了以后全掌握了，体力也上来了。后来就评成十分，十分还是里边最壮的劳动力。像我们到夏天担麦子，那也就是最多二百斤，十里山路一口气就下来了。"

坚持读书

王宪平回忆道："每天下地干活回来，近平吃完饭就看书，到了晚上，他就点一盏煤油灯看书。当时的煤油灯很简陋，把用完的墨水瓶里灌上煤油，瓶口插个铅笔筒，再插上灯芯，点燃了照明。近平就拿本书，凑着那点儿亮光看书，因为离得太近，煤油烟经常熏得他脸上、鼻子上都是黑的。就是在这样艰苦的环境下，近平每天都要看到大半夜，困得不行了才睡觉。"

积极创新

有一天，已是梁家河村支书的习近平翻着《人民日报》，一条消息吸引了他：四川不少地方实现了沼气化。想想村里人冬天要拉煤的辛苦，他动了心思。几天后，他请了假，自费跑去四川绵阳考察沼气池建造。那时延安没通火车，习近平坐了两天汽车到西安，然后又坐火车辗转到四川。回村后，习近平给乡亲们讲沼气的好处，然而乡亲们听得云山雾绕。他决定先建好第一口沼气池，让事实来说服村民。几个月后，村民们用第一口沼气池的沼气烧饭照明时，都夸这个后生"有知识、点子多"。梁家河的这口沼气池成了陕西省有史以来的第一口沼气池。到 1975 年，习近平领着村民建起了几十口沼气池，基本上解决了村民烧饭、照明的问题。

（资料来源：紫光阁微平台，2018 年 5 月 7 日，有删改）

【教学建议】

当代青年的物质生活条件变得越来越好，越来越优越了，但部分青年的个人主义、享乐主义思想盛行，骄娇二气较为普遍，怕吃苦、不能吃苦的不在少数。"习总书记用不到两年时间，办沼气、打井、办铁业社、种烤烟、办代销店，还搞河桥治理，太强了。这种身处逆境仍能不忘初心，积极采取各种方法改善人民生活的精神，给我的人生指明了方向。"

该案例适用于第二章"坚定理念信念"第三节"在实现中国梦的实践中

放飞理想"的案例教学资料。引导学生向总书记学习，以青年习近平为榜样，把苦与累看作人生最好的历练，把这份物质上的、身体上的磨砺积蓄转化为精神上的、心灵上的升华，将个人的理想抱负同国家的前途、民族的命运相结合，到基层去、到西部去、到祖国最需要的地方去建功立业，用奋斗书写无悔的青春。

（三）爱国主义教学案例

【案例呈现】

于敏：挺起大国工匠的民族脊梁

历史的天空风云变幻，岁月的江河奔流浩荡。唯一不变的是，总有丹心赤子甘为国家鞠躬尽瘁，总有殷殷志愿为民族负重前行。

那个爱皱眉头、喜欢思考的著名核物理学家走了。2019年1月，"两弹一星"功勋奖章、国家最高科学技术奖、改革先锋奖章获得者于敏去世，享年93岁。

于敏最后一次出现在公众视野中还是在2015年1月9日。那天，他从习近平总书记手中，接过了当年唯一的国家最高科学技术奖获奖证书。这样的"抛头露面"，于敏只经历过两次。上一次是1999年，在表彰为研制"两弹一星"做出突出贡献的科技专家大会上，他被授予了"两弹一星"功勋奖章，并代表23位获奖科学家发言。对于这样的大场合，于敏并不习惯。因为此前几十年里，作为我国核武器事业重要奠基人之一的他，一直都隐姓埋名。

"一个人的名字，早晚是要没有的。能把自己微薄的力量融进祖国的强盛之中，便足以自慰了。"这是于敏生前的一次自白。今天，当我们再次提起这个名字时，他已经成为一座永远矗立的丰碑。

于敏，著名的核物理学家。生于1926年8月16日，1949年毕业于北京大学物理系。他填补了我国原子核理论的空白，对我国科技自主创新能力的提升和国防实力的增强做出了开创性贡献。

"我不能有另一种选择。"

其实，于敏自己也没想到这辈子会与氢弹结缘，更没想过个人与国家的命运会紧紧地联系在一起。当时，正在中国科学院原子能研究所工作的他，原本以为会在钟爱的原子核理论研究道路上一直走下去。然而，一次与时任二机部副部长、原子能研究所所长钱三强的谈话，让他的人生发生了重大转变。1961年1月的一天，雪花飘舞，于敏应邀来到钱三强的办公室。一见到于敏，钱三强就直言不讳地说："经所里研究，报请上级批准，决定让你参加热核武器原理的预先研究，你看怎样？"从钱三强坚毅的眼神中，于敏立刻明白，国家正在全力研制第一颗原子弹，氢弹理论的预先研究也要尽快进行。于敏感到很突然，甚至还有几分不解。一向沉默的他，喜欢做基础理论研究。不过，于敏没有犹豫，因为他忘不了童年"亡国奴的屈辱生活"带给他的惨痛记忆。

"中华民族不欺负旁人，也不能受旁人欺负，核武器是一种保障手段，这种民族情感是我的精神动力。"于敏后来这样说。

"我们国家没有自己的核力量，就不能真正地独立。面对这样庞大又严肃的题目，我不能有另一种选择。"这是于敏当时的想法。

这个决定，改变了于敏的一生。自此开始了隐姓埋名的生活，把自己的一切奉献给了我国的核武器科技事业。

对氢弹理论的探究是一个全新的领域，当时被核大国列为涉及国家安全的最高机密。因此，要在短期内实现氢弹研制理论上的突破，绝不是一件轻而易举的事。为了尽快研制出我国自己的氢弹，于敏和同事们知难而进、昼夜奋战。然而，有好长一段时间，他们始终找不到氢弹原理的突破口。重大转折点发生在那一年秋天，于敏带领一批年轻人前往外地用计算机进行优化计算。在"百日会战"里，他和同事们找到了突破氢弹的技术途径，形成了从原理、材料到构型完整的氢弹物理设计方案。氢弹原理一经突破，所有人斗志昂扬，恨不得立马造出氢弹。但是原理还需经过核试验的检验。

试验场远在西北大漠，生活条件相当艰苦，吃的是夹杂沙子的馒头，喝的是苦碱水；茫茫戈壁上飞沙走石，大风如刀削一般，冬天气温达-30℃，道路冻得像搓衣板……而于敏都甘之若饴。1966年12月28日，氢弹原理试验取得圆满成功。1967年6月17日，我国又成功进行全威力氢弹的空投爆炸试验。

试验成功的那一刻，于敏很平静，"回去就睡觉了，睡得很踏实"。

尽管在氢弹研制中居功至伟，但对别人送来的"中国氢弹之父"的称呼，于敏并不接受。"核武器的研制是集科学、技术、工程于一体的大科学系统，需要多种学科、多方面的力量才能取得现在的成绩，我只是起到了一定的作用，氢弹又不能有好几个'父亲'。"他说。

完成了时代赋予的使命，于敏没有停止追寻的脚步。为了研发第二代核武器，于敏隐身大山，继续加班加点搞科研，他的身体变得越来越虚弱，几次与死神擦肩而过。

"于敏先生那一代人，身上有一种共性，他们有一种强烈的家国情怀。这种精神影响了一代又一代人，希望这种精神能够不断传承下去。"与他一起工作了50多年的中国工程物理研究院原副院长杜祥琬说。

一棵大树俯身而卧的地方，正在长出一片森林。

（资料来源：中国军网，2019年4月12日）

【教学建议】

实现中华民族伟大复兴的中国梦，必须弘扬中国精神，这就是以爱国主义为核心的民族精神和以改革创新为核心的时代精神。

习近平总书记将伟大的民族精神归纳为伟大创造精神、伟大奋斗精神、伟大团结精神和伟大梦想精神。"两弹一星"是一个国家科学、技术、人才等综合实力的反映。我国能在没有任何技术基础，没有外部援助的情况下实现高水平的技术跨越，以较短时间成功实现这一宏大的国家战略计划，离不开投身这个伟大工程的劳动者所具备的奉献精神，这一精神后来被赋予一个响亮的名号——"两弹一星"精神，即"热爱祖国、无私奉献，自力更生、艰苦奋斗，大力协同、勇于登攀"。回望我国国防科技事业改革发展的历程，正是无数个像于敏这样志虑忠纯、艰苦奋斗的大国工匠，才挺起了我们科技强国的民族脊梁。

该案例适用于第三章"弘扬中国精神"第二节"爱国主义及其时代要求"的案例教学资料。

（四）道德教育教学案例

【案例呈现】

> #### 王顺友："马班邮路"上的传奇
>
> 他，曾经是"马班邮路"上孤独的邮差，而如今是全国优秀共产党员、感动中国十大人物、全国五一劳动奖章获得者，并成为四川凉山彝族自治州木里藏族自治县这座被群山怀抱的小县城中比县委书记还"出名"的人。他就是"马班邮路上的信使"——王顺友。
>
> 近日，记者再访木里时发现，传奇人物王顺友还在继续着他的传奇，但昔日木里的15条"马班邮路"已经结束了历史使命，取而代之的是通乡公路。邮递员们不再依靠马儿行走天涯，他们骑上了摩托车送信。各个乡镇不但通了电话，还能用上互联网，越来越多的乡亲们用上了手机。
>
> 一切翻天覆地的变化都发生在这十多年间。
>
> 6月的木里，雨又下了一天。雨水滋润着茫茫的森林，催开了海子边的野花，将公路上的尘土洗净。对于马上要再次启程的王顺友来说，这也是不想遭遇的坏天气。如今，邮局虽为邮递员配了摩托车，他不用再赶马上路，但是在这样的天气里骑车，免不了被弄上一身泥。
>
> 夜快深了，应记者的请求，王顺友用平静、低沉的噪音再次讲起"马班邮路"上那些难忘的日子……

1984 年，19 岁的王顺友接过父亲的班，当上了木里县邮政局的邮递员，从此过上了与马为伴的日子。

在 21 世纪以前，木里大部分的乡镇都不通公路和电话。以马驮人送为手段的邮路是当地乡政府和百姓与外界保持联系的唯一途径。全县除县城外，15 条邮路全部是"马班邮路"，而且绝大部分在海拔 4 000 米以上的高山上。王顺友负责的是从木里县城至白碉乡、三桷桠乡、倮波乡、卡拉乡的邮路，一个月里，他有 28 天奔走在上，往返 584 千米。

一个人，一匹马，一条路，一壶酒。路，似乎永远没有尽头。

先翻越海拔 5 000 米、一年中有一半时间被冰雪覆盖的察尔瓦梁子，再走进海拔 1 000 米、最热时气温高达 40 摄氏度的雅砻江河谷，途中穿越大大小小的原始森林和山峰沟梁……季节的变换浓缩在每一趟 28 天的路途中。有时候，甚至在一天里也能经历从严冬到酷暑。

冬天一身雪，夏天一身泥，饿了吞几口糌粑面，渴了喝几口山泉水或啃几口冰块，晚上蜷缩在山洞里、大树下或草丛中与马相伴而眠，如果赶上下雨，就得裹着雨衣在雨水中躺一夜。冰雹、暴雪、大雨、泥石流，不期而遇的自然灾害让这条无人相伴的道路变得危机四伏。

1988 年 7 月，在去倮波乡路上，他滑着溜索横渡雅砻江，眼看就要滑溜到对岸时，挂在索道上的绳子突然断开，他从两米多高的空中重重地摔了下去。幸好这一摔只是摔在了沙滩上，人没事，邮包却掉入了江里。不懂水性的他心急如焚，从地上抓起一根树枝跳进江中，拼命地找邮包。当他费尽全力把邮包捞起来时，人已累得趴在沙滩上久久无法动弹。

1995 年的秋天，在雅砻江边一个叫"九十九道拐"的地方，一只山鸡突然飞了出来，受惊的马狠狠地踢了王顺友的肚子一脚。尽管当时钻心的痛让他直不起腰，但他仍坚持把所有邮件送完。回到县城医院检查时才知道大肠已被踢破，死神再一次与他擦肩而过。

1998 年 8 月，木里县遭遇泥石流，进入白碉乡的路、桥全被冲毁，白碉乡成为"孤岛"。按规定，王顺友可以不跑这趟邮班，但当他在邮件中发现两封大学录取通知书时，他毫不犹豫地骑上了马，急急忙忙地出发了。到达目的地时，15 千克的邮件干干净净、完好无损，而污水、泥土和鲜血却沾了他一身。看到手捧通知书的王顺友，学生和家长泪止不住地流。

"乡亲们需要我，我也离不开他们。"王顺友总这么说，那些年里，每到达一个乡镇，能见到几十百号人，他总是不由自主地笑。他喜欢热闹，然而在人群中，他又是看上去最孤单的那一个。他常常走在路上自言自语，久而久之，那些话变成了山歌。

马班邮路无尽头，

脚印蹄声谱春秋。

谁知三九夜难熬，

烈酒山歌解忧愁。

如今，木里的 29 个乡镇中除了三桷桠乡外，其余乡镇已经全部通路。113 个行政村中的 88 个村已经有了公路。"农民生活变了，家家户户的房子都盖得结实了。没有人睡地铺了，吃饭时都坐在板凳上。公路通了，电也通了。有信号的地方，年轻人都玩微信……"说到这里，王顺友一改低沉的嗓音，脸上充满了喜悦。

考虑到他上了年纪、一身是病，前些年邮政局将王顺友负责的邮路调整为从县城到李子坪乡。虽然少了艰险，他却热情不减当年。他说："只要自己在岗位上一天，就要一直把信送下去，把路走下去。"

在木里，其实还有无数的"王顺友"。

在木里采访的日日夜夜里，无论是扎根一线的第一书记，是坚守林场十多年与孤单为伴的护林员，还是为脱贫攻坚日夜操劳、奔波的基层干部，他们的故事无不像当年的王顺友一样，使人动容。

他们在中国的西南山区遥远的一隅，用自己在路上每一天、每一步的奉献和执着，汇聚成撑起发展、进步和希望的脊梁。

（资料来源：新华社，2016 年 6 月 21 日，有改动）

【教学建议】

一个人、一匹马、一条路，30 多年的艰难困苦、30 多年的为民服务、30 多年经历了多少艰难万险、30 多年做了多少好人好事……他始终如一，忠诚地履行邮政工作者的职责，从没有延误过一个班期，从没有丢失过一份邮件，投递准确率达 100%。他没有豪言壮语，更没有惊天动地的壮举，有的只是一桩桩、一件件极其普通、极其平常，但对大山里的群众来讲却是极为重要的小事。这些小事汇集起来就集中体现了王顺友所代表的"马班邮路"战胜困难、勇往直前的艰苦奋斗精神；体现了他们牢记使命、尽职尽责的忠诚敬业精神；体现了他们方便群众、热情服务和利民为民的精神；体现了他们公而忘私、豁达乐观和甘于奉献的精神。"为人民服务不算苦，再苦再累也幸福"，这就是王顺友的真实写照，纯真、丰满、鲜活，震撼人心，平凡中蕴藏的伟大，平凡中透出的精神。

该案例适用于第五章"明大德守公德严私德"第四节"向上向善、知行合一"的案例教学资料。

（五）法治观念教学案例

【案例呈现】

> #### "掏鸟16只被判10年半"是否量刑过重
>
> 郑州一在校大学生小闫发现自家大门外有个鸟窝，和朋友架了个梯子将鸟窝里的12只鸟掏了出来，养了一段时间后售卖，后来又掏了4只。日前，小闫和他的朋友小王分别犯非法收购、猎捕珍贵、濒危野生动物罪等，被判刑10年半和10年，并处罚款。
>
> "大学生在家闲着没事，掏鸟16只被判10年半"，从各大网站的新闻标题就能知晓网络舆论的基本立场。果然，打开跟帖，网友几乎都在吐槽量刑过重。在汹涌澎湃的网络民意面前，司法要保持定力、站稳立场，但显然也不能无视民意的存在。
>
> 《中华人民共和国刑法》规定，非法猎捕、杀害、收购、运输、出售珍贵、濒危野生动物构成犯罪，情节严重的，处五年以上十年以下有期徒刑，并处罚金；情节特别严重的，处十年以上有期徒刑，并处罚金或者没收财产。小闫和朋友猎捕、出售国家二级保护动物燕隼，确实是构成犯罪了。
>
> 那么，本案量刑重了吗？换言之，掏鸟16只达到"情节特别严重"的程度了吗？最高法在《关于审理破坏野生动物资源刑事案件具体应用法律若干问题的解释》中说得很明白，所有隼科动物均为国家二级保护动物，"情节严重"和"情节特别严重"的认定标准分别为6只和10只。如此看来，法院的量刑有据可依，并未滥用自由裁量权。
>
> 民意和司法的终极目的是一致的，即社会的公平正义，但在个案中找准这个平衡点并不容易。人们吐槽司法量刑过重，无外乎以下几个原因：一是大学生不知道燕隼是国家二级保护动物，属于无心之过；二是其主观目的谈不上故意猎捕、出售燕隼，即使构成犯罪也应从轻处罚或免予处罚；三是对一个大学生来说，量刑过于残酷。
>
> 除了非理性的情绪宣泄，网友的吐槽也恰恰击中当前动物保护的"软肋"。很多人既不认识燕隼，也不知其是国家二级保护动物，更不知道"上树掏鸟"的严重后果。此外，别说燕隼，就是猎捕蛤蟆、壁虎、麻雀等常见动物，也可能构成犯罪。在保护动物上，政府部门对法律法规的宣传普及不够，民众与法律脱节，有些人稀里糊涂就违法犯罪了。这种情况下，掏鸟16只被判10年半被吐槽并不奇怪。
>
> （资料来源：人民网，2015年12月2日，有改动）

【教学建议】

保护动物不能光靠严刑峻法，引导社会大众"多识鸟兽草木之名"，普及保护动物的相关法律法规，才是治本之策。掏鸟 16 只被判 10 年半也是一堂"普法课"，但在社会工作存在诸多缺失的情况下，让两个年轻的大学生承担全部后果，实在太沉重。

该案例适用于第六章"尊法学法守法用法"第五节"培养法治思维"的案例教学资料。

（六）社会主义核心价值观教学案例

【案例呈现】

抗疫战场激荡英雄赞歌

借助 LED 屏播放抗疫英雄的影像，点亮城市地标。近日，河南郑州、浙江杭州等多个城市，以这种醒目而独特的方式向抗疫英雄致敬。

新冠肺炎疫情发生以来，祖国四面八方的医务人员驰援武汉，用热血和生命，与时间赛跑、与疫魔较量。他们在这场万众一心、众志成城的战"疫"中，用或宽阔或柔弱的肩膀，扛起如山使命，为人民群众筑起一道守护生命健康的铁壁铜墙。

1. 英雄无私：义无反顾一路逆行

除夕，凌晨 4 时。陆军军医大学教授毛青接到出征武汉的电话。毛青曾参加过抗击非典、阻击禽流感、抗击埃博拉疫情等任务，与烈性病毒打了 30 多年交道。

"疫情就是命令。"毛青主动请战。是夜，毛青抵达抗击新冠肺炎疫情第一线。

向险而行、逆行而上的，还有更多的"毛青"。

"这个冬天很寒冷，是你的泪，把亿万民众温暖。"这是网友对 84 岁钟南山院士的盛赞。17 年前，钟南山在抗击非典中站在前沿；今天，他再次冲锋抗击新冠肺炎疫情主战场。

英雄，就是明知危险在前方，依然挺身而出。

休假在家的中部战区总医院护士舒纯和王欢，闻听武汉疫情后，相约结伴逆行，分别从江西宜丰和吉林四平出发，费尽周折回到武汉抗疫一线。

中部战区总医院护士长周守凤提前给还在哺乳期的孩子断乳，把孩子交给家中老人照看，义无反顾走进病房。

……

在病毒肆虐时，他们用血肉之躯，发起一次次冲锋，坚守在战斗前沿。

2. 英雄无憾：以命相搏守护希望

请战获批后，贵州省湄潭县人民医院急诊科护士杜富佳来不及与家人告别，就加入贵州省第八批支援湖北医疗队赶赴武汉。

作为一名"90后"，杜富佳的脸上透着一股稚气。"哥哥杜富国喊出的那句'你退后，让我来'，一直在我脑中回荡，带给我满满的正能量。"杜富佳说，"哥哥一直在鼓舞着我。"

在磨难中砥砺，在悲恸中奋起。为打赢疫情防控阻击战，白衣天使们承受着巨大压力，迸发出坚韧不拔、攻坚克难的大无畏气概。

在武汉大学人民医院东院，73岁的李兰娟院士在一线战斗了一个多月。李兰娟团队救治对象大多是重症及危重症病患。为了救治患者，她每天只睡几个小时。

面对比自己还要年长4岁的李兰娟，患者梅婆婆出院时，满含热泪向她鞠躬致谢。

火神山医院是这次战"疫"主战场之一。对奋战在护理战线30余年的老兵仲月霞而言，这是她人生的又一次大考。

由于感染患者多伴随发热、呼吸困难、乏力等症状，仲月霞和战友们要24小时近距离给病人吸氧、送水喂饭、处理大小便等。在仲月霞和战友们的悉心照料下，已有百余名新冠肺炎患者转危为安。

用生命践行使命，用使命守护生命。在这场战"疫"中，人人奋勇当先，个个义无反顾。

同心驱疫，共佑中华。抗疫战场上激荡起的英雄赞歌是精神与信心，更是坚守与力量。

3. 英雄无畏：全力以赴永不言退

没有硝烟的战场，成为砥砺初心使命的检阅场。

从火神山医院收治患者开始，每个人都铆足了劲。有的新冠肺炎确诊患者下不了车，医务人员就快步跨上车，直接将患者抱下来……每天一起床，火神山医院护理部副主任宋彩萍就开始忙碌起来，"脑子不停转，电话不停响""我的责任是守护好每名患者的生命"她说。

在与疫魔的较量中，英雄们的形象铭刻在人们的脑海里。

隐瞒渐冻症病情，顾不上照料被病毒感染的妻子，始终坚守在疫情防控最前线，武汉市金银潭医院院长张定宇在与时间赛跑。"我必须跑得更快，才能从死神手里抢回更多病人"张定宇说。

一名医疗队员连日战斗后体力透支，胸闷、呼吸困难，身体严重不适并伴有剧烈咳嗽。

"孩子，不要怕。"军队支援湖北医疗队专家曹国强来到她的身边，手头没有听诊器，就直接用裸耳在女孩背上听肺音。当听到双肺清楚的肺音时，曹国强放心了。

在为重症患者进行气管插管时，常常遇到一些患者体液、血液喷溅的情况。为减少传染可能，火神山医院重症医学一科主任张西京都会让年轻的医务人员暂时出去，自己选择留下。

"隔着口罩，看不清您的脸庞，但我知道，白衣战袍下的您，有一颗勇敢善良的心。"这是患者的心声。

"通过屏幕，我仿佛触摸到了一张张英雄的脸庞。"网友在浏览抗疫英雄的故事后，纷纷发帖留言。

【教学建议】

救死扶伤，医者仁心。精湛的医术和悲天悯人的情怀一直是中华良医的标配，历史上杏林春暖的典故、悬壶济世的传说总是传唱不衰。疫情爆发后，直接与病人打交道的是呼吸、感染、重症、护理等专业人员。他们中有国内医学领域的权威人士，有重点医院的主任医师，也有年富力强的普通护士。正是他们的那份执着和慈悲，谱写了一曲曲可歌可泣的感人乐章。一是专家引路，科研先行。专家们在疫情发展的不同阶段提出了可行的防控救治方案，为党中央科学决策提供了可靠依据，为抢救病人赢得了宝贵时间。二是病人至上，大爱无私。很多医护人员深知抗击新冠肺炎疫情是一场遭遇战，但依然义无反顾地主动请缨，强烈要求在春节来临的特殊时期回到工作岗位，希望到最艰苦的疫区展开防控救治工作。有的舍小家顾大家，将家庭困难置之度外；有的风雨兼程，不远千里"骑"回疫区；有的关爱有加，把自己的营养品留给病人；有的定期与患者交流谈心，鼓足病人积极生活的勇气。三是争分夺秒，忘我工作。用废寝忘食、汗流浃背、不分昼夜等词汇来形容医护人员的工作状态是最恰当不过的。用他们自己的话来说，"不累是假话，咬咬牙就挺过去了"。就是这种坚持和韧劲成就了抗"疫"形势的逆转，践行了医者时时恪守的职业操守。

该案例适用于第四章"践行社会主义核心价值观"第一节"全体人民共同的价值追求"的案例教学资料。

第五章　问题式教学

古人云"学起于思，思源于疑""师者，传道授业解惑也"。由此可以看出，我国古代人已经认识到了疑问对学习的重要性。"学起于思，思源于疑"揭示了疑、思、学三者的关系。从很多古代的文献资料中，可以看到古代教学中的问题讨论。春秋战国时代，我国儒家学派的代表人物、大教育家孔子说："疑是思之始，学之端。"他认为带着问题去学习才是学习的根本。宋代著名学者陆九渊说："为学患无疑，疑则有进，小疑则小进，大疑则大进。"他对学习中问题的价值和意义进行了高度的肯定。另外，宋代理学大师朱熹也曾说："读书无疑者，须教有疑，有疑者却要无疑，到这里方是长进。"他的意思是做学问的过程就是问题的产生和问题的解决过程，这是对问题教学思想的科学阐述。我国近代著名教育家陶行知老先生也对问题的重要性进行了生动的肯定和描述，他说"发明千千万，起点是一问，禽兽不如人，过在不会问。智者问得巧，愚者问得笨。人力胜天工，只在每事问。"从这些名人的言论中，我们都可以看出问题对学习的重要性。

一、问题式教学模式概述

（一）问题式教学模式的内涵

问题式教学模式起源于苏联教科院院士 M. Ⅱ. 马赫穆托夫的"问题教学"理论。他认为，不同于一般的"问话"或者"问答"的教学方式，"问题教学"由问题情境的创设、问题的提出和问题的解决三部分构成。在思想政治理论课教学策略中，PBL（以问题为基础的学习）情景教学法与问题教学理论相关度较高，即问题导向教学法或"基于问题"的教学模式。"问题式"教学模式是以问题意识为导向开展的教学活动，是在深挖教材的基础上，聚焦学生关注的热点问题和现实问题，并将这些问题按照一定的逻辑体系进行重新编排成环环相扣的"问题组合"。课堂上，教师的教学活动紧紧围绕如何回答并解决这些问题展开，通过问题的创设、问题的发现、问题的解决、问题的感悟及新问题的生成等环节，引导学生自主思考、探究问题，以互动为纽带、以"问题"为桥梁，激发学生的学习兴趣和创新意识，提高学生学习效率和创新能力。

问题式教学法在"思想道德修养与法律基础"课运用的过程中，要求教师利用长期积累的教学实践经验，结合国家教学大纲的要求，联系教材的实际内容，把"思想道德修养与法律基础"课理论知识和学生的学习生活联系起来，创设学习情境，营造学习氛围，激发学习兴趣，鼓励学生在教师的引导下积极地提出各种问题，思考、分析并解决问题。这样既有利于学生巩固和灵活运用所学的理论知识，也有利于培养学生积极主动的自学习惯和自学能力，还有利于学生树立正确的世界观、人生观和价值观。问题式教学法是素质教育的必然要求，是致力于培养创新型高素质人才，促进学生知识和技能全面发展的现代教学方法。

（二）问题式教学法的特征

1. 开放性

问题式教学法的开放性就是学生的学习不仅仅局限于书本上，而是扩展到社会生活中，通过课本知识和社会知识，增加学生了解人生、了解社会的机会，为他们以后的工作和生活积累经验。学习目标的开放性、学习过程的开放性、问题设计的开放性和学习成果评价的开放性是问题式教学法开放性特征的四个方面，它们贯穿于问题式教学法的始终。学习目标的开放性体现在问题式教学不仅注重知识的学习，更注重能力和技能的培养。学习过程的开放性体现在问题式教学法中，学习的过程不再局限于课堂，而是从课堂走向社会、走向生活，把课堂内容和校外社会生活的方方面面联系起来。解决问题的方法和途径也多种多样：可以调查，可以访问，也可以参观及文献研究。问题设计的开放性体现在设置的问题纵向上可以从过去到现在，横向上可以综合文、史、哲、经、法等学科。学习成果评价的开放性体现在问题式教学中可以有多元化的价值取向，即同一个问题允许有不同的答案，学生可以发表不同意见。

2. 过程性

问题式教学法是注重学生参与性的现代教育方法，通过参与激发学生对未知领域的学习兴趣，进而发现问题，解决问题，收获知识，分享成功的快乐。整个学习的过程就是学生暴露各种疑问、困难、障碍和矛盾的过程。教师在具体的教学实践中，要强调学生的主体地位，强调学生的参与性，通过对学生探索未知领域的引导，使其获得全新的情感体验，从而获得新知识。

3. 自主性

我国传统的教育过程重在教而不在学，也就是说，教育强调的是对知识的传递过程，而不是对知识的创新过程。问题式教学法作为现代教育方式的一种，在一定意义上颠覆了传统的单纯按照教材进行传授和传递知识的过程，强调了学生的学习主体地位，教师只是学生学习过程中的引导者、辅助者和监督者。学生对知识的学习不仅仅来自教师的传授，而且来自接受知识的过程，并学会运用批判意识和创新意识去发现问题、分析问题和解决问题。因此，问题式教学法注重的是对学生自学能力的培养，促使学生养成积极主动探索、尝试，自主查阅相关资料收集信息，自我安排学习过程和自我提高的习惯。

4. 驱动性

问题是开发思维的金钥匙，一定的问题和矛盾能够激发学生强烈的求知欲，激发学生主动解决问题，寻找答案。问题式教学法的驱动作用体现在提出问题后，学生去思考、探索和解决，并在探索和解决的过程中不断发现新知识，培养新能力。因此，在驱动的过程中，对问题的设计有较高的要求，问题的设计不能过于简单或直接，否则学生很容易知道答案，不易继续后面的学习。问题的设计要具有艺术性和挑战性，一个问题的提出能作为出发点和立足点向四周扩散，辅助学生的思维向更深层次思考，激发学生解决一个又一个问题的渴望，在这种渴望意识的驱动下，促使学生有意识地借助各种资料和工具需求答案，并从中体验获取答案的快乐和自豪感。

5. 合作性

问题式教学法注重培养学生学习的自主性，因此可以采用分组讨论的方式进行学习。在进行分组讨论学习时，学生对发现的问题进行分析和讨论，寻求答案。在分析讨论的过程中，交流是必不可少的，具体包括师生间的交流、学生之间的交流。只有通过恰当的交流，积极发表个人的见解和看法，才能有学习经验和学习成果的分享，从而推动学习效率的提高。此外，问题式教学法还有利于学生团结性和合作性的培养。例如，在"建设中国特色社会主义文化"问题的设计时，要求学生分头去收集中国的饮食文化、礼仪文化、茶文化、影视文化和少数民族文化等，了解以上文化的变迁及现状，反思文化软实力在国家建设和发展中举足轻重的作用，以及中国的文化体制改革等，从而充分发挥小组的合作性，使得知识进一步拓展，提高教学成效。

6. 实践性

问题式教学法是一种实践性很强的教育活动，它是在教师的引导下，使学生积极地探索求知，发现问题的本质，并完成知识建构的实践活动。我国有句古话说"纸上得来终觉浅，缘知此事要躬行"，就是指一个人仅仅通过书本获得知识还不行，书本上的知识都是过去实践经验的总结，一切事物都是呈现动态发展的过程。因此，要想获得真知，必须通过实践，把书本上的知识和社会实践活动结合起来。问题式教学法就是强调学生在学习的过程中充分发挥自己的能动性，通过积极主动的查阅资料、收集数据、分析整理和归纳总结，运用到具体的社会活动中，从而获得社会真知的过程。

（三）问题式教学法在"思想道德修养与法律基础"课中运用的意义

1. 有利于促进学生的全面发展

第一，有助于培养学生主体意识和独立意识。"思想道德修养与法律基础"课的教学目的不是让学生掌握一些理论知识，而是让学生通过思想交锋，使自己的思想认识得到提高。因此，在"思想道德修养与法律基础"课中，教师要积极引导学生主动参与教学活动，达到问题教学的目的。在对学生的问题意识进行培养的过程中，要善于引导学生发现问题的兴趣和价值所在，从而激发学生积极思考和探究问题根源的好奇心，推动他们主动地寻找解决问题的方法。对学生问题意识的培养不仅有利于学生在学习过程中积极地发现问题、探究问题根源，更有利于学生在解决问题的过程中全面提升个人能力，使其个性得到发展。问题式教学法的实施不仅是单纯获取知识、掌握基础原理，而且可以直接演化为学生的学习动机和热情。

第二，有助于培养学生问题意识和钻研意识。一般来说，有了问题才会有探究的想法，而有问题的前提是要有提出问题的良好习惯和心理基础，有了问题就会想方设法去研究、解决，而创造性思维就产生在解决问题的过程中。英国著名物理学家牛顿在其著作中说道，他曾在阅读观察的过程中提出了 30 多个问题，正是这些问题推动着他去钻研，最终为人类解决了物理学难题。青霉素的发现者弗莱明，其发现青霉素就来源于一个简单的问题：为什么霉菌菌落周围不生长细菌。由此可见，有了问题，才能激发人们求知的欲望，才能推动创造性思维的发展，最终迸出思维的火花。而对问题的提出依赖于问题意识的培养，对问题意识的培养不仅有利于促使学生积极地思考和解决问题，更能在潜意识中培养学生的钻研意识。

第三，有助于培养学生的独立思考和思维创新能力。因为问题式教学法要求从问题的提出到问题的思考与分析，直到最后问题的解决都必须由学生独立完成，并在发现问题、提出问题的过程中学会独立思考和自主学习。这一过程实际上是开拓了学生的视野，拓展了学生思考的空间，培养了学生的创新思维。思考问题本身就是一种创造性思维，对知识保持一种谨慎批判的态度，能够进一步促进学生思维的发展。

第四，有助于提高学生的学习效率和学习能力。"思想道德修养与法律基础"课是一门涉及内容广泛的学科，既有基础学科的基本理论知识，又有众多现实问题。因此"思想道德修养与法律基础"课的学习要学生不仅掌握基础理论知识，还要将这些理论知识运用到实际生活中，对现实中的问题进行分析、解释。问题式教学法在"思想道德修养与法律基础"课中的运用能够培养学生养成一种问题意识，形成一种对问题探究的习惯，从而提高学生对"思想道德修养与法律基础"课的学习效率。

第五，有助于增强学生的学习乐趣和学习动力。在问题式教学模式中，学生依据自己的经验，通过创造性思维提出自己感兴趣的问题，并探究解决问题的方法。学生在提出问题、解决问题的过程中，不仅可以体验发现的乐趣，还可以体验成功的乐趣，这样才能激发学生继续学习的动力。此外，解决问题的过程是全面调动学生各方面能力的过程，因此，问题的解决还有利于培养学生的语言表达能力、分析归纳能力、创新能力、团结合作能力等，这是素质教育的体现和要求。

第六，有助于塑造学生的良好人格和科学精神。问题式教学法解决问题的过程是一个沟通交流的过程，在这个过程中学生们各抒己见，大胆表述个人的见解和看法，最终达成一致见解。通过这个过程，学生们意识到每个人都是有个人意见的，这有利于对学生独立人格的培养。在学习中合作、沟通、交流的过程也让学生体会到在追求真理的过程中不畏艰难、勇于探索固然重要，但沟通和合作也必不可少，这有利于对学生尊重科学的意识和良好学习作风的培养。

2. 有利于提高教师的教学水平

首先，有助于教师树立民主、平等、开放的师生观。在传统的教育观念中，教师所传授的知识就是真理，很少有人去质疑。但是随着教育体制的改革，教师要明确自己角色的变化，要明白学生和教师之间是平等、互助的关系。每个学生都是一个独立的个体，他们看待问题和思考问题的方式都有差异，问题式教学法要求老师尊重差异，重视学生个性的发展，在尊重差异的同时对学生进行积极地引导，使得学生的眼界进一步拓展。教师的角色由权威转变为学生的引导者和参与者，从而形成平等、民主、开放的师生关系。

其次，有助于教师树立终身学习的意识。工欲善其事必先利其器，教师要想成为优秀的园丁必须拥有通晓古今中外的知识，并有完善的驾驭知识的能力。然而，人无完人，这就要求"思想道德修养与法律基础"课教师教到老，学到老，和国内外先进教学方法保持同步，提升自己的教学技能，提高自己的教学水平。"思想道德修养与法律基础"课教师不仅要将政治、经济等基本理论知识学扎实，还要不断丰富其他学科的知识，及时了解时事政治的动态、发展及自然科学前沿的成果。问题和思考是紧密联系的，"思想道德修养与法律基础"课教师提出的问题应该以实现教学目的和促进学生提高为衡量标准，所以教师应该不断学习新的理论知识，掌握新的学习方法，充分了解学生的身心发展规律和思维规律，并充分利用现代网络技术，扩展和延伸学生的感性和理性知识。

最后，有助于教师不断自觉提高教学能力。问题式教学法对教师的知识和能力都提出了更高层次的要求，问题式教学法的效果主要是受教师知识储备、教学艺术、工作经验及对问题的设计、控制以及拓展等因素的影响。教师需要将整体教学过程丰富化，将教材涉及的知识和问题、前人研究的经验和成果，进行包装、加工、再生产，从而将旧知识以一个全新的面貌呈现到学生面前，调动学生的积极性和主动性，推动学生精神世界的全面丰富和成长，推动学生综合素质的提升，推动学生对各项能力的培养。

3. 有利于师生之间的沟通互动

第一，有助于增强师生之间的关系。问题式教学法能够密切师生关系，增进师生之间的思想交流，从而推动教学活动良好开展。老师和学生通过问题展开讨论，相互交流、探讨，思想火花的撞击使得课堂氛围更加融洽，气氛更加活跃。师生之间进行问题讨论的方式一般有以下两种：一是由老师提出问题，学生围绕教师提出的问题进行思考、讨论，学生在老师的引导下对问题进行分析和总结；二是学生发现问题后，向老师提问，老师给予一定的解释和回答。师生互动增强了师生关系，提高了教学效果，实现了教学相长。问题式教学法中老师和学生以问题为中心展开充分的讨论，通过师生的积极沟通交流，不仅有利于学生知识的获得和能力的培养，而且能够使教师及时地从学生的"异想天开"中获得新的启发和发现不足，从而达成师生合作，共同进步的目的。

第二，有助于加强师生之间的沟通。由于老师和学生处在不同的年龄层次上，因此老师对学生的思想不一定有一个完全的了解，并且学生人数比较多，他们的家庭背景、生活方式等诸多方面都不一样，老师无法去了解每个学生心中的想法。问题式教学法有助于师生之间的相互沟通，更好开展针对性教学。学生提出问题后，老师可以根据问题了解学生的想法和思想动态，有针对性地引导学生或给出建议，增强教学活动的针对性和教师的亲和力。

4. 有利于推进素质教育和实施新课程改革

第一，有助于发挥学生的主体作用。新课程改革要求转变传统的教学模式，树立学生的学习主体地位，而问题式教学法的实施就是把课堂交给学生，这完全体现了新课改的精神理念。问题式教学法和以往传统观念的教学方式不同，它强调学生的主体作用，改变了学生被动接受知识的状态，实现了师生积极互动，教学相长。问题式教学法以问题为中心组织教学内容，引导学生探索解决问题的方式，用已知的知识最终解决问题，在这个过程中，学生的主体作用可以得到充分发挥。

第二，有助于实现教学改革的目标。新课程改革的教学目标要求教师联系学生学习和生活实际，创设学生感兴趣的学习情境，从而引导学生积极地提出问题、发现问题和解决问题。也就是说，问题式教学法非常重视对学生学习动机的培养，注重课堂氛围的营造。问题式教学法在"思想道德修养与法律基础"课教学中的运用可以一改过去枯燥沉闷的课堂氛围，增强该课程的生机和活力。在问题式教学法中，教师创设合适的问题情境，激发学生的学习兴趣和求知欲，诱发学生思考的积极性，提高学生回答问题的水平，增强课程教学的活力，实现新课程改革的教学目标。

二、问题式教学法在"思想道德修养与法律基础"课运用中存在的问题

随着教育改革的不断深入，素质教育理念逐渐被推广，在这种形势下，教学从以往重视教什么、学什么，转变为如何教、如何学。很多学者开始从全新的角度探索教学改革方法，以适应素质教育的要求。问题式教学法以其独特的地位和作用日益受到教育工作者和学生的青睐。然而，问题式教学法在教学实践中运用还不广泛，还处在探索的阶段，仍有诸多问题和不足需要完善和弥补。

（一）问题式教学法在"思想政治理论"课运用中存在的主要问题

1. 问题设计偏重于教材

问题式教学法对问题的设计有一定的要求，它既要激发学生探究问题的欲

望，同时还要针对提出的问题进行知识的拓展和迁移。但目前，较多的"思想道德修养与法律基础"课老师在教学问题设计中都存在过分偏重和依赖教材的现象。他们设计的问题很多都直接来源于书本，老师认为解答了这些书本上的问题，就完成了教学重点和难点，实现了教学的目的，并在整个教学过程中采用了问题式教学法。然而，这些问题完全脱离了学生的生活实际，难以激起学生探究的欲望。当老师提出问题后，学生便迅速从书本上寻找答案，导致学生根本没有思考，还是完全被书本牵着走，难以学到新的知识和新的技能，这种直接从教材提取问题的方式，使得问题枯燥、乏味，学生只是表面上参与、实际根本没有动脑筋思考，只是形式上的问题式教学，完全违背了问题式教学的实质。在"思想道德修养与法律基础"课的问题教学中，学生是学习的中心和主体，问题的设置要围绕学生的生活和学习进行，要结合学生的实际情况提出有针对性的问题，否则很难发挥学以致用的作用。"思想道德修养与法律基础"课拥有的不竭的生命源泉只能建立在对现实生活的不断观察和理解的基础上，在问题的设置上要敢于触碰时代焦点和热门话题，才能促进理论知识的学以致用。

2. 教师忽视学生个体差异性和问题的差异性

问题式教学法的首要特征就是开放性，这就要求老师在制定问题时，不应该仅仅考虑问题的设计，还应该做好应对问题讨论过程中的突发情况，对不同的声音要提前准备好应对的策略，保护和培养学生的创新思维和发散思维。但目前，很多教师的问题教学往往只是单纯地考查学生掌握知识的状况，或者对问题的解答非常单一，忽视学生的个体差异性和问题的差异性，采用"一刀切"的办法，使得学生失去探索的欲望，问题式教学法流于形式。在问题式教学法的实施过程中，老师应该尊重学生的差异性，鼓励学生提出不一样的观点，引导和启发学生的思维，鼓励学生自主的探究问题。同时，在"思想道德修养与法律基础"课教学中问题的分类也不尽相同，有的问题容易，有的问题比较复杂，有的问题属于一目了然型的，有些问题属于探究型的，针对不同的问题，教师采取的解答方式也不应该相同。老师要切实明白问题式教学法中问答的目的所在，不同问题要选取不同的解答方法，做到有的放矢。

3. 问题设计缺少学科之间的联系

思想政治理论课是一门综合性很强的学科，它包含了很多的科学知识和前人的先进经验，与哲学、经济学、历史学、法学、心理学、社会学等多门学科都有很强的关联。思想政治理论课的这一特性，要求我们在实施问题教学时，不应该单从课程自身的知识体系出发，而是要结合实际情况，拓展学生的知识视野。目前很多"思想道德修养与法律基础"课教师在设计问题时仅围绕道德与法治知识展开，解答问题的思路也仅仅停留在政治学科，忽视了很多政治问题都是和特定的历史背景和社会现状相联系的。从而产生学生分析问题的视野和眼界较窄，不利于构建自身知识体系的现象。

4. 教师过多干预教学的过程

传统教学模式中，教师是教学活动的主体，是教学活动的发起者、执行者、监督者和评判者。整个教学活动的开展，教师处于绝对的主导地位，学生只有听从的份儿，没有太多选择和表达异议的机会。正是由于教师对整个教学活动的绝对控制，学生失去了学习的自主性，失去了独立意识。在相当长的一段时间内，课堂提问是教师的专项权利，学生的权利仅限于回答问题。这就导致了在实际的教学过程中，问题教学方法的实施还只是停留在老师提问、学生回答的层面上。这种表面看似很活跃的课堂提问方式，实际上直接影响了学生问题意识的培养和形成，不利于学生创新思维的培养。

5. 学生的主体地位没有确立

问题的解决需要充足的时间进行思考，所以，有经验的教师在实施课堂提问的时候懂得艺术性地把握问题的适时性，合理掌握提问时间。就目前状况来看，思想政治课堂提问在时间控制上还存在一些不恰当的情况：问题一经提出，老师立即向学生索要答案；老师从一些同学中得知自己想要的答案之后，就不再问其他学生的答案，不给其他学生表达自己意见或想法的时间与机会；教师提问过快，一个问题学生还没来得及思考，其他问题就又抛出来，搅乱了学生的正常思维；再就是教师把问题提出之后，并没有给学生思考分析的时间，而是由教师对问题进行剖析引导，代替学生独立自主的思考，由于思考的时间被教师占用，当教师抛出答案时学生甚至还没有想明白问题的内容，更不用说提出全新的观点和看法，只能选择接受教师的答案，等等。

6. 教师追求问题的标准答案

问题式教学法在"思想道德修养与法律基础"课实施的教学步骤一般是创设情境—提出问题—探讨交流—提供结论，这个过程体现了解决问题的整个思维过程，然而很多教师把这个过程流于形式，本末倒置，只看重最后的结论，忽视对学生思维的培养。老师创设情境，提出问题，学生讨论分析，老师给出标准答案，在这种情况下，学生看似对问题进行了自主性思考，但是，教师依然关注的是学生给的答案是否符合自己的标准。如果学生给出的答案与教师的答案大相径庭，教师就敷衍搪塞，或者直接否定继续提问，寻找与自己相似的答案。这种问题讨论方式只是单纯地作为教学的手段存在，学生的思维不能充分展示出来，教师也没有真正的了解学生的思想，在学生对问题的思考过程中缺乏启发和点拨，学生在情感上没有得到鼓励和认可，结果是学生接受了老师的标准答案。长此以往，学生的积极性受到打击，求知欲望也越来越小，逐渐失去学习的兴趣。

（二）问题式教学法在运用中存在问题的原因分析

1. 教师对问题式教学法的作用认识不足

"思想道德修养与法律基础"课是一门育人功能很强的课程，它的最终目的是提高学生的思想道德水平。在"思想道德修养与法律基础"课中运用问题式教学法有着非常重要的意义，有助于提高学生对教学内容的掌握能力，有利于激发学生的学习兴趣，有利于增进师生之间的交流，有利于启发学生创新思维。问题式教学法在"思想道德修养与法律基础"课中的运用要求问题的提出和解决围绕学生的生活实际进行，这样才能丰富学生对生活的认识，培养解决实际问题的能力，树立其正确的待人接物的态度和情感，提高其综合素质。

但是，很多"思想道德修养与法律基础"课教师还没有认识到问题式教学法对课程教学的重要作用，只是看到问题式教学法的一部分或者部分的功能，在实际操作中因为缺乏对其全面了解而运用得不够深入，有的只是简单地列入教学计划，不能深入、系统地认识到问题式教学法的实施，其功能和作用不能真正发挥，学生的政治思想道德思维无法得到启迪，学生的学习兴趣也慢慢减弱。

2. 教师过多拘泥于问题预设而忽视生成性问题

很多"思想道德修养与法律基础"课教师在运用问题式教学法时，对问题进行设计时首先关注的是书本知识的落实状况，对学生的学习兴趣、学习状态关注较少。虽然教师采用了问题式教学法，但也只是对既定的课程知识进行传递，学生只能接受。这种教学方式，更多关注的是基本的教学内容，只是对预先设定好的课程的一个再现，教师按照教材或者教学内容预先设计好教学问题，再按照设计好的步骤开展教学，教师提出问题后，期望学生能解答出自己想要的答案。整个教学过程中，教师只是关注自身课堂教学是否衔接紧凑、教学行为的设计是否体现出教学任务的重难点，当发现教学的预设与实际课堂不一致的时候，教师就会想方设法把学生的思路引导到教学预设上来，对于课堂生成性的问题，采取回避或者不闻不问的态度。

3. 教师仍然没有转变在教学中的主体地位

在问题式教学法的实施过程中，师生要展开充分的沟通和合作，共同探讨问题的提出和解决过程。这个过程中，学生应该是教学参与的主体，教师起到启发、指导的作用，指导学生采用正确的方式和途径解决问题，但目前的问题式教学中，师生的交流与沟通只是停留在表面，采取的主要方式是由老师提出问题，学生围绕老师提出的问题展开思考，老师再给予解答，老师与学生没有实现真正意义上的交流与互动，教师在课堂中仍然居于中心和主导地位，这样的模式导致学生失去思考的欲望与动力，一味跟着老师的想法和思路走。在这样的问题式教学过程中，教师始终高高在上，不少学生只能处于被动接受的状态，不能表达自己的想法，缺乏交流与沟通的机会，这种不平等的师生关系，造成学生在回答老师的提问时，首先考虑的是老师希望得到什么样的答案，而不是自己想到的答案。在这种情况下，问题式教学法的实质没有体现，从某种意义上说就是换了形式的传统教学法，远远达不到新课改的要求，也达不到素质教育的要求，更不是真正的问题式教学法。

三、"思想道德修养与法律基础"课问题式教学模式的实施策略

（一）问题式教学法在"思想道德修养与法律基础"课中的实施原则

1. 问题设计做到真实性和创造性相结合

夸美纽斯曾说："应该采用一切方式将孩子的求知欲望和求学欲望激发起来，政治课采用问题式教学法也应该注意这一点。"建构主义理论认为，学生的学习应该以现实问题为基础，远离现实的学习不能激发学生的兴趣。学生的空间想象能力需要建立在丰富、生动、形象的客观的真实的事物之上，才能通过对问题的分析和探究，完成知识的建构过程，收获最佳学习效果。要达到这个目的，就需要以形象丰富的客观事物为基础，发挥学生的想象力，对问题进行解析和探究。这就要求"思想道德修养与法律基础"课教学在实施问题式教学法时，设计的问题要以客观事实为基础，具有真实性，符合学生的生活和学习实际，问题的解决不仅使学生学习到理论知识，同时还能学以致用，提高知识的运用能力。只有这样，学生的学习过程才有意义，才能在很大程度上提高学生的学习兴趣和学习效果。要做到课堂知识和生活实际的完美结合，必须创造可能的条件，让学生回归生活和社会，通过亲身体验和实地调查，进一步

深化对问题的认知，从而提出解决问题的方法和途径。

除真实性外，设计问题时还应富有创造性。爱因斯坦说："兴趣是最好的老师。"学生有了学习的兴趣和欲望才会有追求。设计问题时要抓住学生的兴趣点，创设出新颖的问题，让学生身临其境，引起情感的共鸣，以此来调动学生的"胃口"，激发他们思考的积极性，产生探索的欲望。比如，在讲解"依法保护消费者合法权益"的内容时，教师一方面要注意与平常生活相联系，另一方面还要注意与课本知识相联系来创设问题。

2. 问题设计做到挑战性和接近性相结合

挑战性原则也是问题设计必须遵循的原则。具体来说，就是在"思想道德修养与法律基础"课的授课过程中，为把学生的思维推向更深层次，在问题设计时，有意反复循环地在学生的求知欲望和课程内容之间制造某种不和谐，使学生心里产生悬念，继而将精神注意、记忆力、思维能力凝聚在一起，促进学生的智力活动达到最佳状态。挑战性问题应该具有以下四个特点：第一，具有挑战性的问题不是常规问题，学生在过去的学习过程中没有遇到相似或相同的问题；第二，问题一出现不能立即就给出答案，问题的解决过程必须依赖一定的推理、探索、判断才能完成；第三，这个问题能够引发认知冲突，即问题所呈现的内容与学生的已有认知产生了矛盾；第四，结果不具有直接的可预见性，并且这个问题能够造成学生一定程度上的"焦虑"。

根据著名的心理学家维果茨基的观点，学生在教学过程中的发展可分为两个维度，第一个维度是学生现有的能力水平，即能够独立解决问题的水平；第二个维度是学生的发展水平，即学生在教师的引导和帮助下能够达到的解决问题的水平。相关教学理论认为，教学活动就是以学生已有的知识和经验为出发点，对学生进行积极引导，从而使学生突破原有知识，产生新的知识和经验的过程。由此分析，"思想道德修养与法律基础"课的问题设计，既要具有一定的"可考量性"，即稍高于学生原有的知识经验水平，需要经过努力思考和探索才能解决；又要在难易程度、广度和量度上拿捏妥当，充分考虑学生现有的知识能力，能够恰到好处地引发学生思考，尽可能接近学生的"最近发展区"，这样才能最大限度地促进学生发展和提高。

例如，在学习"建设中国特色社会主义法治体系"这一节内容时，我们可以直接问学生："如何理解中国特色社会主义法治体系的主要内容？"也可以问："如何理解建设中国特色社会主义法治体系的重要意义？"但是这样的问答过于直白，没有一丝引导性和启发性，只是注重对知识的解释和学习，没有挑战性，虽然学生可以直接根据课本内容回答这个问题，但是他们并不一定明白了这个问题。因此，我们在设计这个问题时，可以将其和现实中的具体实例联系到一起，也可以将其和西方的法治体系建设做对比，扩展一定的挑战性。问题可以这样提出："你觉得中西方法律谁更有优势？中国的法治发展道路为什么不能照抄照搬西方的？"这样一下子就可以提起大家的学习兴趣，提高学习效果了。

3. 问题设计做到典型性和可迁移性相结合

学会从具体的、特殊的事件中获得一般、普遍，符合人类认识事物的规律。问题的设计应和学生所学的知识具有关联性，用少量片段式的信息给学生提出一个复杂的问题。教师要以有较强的代表性和开放性的教学内容作为设计问题的载体，要能够以点带面，使学生能够做到一叶知秋、触类旁通，顺利地实现知识的迁移和运用。要让学生掌握基本的知识结构和规律，就要求教师所选的每个案例都具有典型性，并把其作为知识授课重点内容，用来反映整体。不过，由于学生的经验和认知水平不同，对事物的认识也必然不同，这要求教师要及时地反馈，克服学生认识水平的差异，达到使每个学生都得到知识补充的效果。

问题的设计还要考虑到知识的可迁移性。教学是一种认知的过程，思维的飞跃进步是人的认识由感性到理性，由具体到抽象的过程。问题式教学法首先要满足学生对感性认识的获得，通过可感知的东西诉诸学生的感官，进而刺激学生有所感悟，调动学生思考的自觉性和积极性，引导和提高学生的分析、综合、归纳能力，实现生动的由直观到抽象思维的转变，从而上升到理性认识的高度，再用理性认识去看待和分析现实问题，指导社会实践。"思想道德修养与法律基础"课中问题的提出，要摒弃"点对点"，即只涉及单一内容或局限于教材的某一个方面的知识，应该通过知识的关联性进行旁征博引，尽可能多地和其他单元的知识串联起来，与生活中的问题及多领域知识联系。要善于在学科知识与学生日常学习和生活接触到的事物之间找到结合点，并对其加以提炼设计成有趣的问题，吸引学生探究，进而启发其创新思维能力，引导其思维向更深层次的领域前进。

4. 学习方式做到自主性和合作性相结合

学生成长成才的必然要求是提升学生的自主性。马克思主义认为"主体是人，客体是自然"。这里的"主体"指的就是人的大脑，是能够思维的从事社会实践活动的人体、社会集团。"客体"指的是实践的对象和结果。人的生存和发展以客观自然为基础，但是人并不是消极地依赖自然界生活的，而是充分意识到人必须在自然界获得基本生存条件的基础上，正确把握人与自然界的关系，并处于人和自然关系的主体地位。在"思想道德修养与法律基础"课的学习中，学生需要树立起独立的主体意识，明确自己的主体地位，充分认识到自己是教学相长中对等的另一方，并进行自我调控和支配，发挥自身的潜在动力，积极、主动地认识、学习和接受教育。在学习的过程中，学生既要对所学知识进行深入了解，又要注意联系实际，发现疑难问题要积极地向教师、同学或家人请教、探讨，从而达到自己预期的学习目标。问题式教学法以学生为中心，教学活动的开展也是以学生的学习兴趣和爱好为基础的，问题的设置也围绕学生的生活实际进行，以求最大限度地发挥学生的积极主动性；同时，整个教学活动开展的过程是开放式的，师生一起共同探索和合作寻求问题解决的办法，提高学生的自学能力。因此，要给学生充足的时间，以供学生对问题进行深入透彻的思考分析，培养其独立解决问题的意识和能力，培养其探究问题的能力。

学生自主学习并不是独自学习，而是要加强学生学习过程中的合作精神。如今，学生已不可能完全"两耳不闻窗外事，一心只读圣贤书"。学生作为一个社会人，在学习过程中，也需要与形形色色的人接触和交往。问题式教学法通过多样化的学习活动，密切与实践活动的联系，旨在学习活动中增强学生的合作与竞争意识，增进思想感情的交流与信息的交换沟通，以交往"火种"促进学生心理能力的不断发展。合作学习是以全员互动合作为基本动力，以小组的整体成绩为评价标准，以全面提高学生的创新能力和人际交往能力为根本目标的，是一种高效、短时、有明确责任分工的互动学习方式。

教学能否取得优秀成果的关键在于个人自主意识和合作动机。任何学科知识的探究和更新都离不开合作与交流，无论是制订计划、信息收集，还是步骤实施、数据处理等，都需要依靠集结小组的整体力量。有自主意识的责任个人，加上通力合作的精神，才能使这些环节顺利完成并得到整合优化。合作学习是在小组内部达成合作关系的前提下，将个人竞争转化为小组间的竞争，但是合作过程中必须坚持一定的原则。小组合作学习的优势十分明显：首先，有利于培养学生的合作精神和竞争意识；其次，有利于根据学生各自的特点因材施教，弥补单个教师难以满足差异化较大的众多学生的问题，有利于真正实现使每个学生都能得到发展的目标。

5. 教学形式做到民主性和平等性相结合

教育家威廉姆·多尔对教师的界定是"平等中的首席"，他认为教师是内在于情景的领导者，而不是外在的专制者，教师和学生之间应是平等的关系。教学过程中的互动、沟通、交流，是以民主、平等的和谐师生关系为基础的。

在教学过程中的民主与平等应该包括知识和情感两个方面。从知识的角度来说，教师与学生只是获得知识的时间先后顺序的不同，不存在地位的差别。从情感的角度来说，学生和教师都是具有独立人格的个体，作为接受教育的主体，每位学生都有自己丰富的内心世界和独特的情感表达方式，都需要被理解和尊重。因此，教师要转变教学观念，充分认识到教学中的民主平等关系，真正赋予和尊重学生学习活动的主体地位，并给学生充分的动手动脑时间，培养学生自主探索的能力，做好问题教学。

6. 教学过程做到开放性和多样性相结合

为提高问题的趣味性和吸引力，问题式教学法中的问题无不源于社会现实。既然问题都紧扣社会现实和生活实际，问题式教学法就必然提倡开放、反对封闭，注重将学习课堂和社会实际结合起来。在教学内容上，要求不能局限于教材，不局限于某个技术层面的科学知识，应该向人类的道德层面和价值领域开放。在学习和发展空间上，要求把学生置于课堂和学校生活之外的、更为广阔的社会空间，使学生从被动接收学习转为积极主动去探索和发现。将知识学习与社会实践结合起来，也决定了学生的学习渠道应是多样化，问题式教学法理应为学生搭建展示自我、发现自我、实现自我的平台。课堂教学不仅要向学生传授文化知识，还要传授学习方法和技巧。在整个学习的过程中，学生利用已有的经验和认识去学习和领悟新的课堂知识，并在自己的生活和实践中证明，最终做到情感、知识、技能三者的统一。重视师生的互动，鼓励学生大胆提问，通过交流和碰撞擦出思维的火花，使得课堂活跃起来，这是问题式教学法所提倡的。师生之间应当是相互启发、相互发展的关系。"没有做不到，只有想不到。"任何创新的突破，无不建立在想象的基础上。教师应在允许的范围内鼓励学生大胆去想、去做，即使做得不够好，也不要急于否定，应该给予相应的指导和引导，增强学生的自信心，并积极努力地为学生提供探究学习的机会和时间。

（二）问题式教学法在"思想道德修养与法律基础"课中的实施步骤

问题式教学法在"思想道德修养与法律基础"课中，教师和学生的角色及实施步骤如图 5-1 所示。

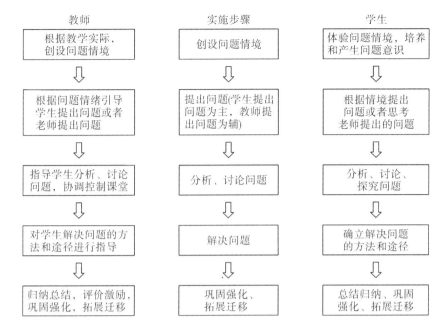

教师	实施步骤	学生
根据教学实际，创设问题情境	创设问题情境	体验问题情境，培养和产生问题意识
根据问题情绪引导学生提出问题或者老师提出问题	提出问题(学生提出问题为主，教师提出问题为辅)	根据情境提出问题或者思考老师提出的问题
指导学生分析、讨论问题，协调控制课堂	分析、讨论问题	分析、讨论、探究问题
对学生解决问题的方法和途径进行指导	解决问题	确立解决问题的方法和途径
归纳总结、评价激励、巩固强化，拓展迁移	巩固强化、拓展迁移	总结归纳、巩固强化、拓展迁移

图 5-1　角色及实施步骤

1. 问题情境的创设

苏霍姆林斯基说："如果教师不想方设法使学生进入情绪高原和智力振奋的内心状态，就急于传授知识，那么，这种知识只能使人产生冷漠的态度，而不动感情的脑力劳动就会带来疲倦。"因此，教师在教学活动开展之前，创设新颖、有趣、具有启发性的问题非常重要，进而吸引学生积极主动地投入到对问题的探讨中来，这是问题式教学法成功实施的关键环节。具体到问题情境的创设，教师要积极地把课程知识和学生的生活实际结合一起，拉近问题和学生的距离，激起学生的探究兴趣。思想政治理论课是一门比较抽象的学科，但是在抽象的背后又能找与此相联系的生活情景。因此，教师应该找到教学的起点和学生所具有的知识的实际起点，只有二者达到一致，才能促进学生的发展。教师要及时把学生的生活经验和教学内容进行对比分析，找出最适合、学生最感兴趣的问题情境。

教师在进行问题情境创设时，要考虑到课堂知识和学生原有认知的关系，创设一种障碍型的问题情境，在学生已有的学科知识的基础上，学习新的学科知识。"思想道德修养与法律基础"课是前后课程知识联系非常紧密的一门课程，学生在学习新的知识的过程中，往往需要利用前面学过的知识对其进行顺化和同化。因此，教师应该对学生掌握的原有知识有所了解，全方位了解学生以前学习的内容和方式，分析原有知识和现有知识结构的联系，准确把握学生认知冲突的临界点，结合学生熟悉的生活环境，激发学生的创造性思维，使学生产生解决问题的欲望。例如，在讲解"社会生活中的道德规范"这个问题时，可以组织学生编排小品节目，选择学生表演生活中各种违反社会公德的现象。通过观看小品，结合自身的生活环境，学生提出了很多疑问，诸如"哪些行为是违反社会公德的现象？""当看到违反社会公德现象的时候我们应该怎么做？""在校园生活中我们该怎样去维护社会公德？"等，部分学生会针对这些问题给出不同的答案。学生可以通过对小品，深入了解了遵守社会公德的重要性，也懂得了社会公德问题产生的原因，培养了学生的社会责任感和正确的价值观。

教师在进行情景问题创设时，还要考虑结合学生的思维特点，创设一种比较真实的情景。"思想道德修养与法律基础"课的内容大多是蕴含着深刻思维和丰富内涵的定律，定律大多抽象、乏味，难以激起学生的学习兴趣，因此教师要结合学生的思维特点和学习的内容，创设一种比较真实的情景，让学生在情景感悟中学习和体会新的知识。

教师在进行情景问题创设时，还要结合学生的心理特点和兴趣爱好，设计新颖的、趣味性强的问题情境。兴趣是开发能力的金钥匙，学生在不同的时期和不同阶段，感兴趣的事物也是不同的，因此我们在创设问题情景时，要注意学生的年龄特征和身心发展规律，了解学生对学习内容的兴趣程度，了解学生内心在想什么，再在此基础上创设新颖、趣味性强并富有挑战性的问题，激发学生的学习热情。情景创设的方法很多，无论使用哪一种创设情境问题的方法，只要能够激发学生主动学习的热情，让学生在获得积极的情感体验之时获得新知，就是好的方法。教师在进行情境创设时要把这一点作为问题情境创设的基本原则。

2. 问题的提出

我国著名教育家陶行知说："发明千千万万，起点是一问。"这里的"问"就是问题，也是问题教学法实施的核心。有了问题的提出，才会有针对问题的思考和解决，问题式教学法才能得到有效实施。教师提出一些有意义的问题，能够激发学生的质疑精神，训练学生分析、综合、比较、归纳的能力，有效培养学生的创造性思维和应变能力。

首先，问题提出的方式。一般来说，问题有两种提出方式：一种是依据教学内容提出问题；一种是先提出问题，引导学生对课程内容进行学习。前者由课程到问题，后者则是由问题引发学生对课程内容的学习兴趣。在"思想道德修养与法律基础"课的问题式教学法中，这两种方法都可以运用。

其次，问题提出的要求。教师所提出的问题首先应该是学生感兴趣的，难易程度是学生能够接受的。教师的提问应有适度的新颖性和趣味性，如果老师提出的问题学生不感兴趣，就不能体现"问题教学"的作用。教师在对问题进行设计的过程中要立足于教材内容，巧妙构思，以问题的趣味性激发学生的求知欲和探索欲。设计的问题要有一定的挑战性，以兴趣为导向，引导学生积极思考和总结分析。在问题的设计上，教师应更注重问题的质量，而不是数量。有些教师虽然一堂课中提出了很多问题，但是并不是所有的问题都是有利于教学的。问题提出后教师要给学生充足的思考时间，因此课堂的提问次数要适当，以免占用学生的自主时间。当然，教师要引导学生独立地提出问题、分析问题和解决问题能力，培养学生独立自主思考的习惯，培养学生的创新思维精神。针对问题的提出有一个理论也是强调学生的独立性的，即"非指示性教学"理论。该理论强调学生自己提出问题，并独自探索、给出答案。此外，思想道德修养与法律基础课的问题不是随便提出的，要有一定的针对性，要搞清楚这个问题能够服务于教学上的哪一点，为什么要这样问。在具体操作上，一是根据教学重点、核心或者热点进行发问；二是根据学生的生活实际发问，设计有价值、有乐趣，能调动学生兴趣、难度适宜的问题，引发学生去思考。

3. 问题的分析和解答

在问题式教学法中，问题提出之后就进行问题的分析和解决环节，这是思维习惯培养的关键环节，也是问题式教学法实施的关键环节。首先，教师要借势诱导，学生在回答问题时，一般来讲都会有一两点比较清楚，但是对问题的认识还不够深入，教师应该在这个大方向上顺势点拨学生，引导其认识走向系统。其次，要对学生的正确回答进行夸赞，对其错误的回答进行纠正。如果学生回答错误，教师只是给予简单的否定，容易使学生产生逆反心理，如果教师能信细心地解释和点拨，学生就会幡然醒悟，找到正确的突破点。最后，教师要为学生指点迷津，帮助和引导学生解决问题，尤其是在学生遇到较难的问题时，教师应该为他们指点解决问题的思路和方法，启发学生的思维。对于现实性较强的问题，可以通过社会调查、教师的讲解来解除疑问。

4. 问题涉及知识的巩固及拓展

问题得到了解决并不意味着问题式教学法的结束，还应该让学生明白问题的解决思路和方法，以及学生的思路是不是错误的，如果错了，那是错在哪里了，有没有更好的方法来解决这个问题等。教师要指导学生对问题进行总结归纳，学生通过问题教学法所获得的知识往往是零散、感性和不系统的，教师应该指导学生对这些知识进行归纳整合，上升到系统的理性认识上，并及时帮助学生总结学习方法中存在的问题和不足，引导其加以改正，提高学生的分析和解决问题的能力，提高创造性思维能力。此外，教师在总结归纳的基础上，还应该进一步拓展和延伸，做到不同学科之间的知识迁移，让学生寻找学科知识之间的联系，从而发现新的问题，促进学生创新思维的养成以及自学能力和实践能力的提高。同时，教师还应及时对学生知识掌握情况查漏补缺、归纳、梳理，进行针对性补充。

总之，问题式教学法既是一种具有传统性的教学方法，又是一种具有创新性的教学方法。它既是教育教学改革的必然产物，也是新课程改革的必然要求，又是全面推进素质教育的必然选择。问题式教学法作为一个行之有效教学方法，要求教师积极转变教育教学观念，充分运用问题式教学法，以问题为中心创设问题情境，引导学生在寻求和探索解决问题的活动中，掌握知识、发展智力、培养技能，进而培养学生自己发现问题和解决问题的能力。

"思想道德修养与法律基础"课具有很强的育人功能。"思想道德修养与法律基础"课不仅能传授给学生必需的政治思想理论知识，而且会对学生的情感、思维、观念、习惯、心理等进行培养。问题式教学法在思想道德修养与法律基础课中的运用对改变传统的教学模式、提高教学效果和学习效果具有积极的作用。对问题式教学法在思想道德修养与法律基础课中的运用进行研究有利于推动思想政治理论课教学的完善和改革，有利于推进我国教育事业的发展，有利于全面发展人才的培养，同时也有利于问题式教学法的完善和发展。

问题式教学法确立了学生的主体地位。问题式教学法是"以人为本"思想在教学上的体现，突出了学生才是学习的主体，要求学生积极地转变过去死记硬背的学习方法，注重对知识的灵活运用和对自学习惯的培养。问题式教学法能够让学生的学习由被动变主动，让教师的教学由注入式变为启发式，培养学生知识迁移和合作学习的能力。问题式教学法要求教师通过各种方法和途径，引导学生开展各种学习活动，鼓励学生的勇于质疑、大胆假设、实事求是，激活学生的创新思维，激发学生的探索精神，使学生在收集资料、调查分析、归纳总结等方面的能力得到全面的提升。

问题式教学法的精髓在于教学形式的灵活性和教学效果的明显性。但是，由于笔者的水平、能力有限及研究条件的限制，目前对问题式教学法在思想道德修养与法律基础课中运用的研究还只是初步的探究，仅提出一些个人的见解和看法，还有很多的相关问题有待大家共同进行探讨。例如，问题的设计如何更加科学和合理？当学生在课堂中给出一些偏离主题的问题时，教师应该做出怎样的引导？学生在问题式教学法中的学习效果如何评价？等等。笔者期待得到更多同行同仁的关注，共同在思想道德修养与法律基础课的教学实践中进一步探讨和研究。

第六章 混合式教学

2016 年 12 月，习近平总书记在全国高校思想政治工作会议上指出，要运用新媒体、新技术使工作"活起来"，推动思想政治工作传统优势与信息技术高度融合，增强时代感和吸引力。2017 年 1 月，国务院发布的《国家教育事业发展"十三五"规划》也明确提出，大力推进教育信息化，推动"互联网+教育"新业态发展。我国高等教育改革已经进入了数字化时代。在教育信息技术高速发展的背景下，学生的学习方式正以惊人的速度改变着，为了应对现代社会的多元特性，提升思修课的教学质量，出现了融传统教学与数字化教学的混合式教学法。何克抗认为混合式教学就是要把传统学习方式的优势和 E-Learning（数字化或网络化学习）的优势结合起来，同时既要发挥教师主导作用又要充分体现学生主体性的教学方法。霍恩和斯泰克做出更加具体的界定：学生至少部分时间在家以外的受监督的实体场所学习，至少进行部分在线学习的任何正规的教育课程，其间学生可自主控制学习的时间、地点、路径或进度。学生在学习课程或科目时的各种模块结合起来，为学生提供一种整体的学习体验。

混合式教学具有以下两方面的特征：一是在教学场域上，线上教学与课堂教学是不可或缺的组成部分。因此，仅包括线上教学活动的慕课、微课等教学方式不能被称为混合式教学。同时，线上教学内容与课堂教学不是相互割裂的，而是相互配合来达成教学目标，并给学生形成"整合式"的学习体验。二是从师生在教学过程中发挥的作用来看，混合式教学旨在构建以"教师为主导、学生为主体"的教学模式。从这个意义上看，即使教学过程中使用了网络技术和软件等新信息技术也不一定就是混合式教学，判断是否采用了混合式教学法的关键在于信息技术的使用是否与思想政治理论课教学有机结合并改变了单一灌输式的传统教学模式。如果信息技术的使用只改变了教学资源的呈现方式，而没有形成以"教师为主导、学生为主体"的教学模式也不能称之为混合式教学。综上所述，混合式教学法是将线上教学与传统课堂教学有机结合起来的一种新的教学模式，教师由教的角色变为指导，学生由被动变主动，在教学过程中既发挥教师的主导作用，又体现学生的主体地位。学习活动更加丰富灵活，教学效果得到提升。当前，混合式教学这种的新兴的教学方式，已被国内不少高校应用到思想政治理论课教学中。

一、新时代高校思想政治理论课混合式教学法的兴起与发展

新时代高校思想政治理论课混合式教学法的兴起与发展有赖于现代信息技术的发展和普及，有赖于国家教育信息化规划和精品在线课程建设政策的有力推动，但最重要的推动力量来源于高校思想政治理论课教师致力于提高铸魂育人效果、促进大学生全面发展的创新和创造行动上。

（一）高校思想政治理论课混合式教学法的兴起

2012 年 3 月教育部关于印发《教育信息化十年发展规划（2011—2020年）》（教技〔2012〕5 号），首次在政府文件中提出了"教育信息化"的概念并强调指出了"信息技术与教育教学相融合"的基本发展思路。在教育信息化理念的铺垫下，2014 年 3 月 15 日，由复旦大学牵头建设的全国首门高校思想政治理论课在线课程"思想道德修养与法律基础"在"智慧树"播出，开启了我国高校思想政治理论课在线开放课程的先河，为高校思想政治理论课混合式教学模式建立奠定了基础。这门课程采取线上教学与线下研讨、多校多位教师讲授与一位教师引导讨论相结合的方式开展，课程性质属于混合式多校共建共享的在线开放课程。复旦大学王桃珍博士和高国希教授称这种教学模式为"混合式"慕课或"中国式"慕课。2015 年，清华大学先后向全球推出了四门思想政治理论课慕课（MOOC），并且在校内进行了"基于慕课的混合式教学"模式改革试点，推动了混合式教学法在思想政治理论课教学实践中的运用。在 2015 年春季学期，清华大学"毛泽东思想和中国特色社思想政治工作研究会主义理论体系概论"（以下简称"概论"）和"中国近现代史纲要"（以下简称"纲要"）两门课程用 MOOC 教学代替传统思想政治理论课线下授课，概论课另外组织了 3 次线下讨论、3 次专题辅导，纲要课组织了 7 次线下讨论、3 次专题辅导，思想政治理论课 MOOC 授课教师和专题辅导教师都由清华大学思想政治理论课教师担任，线下教学组织了包括思想政治理论课教师、研究生助教在内的思想政治理论课教学团队，负责组织辅导讲座、小班专题研

讨、读书会等活动，对学生进行比较广泛的面对面授课和指导。

为了进一步推动高校思想政治理论课 MOOC 建设和混合式教学法的发展，2015 年 4 月又印发了《教育部关于加强高等学校在线开放课程建设应用与管理的意见》（教高〔2015〕3 号），指出要"推进适合我国国情的在线开放课程和平台建设"，促进优质教育资源应用与共享，并且计划到 2020 年认定 3 000 余门国家精品在线课程。2017 年 7 月印发了《教育部办公厅关于开展 2017 年国家精品在线开放课程认定工作的通知》（教高厅函〔2017〕40 号），提出了"促进信息技术与教育教学深度融合，推动高等学校教育教学改革"的重大任务。教育信息化规划的出台和精品在线课程建设的推进为高校思想政治理论课 MOOC 建设明确了指导思想、基本原则、工作步骤、课程标准、建设目标，为新时代高校思想政治理论课 MOOC 建设和混合式教学模式的探索统一了思想、指明了方向、提供了标准和规范，促进了新时代高校思想政治理论课的改革和创新。

（二）高校思想政治理论课混合式教学法的发展

随着国家精品在线课程和省级精品在线课程建设的推进，我国不少高校纷纷基于在线开放课程平台或者自主研发平台推出了思想政治理论课在线开放课程，开展了思想政治理论课混合式教学法的深度改革。高校思想政治理论课教师遵循思想政治理论课教育教学规律，把思想政治理论课混合式教学法的一般经验同本校思想政治理论课建设实际相结合，推进了高校思想政治理论课混合式教学法的创新和发展。当前高校思想政治理论课混合式教学法呈现出开课高校多元化的局面，即由重点院校扩展到一般院校、由本科院校扩展到专科院校，课程设计多样化、线上教学和线下教学比例差异化、线下教学授课内容出现讨论和讲授理论等差别。例如，考虑到本校与国内重点院校学生的学习态度和学习能力的差异，湖北荆州学院在"思想道德修养和法律基础"课程上积极推进混合式教学模式改革，其中线上教学部分在学习时间和学习成绩分配上占了近一半，线下教学采取了理论专题讲授的形式，把《思想道德修养与法律基础》教材分为 7 个专题，在学生充分自学的基础上，围绕学生的理论困惑进行深入探讨，并且在社会实践环节没有采取读书会等理论研讨形式，而是采取了演讲、辩论、模拟法庭等社会实践形式。河南省某高校直接把学习平台上的思想政治理论课 MOOC 作为课前学生自学预习资源引入思想政治理论课教学，把学生观看教学视频、做练习题等自学形式和教师讲授结合起来，利用思想政治理论课 MOOC 平台上的技术工具（签到、错题统计、学习记录等）辅助开展传统思想政治理论课课堂教学（教师讲授）。

二、新时代高校思想政治理论课混合式教学法的特点

新时代高校思想政治理论课教师充分运用现代信息技术的教育教学优势和便利条件，紧密结合新时代大学生的年龄特征、心理特点、思维方式和学习习惯，在教学理念、教学目标、教学手段、教学方式、教学评价等方面进行了大胆的探索和创新，初步形成了相对成熟、基本定型的思想政治理论课混合式教学模式。

（一）坚持"以学生为中心"的教育教学理念

新时代高校思想政治理论课混合式教学法是伴随着 MOOC 的建设发展起来的，在授课方式上采用了 MOOC 的视频教学方式，在建构理念上借鉴了 MOOC 的建构主义学习理论，但是新时代高校思想政治理论课混合式教学模式又不完全等同于 MOOC，在建构理念上它还是以马克思主义思想政治教育教学理论为指导。新时代高校思想政治理论课混合式教学模式的建构，充分尊重了大学生的学习主体地位，明确了以促进大学生的全面发展为目标、以实现大学生的有效学习为中心，并且以此来开展高校思想政治理论课课程教学设计。

新时代高校思想政治理论课混合式教学理念体现在教学形式、教学内容、教学方法、教学过程等各个方面，如在教学形式上，教师采用了线上视频教学，学生学习可以不受时间、空间和次数的限制；在教学内容上，教师设置了多样化的学习内容（教学视频、PPT、讲义、阅读材料、课后练习等）供学生自主选择学习；在教学方法上，更多采用了研讨法、练习法、任务驱动法等启发性方法，以激发学生的学习积极性、主动性。相比建构主义学习理论者主张的教师由知识的传授者、灌输者转变为学生主动建构意义的帮助者、促进者，发挥学生的主动性、积极性，新时代高校思想政治理论课混合式教学法更加强调教师对学生自主学习的引领作用、提升作用、评价作用。教师在视频教学设计上，不但考虑了学生的理论需求，更考虑了对教材逻辑和结构的科学把握，突出了重点、突破了难点。小班研讨时，教师不但是学生发言、展示的倾听者，更是学生价值引领和能力培养的指导者、评价者。

（二）以提高新时代思想政治理论课教育教学效果为目标

新时代高校思想政治理论课承担着用习近平新时代中国特色社会主义思想

铸魂育人的根本任务，承担着用社会主义核心价值观引领当代大学生的价值观念的历史使命。但是当前高校思想政治理论课仍不同程度地存在着过分迎合学生、教学内容随意化、意识形态属性弱化、课堂教学过分注重形式、忽略教学内容的思想性、教学亲和力不够、针对性不强等问题。产生这些问题的原因是多方面的，既有教学管理方面的，也有师资方面的，还有教学模式方面的。新时代高校思想政治理论课混合式教学法就是为解决思想政治理论课教学中的问题而进行的改革和创新，它集中体现在其采取了"线上教学+线下教学"的形式，实行了小班授课，增加了教学研讨的环节。新时代高校思想政治理论课混合式教学法引入思想政治理论课国家大规模在线精品课程，通过共享名校名师的优质的思想政治理论课教学资源弥补了部分院校思想政治理论课师资不足、思想政治理论课授课质量不高、教学内容随意化等缺陷；采取小班授课的形式开展线下教学，通过减少班级授课人数，增加思想政治理论课教师与学生接触的机会，使思想政治理论课教师更好地了解学生的思想动态，增强了思想政治理论课教学的针对性和有效性；增加教学研讨环节则通过学生的发言、讨论、演讲等活动调动学生的学习兴趣，提高学生思想政治理论课教学参与度，增强学生思想政治理论课教学获得感。

（三）采取基于网络学习平台的线上教学和线下教学相结合的教学方式

新时代高校思想政治理论课混合式教学依托网络学习平台，在教学过程中采取了线上教学和线下教学相结合的方式。思想政治理论课线上教学和线下教学的比例在各试点高校之间、同一试点高校不同课程之间存在一定差别。在线上教学环节中，教材知识体系被分割成若干段相对独立的知识单元，由教师精心录制成若干段 10 分钟左右的教学视频，上传到网络学习平台，学生可通过网络学习平台观看教学视频、进行在线阅读、完成在线练习等方式学习课程基本知识。线下研讨环节则可由思想政治理论课教师组织、策划、设计研讨主题（大多围绕大学生关注的社会热点问题、理论难点问题、思想困惑问题），学生通过课前查找资料、准备发言提纲、课上进行讨论等环节进行深度研讨学习，以深化对马克思主义理论的认识，锻炼运用马克思主义基本原理解决问题、分析问题的能力，从而形成符合时代要求和社会发展需要的价值取向、价值判断和价值观念。

（四）实行现代信息技术和传统课堂教学相融合的教学手段和教育策略

新时代高校思想政治理论课混合式教学法把计算机技术、多媒体技术、互联网技术、大数据技术等现代信息技术运用于思想政治理论课课堂教学，并且为思想政治理论课教学专门打造了网络学习平台，开发了视频教学、课外阅读、课下练习等教学模块，建设了基于网络学习平台的师生教学互动程序，以及对学生课程学习情况进行实时统计分析的数据系统。在思想政治理论课教学中，教师可以随时在网络学习平台上对学生的学习状况进行数据采集和分析，以更好地把握学生的思想动态，进而更精准地对学生进行思想引导和价值引领；可以对学生课程学习数据进行统计和分析，随时发现学生在理论学习中的难点和盲点问题，进而更有针对性地完善教学设计；通过网络学习平台的教学程序和工具，师生之间可以有效地进行教学互动。总之，高校思想政治理论课混合式教学法把现代信息技术同思想政治理论课课堂教学相结合，使得课堂教学在更好地发挥教师主导性、更好地尊重学生主体性、更好地运用现代信息技术提高思想政治理论课教育教学的实效性等方面取得突破。

（五）建立过程性考查和结果性评价相结合的学生成绩综合评价体系

新时代高校思想政治理论课混合式教学法在考核评价上，改变了传统思想政治理论课教学主要通过期末考试一次性考查学生知识掌握情况的成绩评定方式，实行平时考查和期末考试相结合、过程性评价和结果性评价相结合的综合性考核评价方式。这种综合性考核评价方式既涵盖了对学生的马克思主义理论掌握情况的考查和评价，也涵盖了对学生运用马克思主义基本原理分析问题和解决问题能力的考察和评价，还涵盖了对学生学习态度、政治表现和价值观念的评价，比传统思想政治理论课成绩评定方式更全面、更灵活、更贴近实际，对提高思想政治理论课教学和思政工作研究效果更具有现实指导意义。当前，在高校思想政治理论课混合式教学模式试点院校中，学生成绩大多由线上学习成绩、线下讨论成绩和期末考试成绩等几部分构成。学生的线上学习成绩评价主要检验学生观看教学视频、完成课后练习和课后作业、参与社区讨论等学习任务完成情况，侧重于帮助学生树立正确的价值观念、掌握基本理论；线下讨论成绩评定主要考查学生讨论参与度、学生发言水平、小组讨论质量等情况，侧重于培养学生运用马克思主义理论分析问题和解决问题的能力；期末考试评价主要检验学生对课程知识学习的理解和掌握情况，侧重于帮助学生掌握基本观点、基本理论，训练抽象思维能力。

三、混合式教学法在思想政治理论课教学中的优势和实施的障碍

（一）混合式教学法在思想政治理论课教学中的优势

1. 促进了教学理念及课堂主体的转变

混合式教学会促进教学理念的更新，整合教材内容与网络教学资源，更加注重"线上+线下"的"虚拟+实体"教学的结合，加强教学互动，有利于推动课堂主体逐渐转向以学生为主。混合教学模式下，教师一改往日"说书先生"的角色，而是以学生为本，把精力放在与学生的沟通交流上，激发学生主动学习的积极性，从而培养具有正确价值观、批判性思维和创新精神的新时代大学生。

2. 增强了教学方式的互补性及教学体验的主动性

混合式教学法将传统的"教师讲+学生听"的教学模式，转变为教师引导启发、学生讨论交流思考的方式，既对知识结构性比较强的知识体系以及具有探究性、挑战性和互动性的教学内容进行面对面的讲解，同时还通过网络教学资源和技术手段对学生提供个性化、能力本位的培养，以弥补教材的缺陷。混合式教学以学生自主性学习为主要特征，通过让学生自己进行网络教学资源的搜索、分析、学习利用，参加或发起网络平台和课堂话题的讨论，阐述自己的见解，从而引发教师与学生共同进行探讨，促进生生之间、师生之间、网络与课堂之间的互动，有利于激发学生的思考能力，有效地增强学生的教学参与度与教学体验的主动性。

3. 满足了思想政治理论课教学需求的差异性及时效性

混合式教学可以利用丰富的网络教学资源，将教学内容由传统的教材和文字延伸、拓展到丰富的视频、音频、图片、电子书等素材，使大学生可以及时了解到传统课堂所没有的学科前沿、时事热点问题，及时获取最新的社会讯息和知识，开阔眼界，从而引导学生对课堂教学中的难点、疑点和社会热点问题形成客观、全面的认识。目前，线上教学方式更加符合当代大学生的生活习惯与认知特点，线下学习方式更能够帮助学生透彻地理解思政理论。混合式教学能够考虑学生的个性发展和差异性成长，并通过"线上+线下"方式的结合，满足实际教学需求的差异性，突破教学的时间和空间限制，适应思政教育的时效性，提升青年学生思政教育的实效性。

4. 改进了思想政治理论课的考核评价方式

混合式教学法倡导"教师引导＋学生主体"的学习方式，这也推动着教学评价体系的补充和完善，促使着过程性考核取代结果性考核。通过混合式教学模式改革，学生的课堂参与度评价、问答思索深度评价、在线视频学习、课堂章节测验、线上发言讨论等部分的表现都会计入最终成绩。这就有利于多维度把握学生的学习状态、思想动态、政治观点、心理健康状况，可以对学生的综合水平做出全面的把握，实现从单一的知识灌输到"知识＋能力＋素质"多维培养的转变。

（二）混合式教学法在思想政治理论课教学中实施的障碍

1. 网络平台、校园网等基础设施建设不够完善，严重影响了学生的学习体验

思想政治理论课混合式教学法是"线上教学＋线下教学"相结合的教学模式，线上资源是实施混合式教学模式的前提，网络平台、校园网等基础设施是混合式教学模式顺利实施的基本保障。建设支撑线上教学的网络平台需要高校投入大量的资金，基于资源有限性以及对思想政治理论课缺乏重视等现实，某些高校只重视对专业课程上的经费投入和网络平台建设，对于思政公共课的建设不够重视，资金投入不足，导致思政教学网络学习平台建设不完善，网络视频和资料不齐全。另外，很多高校的校园网还没有实现全覆盖，网速较低，学生在进行线上学习活动时，无法登录账号、网页打开较慢、信号中断等问题时有发生。这些问题的存在严重影响了学生的学习体验，进而打击了学生线上学习的积极性和主动性。

2. 教师驾驭现代教学手段的能力欠缺，弱化了网络教学的作用

要有效利用网络教学平台开展混合式教学，这在很大程度上依赖于教师运用现代教学手段的能力。混合式教学法离不开上传资料、发布教学任务、录制视频等环节，这些需要教师具备运用互联网获取教学资源、熟练使用信息化设备等能力，但是受年龄、思想观念、缺乏相应培训等多方面因素的影响，很多高校思想政治理论课教师应用现代教学手段进行教学的技能还有一定欠缺，或是不能很好地利用互联网获取教学资源，或是将获取到的教学资源与书本知识进行整合的能力不强，或是对微课、慕课、雨课堂等教学手段了解和应用不多，这些在一定程度上弱化了网络教学的作用。

3. 线上学习缺乏监管，学习反馈的真实性难以辨别

高校思想政治理论课实施混合式教学模式需要教师先在网络平台上发布学

习任务，学生按要求在课下自觉主动地进行在线学习。教师和学生不是面对面的，教师虽然可以通过网络平台设计的开始时间、结束时间查看参与讨论情况和发帖情况，查阅提交作业人数等，随时随地了解、掌握、评价学生参与教学活动情况，但整个学习过程缺乏监督，无法保证所有学生都能真实、认真完成，如学生观看视频材料是否认真，网上讨论的观点是否抄袭了他人，作业是否由本人亲自完成等情况教师无从辨别。据中南大学马克思主义学院吴争春副教授 2016 年开展的一项"中国近现代史纲要"混合式教学模式改革的调查研究中发现，76% 的学生认为网络学习缺乏监督，学习自觉性不够，61% 的学生认为网上作业容易出现舞弊现象，线上学习反馈的真实性难以辨别。

四、新时代高校思想政治理论课混合式教学法的深化与完善

新时代高校思想政治理论课混合式教学法的深化与完善，要紧紧围绕思想政治理论课教育教学的主要矛盾，遵循思想政治理论课教书育人规律、大学生成长成才规律和思想政治工作规律，促进现代信息技术优势和传统思想政治理论课教育教学优势融合发展，在改革创新中不断提高思想政治理论课教育教学成效，满足大学生的思想需求，促进大学生的全面发展。

（一）用习近平新时代思想政治理论课建设相关论述指导混合式教学法改革

党的十八大以来，习近平总书记多次在各种会议、批示中做出加强思想政治工作的指示，特别是在全国高校思想政治工作会议和学校思想政治理论课教师座谈会上详尽地阐述了思想政治理论课的地位和作用，思想政治理论课建设的指导思想、基本方针、主要原则，以及思想政治理论课教师应该具备的基本素质等问题。习近平有关思想政治理论课建设的论述既延续了中国共产党重视和加强思想政治理论课建设的历史经验和优良传统，又反映了新时代党和国家对高校思想政治理论课建设的期望和要求，反映了新时代高校思想政治理论课建设的基本规律，科学地回答了新时代要建设什么样的高校思想政治理论课、怎样建设新时代高校思想政治理论课等一系列问题，为新时代高校思想政治理论课的守正创新提供了指导思想。在新时代高校思想政治理论课混合式教学模式的建设过程中，出现了课堂教学应该"以学生为中心"还是"以教师为中心"的关于教学理念的争论，出现了线上教学能否代替线下教学的关于教学形式的争论，出现了"'面对面'教学和'荧屏对荧屏'教学哪个效果好"的

关于教学效果的争论，等等。这些现实问题和争论的本质在于新时代高校思想政治理论课如何应对以科技革命为代表的先进生产力对思想政治教育提出的新挑战，如何回答新时代建设教育强国对思想政治理论课人才培养提出的新问题。新时代高校思想政治理论课混合式教学模式改革，必须充分重视这些争论和现实问题，厘清这些争论和现实问题的本质，找出这些问题的破解对策。这就要求高校思想政治理论课混合式教学模式改革必须坚持以习近平新时代中国特色社会主义思想为指导，按照习近平新时代思想政治理论课建设相关论述中提出的"三因""六要""八统一"等具体要求，推进新时代高校思想政治理论课建设的创新与发展，不断以新实践、新思想、新理论回应新时代高校思想政治理论课建设中提出的各种新问题和新挑战。

（二）促进现代信息技术同思想政治理论课教学传统优势相融合

新时代高校思想政治理论课混合式教学要提升思想政治理论课的思想性、理论性、针对性和亲和力，最重要的工作就是推动现代信息技术优势同思想政治理论课教学传统优势融合发展。这就要求思想政治理论课教师既要掌握现代信息技术的本质、特征、功能和发展规律，又要充分吸收思想政治理论课课堂教育教学的客观规律和成功经验，处理好现代信息技术优势与思想政治理论课教学传统优势融合发展中的各种深层次矛盾。现代信息技术是当前世界科技革命的重要成果，正在深刻地影响和改变着人类社会生活，它不仅改变了思想政治理论课的讲授方式、学习方式，也改变了思想政治理论课师生的认知方式和思维方式。现代信息技术在一定程度上促进了思想政治理论课教育教学的数字化、网络化、智能化、便捷化。但是，需要强调指出的是，现代信息技术在思想政治理论课教学中的运用，也不同程度地减少了思想政治理论课教师与学生的接触和了解，造成了思想政治理论课教师和大学生的疏离感和陌生感，影响了思想政治理论课人才培养的质量和水平的提升。高校思想政治理论课教学的传统优势在于思想政治理论课教师用深刻的学理满足学生的理论需求，用通俗易懂的道理解答学生的现实困惑，在于思想政治理论课教师用自身坚定的政治信仰、强烈的家国情怀、高尚的人格魅力去影响学生、感染学生、教育学生、培养学生。当然，传统的教学方式也在一定程度上存在着过于粗放、教学手段不够先进、教学信息化程度不高等问题，制约了思想政治理论课教育教学的进一步发展和提升。

总之，要促进现代信息技术同思想政治理论课教学传统优势融合发展，提升新时代高校思想政治理论课教育教学质量，就必须根据思想政治理论课教育教学的需要，不断开发、探索和尝试现代信息技术在思想政治理论课教学场景中新的应用和新的功能，提高思想政治理论课教学中现代信息技术手段的可用性和便利性；就要顺应现代信息技术日新月异的时代潮流，把现代信息技术发展带来的精神、理念、手段、工具比较普遍地应用于常态化的思想政治理论课教育教学中；就要深入研究新时代思想政治理论课教育教学规律，围绕思想政治理论课立德树人、铸魂育人的任务，充分发挥现代信息技术的优势和思想政治理论课教学的传统优势，为师生创造高质量的教学体验。

（三）促进思想政治理论课线上教学和线下研讨的紧密衔接

新时代高校思想政治理论课混合式教学法在引入优质思想政治理论课教育教学资源、带来思想政治理论课教育教学新体验的同时，也造成了线上教学和线下研讨的分离和对立。这种分离和对立极大地影响了思想政治理论课教育教学质量和效果。新时代高校思想政治理论课使用混合式教学法的积极作用在于放大了优质思想政治理论课教育教学资源，促进了教育公平；消极作用在于破坏了传统思想政治理论课的教学生态，存在教学失控、教学质量下降的风险。开展好新时代高校思想政治理论课"混合式"教学，就必须正视和解决线上教学和线下研讨之间的矛盾，促进线上教学和线下研讨在教学设计、教学内容、教学重点难点、教学目标等方面的协调一致。在教学设计上，要从学生的思想实际和认知水平出发，围绕课程教学目标，突出教学重点、突破教学难点，要整合好线上和线下的教学内容，线上教学要讲深、讲透、讲细教材知识体系，线下教学要设计好研讨的理论问题、热点问题和现实问题，要促进线上教学和线下教学形成合力。在教学进展上，要控制好教学流程、把握好教学进度、管理好教学环节，促进线上教学和线下教学的相互衔接、相互配合、相互促进。在教学目标上，要把线上教学的知识传授、价值观渗透和引导同线下教学的理论研讨、答疑解惑、成果展示等紧密联系起来，促进学生的知识体系向价值体系、信仰体系转化，最终达到提升学生的思想觉悟、理论水平和道德素质的目标。

（四）完善思想政治理论课混合式教学管理制度

新时代高校思想政治理论课混合式教学涉及线上教学和线下教学、校内教学资源和校外教学资源、教学过程和教学管理等多个环节和方面，是一个系统的综合性工程。思想政治理论课混合式教学法虽已经建立并且初步定型，但是与思想政治理论课混合式教学法相适应的教育教学管理制度还不够成熟。具体来说，思想政治理论课在线课程建设相关标准和制度不能满足思想政治理论课混合式教学线上课程建设的需要，传统思想政治理论课课程教学管理制度又明显滞后于新时代思想政治理论课混合式教学的发展要求，迫切需要建立与新时代高校思想政治理论课混合式教学场景相适应的集体备课、教学评价、教学反馈、教学管理等相关制度。新时代高校思想政治理论课混合式教育教学管理制度建设，首先要完善集体备课制度，建立线上授课教师和线下研讨指导教师（特别是线上授课教师和线下研讨指导教师不在同一单位的）定期集体备课制度，在学期初、学期中和学期末要围绕课程建设目标、授课内容、重点难点、学生反馈等问题进行集体备课研讨；其次要建立教学评价制度，明确新时代思想政治理论课混合式教学的评价标准，让上课学生、授课教师、研讨指导教师、教学专家和管理者共同参与教学评价，并运用教学评价结果改进新时代思想政治理论课教育教学；最后要建立教学反馈制度，定期进行思想政治理论课教学效果反馈，使线下研讨教师明确线上教学的授课思路、重点难点、教学案例等内容，使线上授课教师了解学生关注的理论问题、现实困惑和社会热点问题，促进线上教学和线下研讨的有机统一。

（五）推进思想政治理论课混合式教学"因地制宜、因时制宜、因材施教"

高校思想政治理论课混合式教学模式始创于全国高校重点马克思主义学院，推广于省属本科高校、高职高专院校思想政治理论课教学。必须看到省属高校、高职高专院校与全国重点高校人才培养目标的差异、学生综合素质的差别、思想政治理论课师资力量的差距。这些差别决定了高校思想政治理论课混合式教学不能简单复制粘贴、不能生搬硬套、不能定于一尊，而只能是以提高新时代高校思想政治理论课教育教学效果为目标的"因地制宜、因时制宜、因材施教"。新时代高校思想政治理论课混合式教学要坚持因地因校制宜，要从各地各校教学设施、师资力量、教学资源等实际情况出发，遵循思想政治理论课混合式教学模式建设的一般规律，探索适合本地本校实际的线上教学和线下教学比例、线上教学的主题和设计、线下研讨的内容和形式等等；要坚持因时制宜，顺应时代潮流，顺应中国和世界发展大势，认清现代科技革命对思想政治理论课建设的要求和挑战，把握现代信息技术条件下思想政治理论课建设的客观规律，按照中国特色社会主义新时代对思想政治理论课立德树人、铸魂育人提出的新要求，不断推进思想政治理论课混合式教学模式的改革创新；要坚持因材施教，从大学生的生活实际、思想状况、专业特点、认知水平等情况出发，把思想政治理论课混合式教育教学规律与不同年级、不同层次、不同专业的学生成长规律相结合，创新思想政治理论课混合式教学法，提高思想政治理论课教育教学实效，促进各类大学生的全面发展和综合素质的全面提升。

五、混合式教学法在"思想道德修养与法律基础"课教学实践中的设计与运用

现以"思想道德修养与法律基础"课程（以下简称"基础课"）为例对混合式教学法在思政理论课教学中的有效运用加以阐明。

（一）遵循的三个维度

为适应学生特点，满足教学需求，我们采用的混合式教学法基于以下三个维度设计开展。

第一，内容维度。根据教学内容的不同，教师需将基础课具体专题教学内容拆分为基础内容、核心内容与拓展内容三个层次。其中，基础内容与拓展内容可以开展线上教学，以学生为主体承担完成，核心内容则由教师把持，以确保教学目标不会出现大的偏移。

第二，时间维度。教学模式的设计包括课前、课中、课后三个时段，课前注重引领，课中强调领会，课后则强调消化吸收，确保基础课教学效果全程覆盖。其中，课前、课后两个时段可以通过线上途径完成，课中则以线下的传统教学模式为主。

第三，阵线维度。线上线下混合教学法从网络（线上）—课堂（线下）—实践（线上+线下）三条阵线有序开展，既注重重点知识的教学宣讲，又注重学习能力的培育提升；既体现基础课的显性教育功能，又强调对基础课的隐性教育功能的挖掘。

（二）教学实施的流程

教师在与学生共同选取合适的线上平台后，可按照以下流程开展教学。

1. 课前布置

根据教学内容，老师提出相应的课前线上学习任务，各学习小组通过网络途径分组实施任务，然后将自学过程及自学结论上传至指定平台。在此期间，老师一是要关注学生的完成速度，督促学生按时完成线上任务；二是要关注学生的完成质量，对方向性错误及时指出纠正，对内容上的错误要收集整理，留

待课堂教学过程中予以解答。具体实施如下：

（1）学习小组组建。基于合作学习原则，在自愿基础上组建5～6人的学习小组，小组成员主动实行分工协作，互相讨论、学习、帮助、填补，实现以小组为单位的成果汇报模式，初步完成课前学习任务。

（2）学习资源共享。教师利用指定平台上传相应的学习资源，如微课、教学课件、拓展材料、时事热点等，安排学生完成相应的课前预习任务。教学视频采用碎片化方式进行，围绕一个概念或原理展开，时间控制在10分钟左右，一方面保障知识点的明确与划分，另一方面有利于学生对时间、空间以及心态上的弹性把控，充分吸收作为课程内容载体的教学视频知识点，保障了混合式教学的质量。

（3）相关问题讨论。教师根据课题分享相关案例，提出问题让学生小组讨论分析。教师问题的设定应把握讨论问题的难易程度，以便合作学习的开展。例如，"为什么会出现精日现象？""经济全球化背景下，爱国主义过时了吗？""中国抗疫为何能够取得阶段性重大胜利？""新型冠状肺炎疫情的国内外举措对比如何彰显中国特色社会主义制度优越性？"等等。

（4）理论知识讲解。教师根据学生预习中的困惑、讨论、交流、混淆等情况，调整、确定课程教学内容中的重点和难点；在课堂时间侧重上提前做到详略得当的安排；预判在授课过程中可能出现的疑难和争议，提前准备好解决方案，保障教学过程顺利开展，以帮助学生更好地完成课堂知识点学习。

2. 课堂教学

对于课堂教学，教师应该调整常规教学模式，改进传统课堂教学内容，课堂教学要巩固学生所学知识，解决学生线上所遇难题，重点在于培养学生掌握实践能力和知识迁移、应用能力。线下教学是反映不同学校培养学生质量的主要因素。在完成相关学习内容时，学生在教师的组织下"以传帮带"组建学习小组；教师通过设计引导性问题，检测课前的线上学习效果，并收集学生在线上学习遇到的问题，汇总提炼后确定课堂实施内容。学生小组则通过组间、组内讨论，团结合作，培养自身的探究问题和解决问题能力。教师在学生讨论与课堂实施时巡回指导，培养学生的知识迁移能力。针对学生的共性问题，教师则统一讲解。最后，借助课堂实施评价体系，师生共同参与完成相关评价活动。具体实施如下：

（1）小组成果讨论。利用课前的小组案例讨论，在课堂上展示小组分析结果，并形成小组间的观点碰撞。以"新型冠状肺炎疫情的国内外举措对比如何彰显中国特色社会主义制度优越性？"这个知识点为例，学生可以通过中外抗疫过程对比，更深刻理解社会主义制度的优越性。第一，中国的抗疫过程彰显了党的集中统一领导的制度优势。坚持党的集中统一领导，是国家政治稳定、社会和谐的根本保证。在疫情防控过程中，有党的集中统一领导，中国社会才有强大定力，才能同心同德、筑起保护人民生命健康的安全屏障。中国共产党是国家和社会的领导核心，是为人民而执政的党。在任何困难和挑战面前，党都要对人民负责、对历史负责，不辜负人民的信任。面对重大突发事件，党更要承担起维护国家安全、维护社会稳定、维护人民利益的责任，更要把人民的生命安危放在首位。在这次疫情应对过程中，有的西方国家各党派争斗不止、相互推诿，导致疫情蔓延，酿成了更加严重的灾难性后果。在中国，因为有党的集中统一领导，保证了国家的政令统一、步调一致，使疫情在较短时间内得到有效遏制，保持了社会稳定、人心安定。第二，中国的抗疫过程彰显了整体利益置于首位的制度优势。社会主义制度把整体利益置于社会首位，避免了个人利益至上导致的社会利益的分立分离，以及由此衍生的社会冲突。在防控疫情过程中，这一制度优势明确了正确处理社会整体、群体、个体之间利益关系的基本准则，同时也强化了社会成员的集体意识、国家观念。社会主义制度强调整体利益至上，这同资本主义制度是完全不同的。资本主义制度是一种以个人主义为核心原则的社会制度，它强调个人利益高于国家利益和集体利益。个人主义最初是资产阶级反对封建专制主义的武器，在资产阶级上升为统治阶级以后，它便成为国家意识形态，成为资本主义制度建构的基本依据，也成为国家和社会生活的基本准则。个人主义无论何时何地都坚持以个人为中心来看待社会、处理人与人之间的关系。以自我为中心的个人主义不仅会造成人与人之间的疏离，也很容易衍生出利己主义。在疫情肆意蔓延期间，这种个人主义导致社会成员只关注自己的所谓"权利"和"自由"，不愿受任何约束，缺乏集体意识、整体观念，许多西方国家为此付出了高昂代价。第三，中国的"抗疫"过程彰显了坚持人民主体地位的制度优势。社会主义制度使人民成为国家和社会的主人，在获得社会尊严的同时也发挥着社会主体作用。在防控疫情过程中，这一制度优势集中体现为国家和社会全力守护人民生命健康安全，同时也依靠人民，把人民群众作为防控和战胜疫情的主体力量。习近平总书记指出，坚持以人民为中心的发展思想，体现了党的理想信念、性质宗旨、初心使命，也是对党的奋斗历程和实践经验的深刻总结。必须坚持人民至上、紧紧依靠人民、不断造福人民、牢牢植根人民，并落实到各项决策部署和实际工作之中，落实到做好统筹疫情防控和经济社会发展工作中去。第四，中国的抗疫过程彰显了强大社会动员能力的制度优势。社会主义制度之所以有强大的社会动员和组织能力，其中至关重要的就是有公有制的主体地位和民主集中制。公有制的主体地位，决定了关系国计民生的自然资源、经济资源、技术资源等大都由国家和集体来支配，这就为国家进行有效的社会动员、调动各方积极性、形成资源和力量优势、集中力量办大事办难事，提供了制度上的保障。民主是社会主义制度的本质要求，也是保持国家和社会生机活力的根本。但只有民主而没有集中，就没有效率。在民主的基础上实行集中，有利于统一意志、强化共识，保持政令畅通，使党和政府的决策部署得到迅速有效的贯彻执行，也可以避免一些国家在决策过程中出现那种互相牵扯、议而不决、决而不行的现象。这对于维护国家安全、应对突发事件、完成重大任务意义尤为重要。第五，彰显依法治国的制度优势。在整个疫情防控过程中，党和国家做出的各项重大决策、发布的各种信息报告、推出的各种防控举措，都是于法有据、有章可循的。疫情防控期间，相关部门严格执行有关疫情防控法律法规，妥善处理防控工作中的各种问题，并加大对危害疫情防控行为的执法力度，依法打击严重违法乱纪行为，为抗击疫情营造了一个稳定有序的社会环境。与此同时，广泛进行疫情防控的法治宣传，引导广大人民群众增强法治意识和遵守法律法规的自觉性。

通过学生讨论，既改变了教师一家之言的弊端，又呈现多元探讨的氛围与亮点，考察了学生的逻辑思辨能力与语言表述能力。

（2）知识消化引导。经过充分的讨论，重点、难点问题在讨论中迎刃而解，摆脱了教师课堂冗长无趣的讲解，轻松达到对知识点解析与理解的目的，使基础课教学的技能与情感目标得到进一步拓展与延伸。对于一些未能解决的问题和困惑，教师在课堂上答疑解惑，在帮助学生解开疑惑的同时，降低了知识点难度，细化了知识点，学生学会透过现象看本质，增强了四个自信，最终教师引导学生实现了知识的消化。

当然，课堂讲授过程中必然会出现临时生成性问题，这对教师的理论功底与教学技巧提出了一定要求：不仅要掌握问题背后的理论支撑，同时也要扮演各类角色。对于难以讨论的问题，当课堂沉默时，教师要发挥主导者角色，一步步激发学生的感性认识；当问题一目了然，课堂讨论无法出彩时，教师要扮演理论者角色，帮助学生将零星、感性的见解升华为抽象的理性认识；当问题争议分歧大、观点容易冲突时，教师要扮演好调解员角色，除了对正确、创新的观点予以认可、鼓励外，对错误的观点和看法也要注重引导纠正，特别是关于价值观方面的，驳击反面例子的最有效方法，是呈现大量的正面案例辅以佐证。

3. 课后实践

（1）课后实践的设置。基础课既是理论课程，又是实践学科，我们不仅要关注理论知识的讲授，还要关注实践活动的开展。开展丰富多彩的实践教学，提高学生的参与度。实践教学相比教师的理论讲授具有学生广泛参与、形式灵活多样、气氛生动活泼等特点，是课堂讲授的有益和必要补充，也是让"高大上"的基础课"接地气"的重要方式。混合式教学法的实践探索，要坚持静态深入和动态拓展相结合，一方面应结合教学实际，利用现有技术探索更为成熟、可供移植的模式；另一方面应密切关注新媒体的发展，将最新的技术成果运用到教学中来，不断优化和创新基础课混合式教学法。

教学实践活动在紧密结合教学理论内容的基础上可以设置为课内实践与课外实践两大板块。各院校要根据学生、学院的实际情况开展课后实践活动。课内实践教学组织起来更容易，活动类型也可以更加丰富。教师根据不同的课程内容、年级、专业，结合时政热点问题合理地设计课程活动，如素质拓展训练、主题班会、小型辩论赛、演讲比赛、征文比赛、时政大家谈、红色诗文赏析、两会PPT案例大赛等。这些操作性比较强且形式多样的课内实践活动不仅活跃了课堂气氛，而且有利于锻炼学生的表达能力和分析、解决问题的能力。而且对于基础课来说，有些教学内容，如社会主义核心价值观的培育、中国梦的宣传教育也离不开实践教学活动的巩固，单纯的课堂讲授很难融入学生的精神世界，只有通过将主题实践活动与课堂教学相结合，才能促使学生在认知的基础上深入思考。对于一些开展得比较成功的活动，可以将其发展为品牌系列活动，进行持续的推广，总结经验，不断完善。另外，可以布置社会实践调查任务，让学生利用节假日或课余时间对本地或家乡社会发展变迁中的现实问题进行调查，撰写调研报告，这不仅有利于培养学生关心国家和社会发展的责任心，而且也有利于培养学生关注现实问题的自觉性，提升他们分析和解决问题的能力。

实践教学在具体操作中应注意以下几个问题：首先，注意与教学内容的配合。无论是课内还是课外的实践教学活动最终都是为了更好地服务于基础理论课教学的，只有合理地安排和衔接才能取得更好的效果。其次，做好实践教学计划，在开展实践活动的次数和可操作性上认真考虑。在基础课教学任务本身已经很重的前提下，要合理安排实践教学的课时量，也要考虑实践教学是否符合学校的实际情况。最后，实践教学活动要注意做好记录和总结，特别是学生的表现情况、教学效果以及存在的问题等，以便在今后组织策划时有所参考。

（2）课后实践延伸。课后延伸可以通过学生的反馈与教师的总结完成。

一堂课的结束，不意味着教学的结束。针对对学习内容理解不同的学生，应进一步发挥信息化教学的优势，通过布置作业，有针对性地发现学生的缺漏。其一，教师鼓励学生在课程讨论区里踊跃发言，针对内容精彩的发帖和回帖，教师还要额外加分，这也是引导学生积极参与课程讨论的好办法；其二，采用教师主评、学生自评、同伴互评与机器自动评阅技术相结合的作业打分模式，不仅能确保课程评价的客观公正，提高评价的实效性，还能通过学生自评和同伴互评，让学生参与到课堂评价中，确立学生在课程学习过程中的评价主体地位；其三，教师借助技术手段了解学生学习进度，及时掌握学习动态，评测学习水平，把握学习效果，鼓励学习成绩优异的同学分享心得，对学习进度不达标的同学及时督促，从宏观上做到对课程、学生、教学的把握，也在微观上关注到每一位学生的学习状态。

（3）实践评价方式多元化。过程性评价一改饱受诟病的传统教育方式，加大了过程性学习的考核比重。通过线上考勤、投票、回复、问卷等方式考察学生的情感态度，线上测试与课堂实践考察学生的综合能力，二者相结合，层层递进，形成过程性评价手段。混合式教学的评价方式兼具量化标准的客观公正，同时关注多方评价、互动反馈中质的把握，最终实现考评内容实现由"认知型""应试型"向"能力型""素质型"转变。

新时代背景下，随着现代信息网络、新兴媒体的迅猛发展，混合式的多样化教学资源不断丰富完善，混合式教学创造了一种全新的教学环境。就思想政治理论课学科特点和受教育者的层次水平而言，混合式教学法无疑是一种更加理性和科学的选择，也必将是新时代思想政治理论课教学改革的一项重要实践。

第七章　实践教学

在"思想道德修养与法律基础"课程的教学过程中，实践教学是非常重要的环节，它不仅可以开阔学生视野，启发学生思维，培养学生实践能力和求实精神，铸造学生的协作精神、理论思维能力和创新能力，而且可以调动学生学习的积极性、主动性和创造性，提高大学生的综合素质，树立正确的世界观、人生观和价值观。因此，"思想道德修养与法律基础"课实践教学既有其多方面的必要性，也彰显多方面的重要性。

一、"思想道德修养与法律基础"课实践教学的必要性 与重要性

（一）"思想道德修养与法律基础"课实践教学的必要性

1. "思想道德修养与法律基础"课实践环节是马克思主义实践哲学的必然要求

实践的观点是马克思主义哲学首要的、基本的观点，实践环节是马克思主义实践哲学的必然要求，实践性是马克思主义哲学与以往一切旧哲学最鲜明的区别。马克思主义哲学既从人的活动的主体性出发，又把人的主体性归结为人以自身内在需要为尺度，对自然、社会的普遍占有和实践改造，同时强调人的活动是以物质生产为中轴的有目的的物质感性活动，从而将实践作为全部哲学的基本原则。在马克思主义理论中处处闪烁着"从实践中来，到实践中去"的思想光辉。因此，马克思主义的实践性要求"思想道德修养与法律基础"课教学必须引入实践环节。而实践活动可以说是课堂教学的有机延伸，是完成"到实践中去"的不可缺少的教学环节。

2. "思想道德修养与法律基础"课实践教学是全面依法治国的必然要求

党的十八届四中全会提出，全面推进依法治国，建设有中国特色的社会主

义法治体系，建设社会主义法治国家。而这需要在社会中大力弘扬社会主义法治精神，建设社会主义法治文化，推动全社会树立法治意识，深入开展法治宣传教育，把法治教育纳入国民教育体系和精神文明创建内容中。当代大学生是社会主义事业接班人，是祖国未来建设的主力军，但是，许多大学生对法律知识了解匮乏，自我法律意识淡薄。因此，在校教育期间培养大学生的法治素质，使其树立法治观念，养成知法、懂法、守法、爱法的良好品格具有时代必要性。当前我国高校大学生的法治教育取得了一定的成绩，但大学生法治实践教育仍然很薄弱。理念和意识固然重要，但是没有实践的摸索、练习和印证，很难形成牢固的信念，甚至无法树立正确的理念和意识。法治教育尤其如此。因此，强化大学生法治实践教育，对于形成社会主义法治理念以及对于中国法治社会建设将有更加重要的意义。

3. "思想道德修养与法律基础"课实践教学是该课教学特殊性的必然要求

"思想道德修养与法律基础"课的出发点和落脚点是培养和塑造思想政治素质和道德品质合格的大学生，其最直接的目标在于提高大学生在实践中的思想道德水准，使教师所教的以及他们自己所学的知识最终内化为他们的个人素质，并外化为行为。因此，学习"思想道德修养与法律基础"课要把知与行结合起来，把学习与践履结合起来，把学习规范与遵守规范结合起来，使知识转化为内在素质。古人说过："修以求其粹美，养以期其充足，修犹切磋琢磨，养犹涵育熏陶也。"加强思想道德和法律修养是知、情、意、行辩证统一的过程，只有通过个人的主观努力和亲身实践，在学中做，在做中学，学以致用，不断增强自我教育、自我约束、自我激励的能力，慎独自守，防微杜渐，才能实现提高自己思想道德素质和法律素质的学习目的。

4. "思想道德修养与法律基础"课实践教学是弘扬和培育社会主义核心价值观的关键

包含社会主义核心价值观在内的社会主义核心价值体系构成了"思想道德修养与法律基础"课程的核心内容和根本要求。"思想道德修养与法律基础"课以时代新人要以民族复兴为己任为切入点，有针对性地开展马克思主义人生观、价值观、道德观和法治观教育，引导大学生坚定马克思主义信念，确立建设中国特色社会主义的共同理想，弘扬以爱国主义为核心的民族精神和以改革创新为核心的时代精神，践行社会主义荣辱观，培养良好的思想道德修养与法律素质。它在建设社会主义核心价值体系中承担着义不容辞的社会责任。这就要求"思想道德修养与法律基础"课的教学，要贯彻社会主义核心价值体系的实践性要求，用社会主义核心价值体系指导、整合大学生的价值实践，引领、规范他们的价值追求，使他们的价值选择、价值认同与社会主义的核心价值体系相一致、相协调，把社会主义核心价值观落实到大学生的价值实践中，从而有效发挥"思想道德修养与法律基础"课和大学生群体在建设社会主义的核心价值观中的积极作用。习近平总书记指出，培育和践行社会主义核心价值观，贵在坚持知行合一，坚持行胜于言。因此，在"思想道德修养与法律基础"课实践教学过程中要广泛开展涵盖社会主义核心价值观的实践活动，不断拓展大学生培育和践行社会主义核心价值观的有效途径。

5. "思想道德修养与法律基础"课实践教学是彰显当代大学生主体性的内在需要

高校德育课教学是对大学生实施思想政治理论教育的主渠道和主阵地。道德是人类实践活动的产物，人只有在实践活动中，才能组成社会，才会出现人与人之间的各种关系，产生个人与他人的利益冲突，从而使协调这些关系的道德成为必需。实践是道德产生和存在的基础，也是道德发展的基础。道德有一个在实践中物化、外化的环节，即道德目标的开展和实现的过程。因此，道德既是目标，又是过程。德育从内容上讲，既包括对学生道德认识和道德情感的培养，也包括对学生道德行为的锻炼，归根到底是学生的德与行的和谐统一。只有当培养出来的学生在社会生活中按照德育要求践行诺言，具备了道德的实践能力，才标志着德育目标的实现。

（二）"思想道德修养与法律基础"课实践教学的重要性

与其他学科相比，"思想道德修养与法律基础"课教学有其特殊性，其既要进行理论的教学，又要注重对学生进行思想品德和道德能力的培养。学科本身具有鲜明的时代性，与社会主义现代化建设的实践活动密切相关。因此，引导学生参与德育实践，在实践中接受现实的教育，在实践中提高学生分析问题、解决问题的能力，使德育课理论内化为学生的共识，具有非常重要的意义。

1. 有利于帮助大学生深化对理论的认识和掌握

"思想道德修养与法律基础"课实践教学，就是将理论与实际、学校课堂与社会现实、理论学习与具体行为紧密联系起来，培养学生理论联系实际的能力，以此来思考、分析、解决社会实际问题，并通过不断实践转化学生的观念与行为，体现学生主体性及其全面发展的一种教学方式。具体来讲，"思想道德修养与法律基础"课实践教学是在教师的指导下，为实现"思想道德修养与法律基础"课程的教育教学目标，根据既定的教学计划，利用生动鲜活的社会现实，激励学生学习的主动性、积极性，使学生通过各类实践活动来参与并完成思想政治理论教育的教学形式。它的最终目标在于，让学生通过切身的实践经历，增强其对马克思主义理论的真知、真信、真行并内化为自身的思想价值观，促进自身的全面发展，从而成长为国家发展、民族复兴所需要的可靠人才。

2. 有利于促进大学生坚持理论联系实际的优良学风

课堂教学解决的是学生的"知"的问题，这仅是德育的一个基础环节。实践解决的是德育的"行"的问题，这是德育的外化环节。学生在道德实践活动中，通过与社会、他人的交往，从内心深处体验"知性"的道德，或产生认同、敬畏等正向情感，或产生拒绝、厌恶等负向情感。由此可见，德育的本质是实践的。实践环节是德育不可或缺，甚至成效最优的环节。因此，我们党长期坚持的教育方针是坚持教育与生产劳动和社会实践相结合，培养德智体美劳全面发展的人，培养为社会主义现代化建设服务、为人民服务的合格劳动者。坚持理论学习、创新思维与社会实践相统一，坚持向实践学习、向人民学习，是大学生成长成才的必由之路。就此而言，实践教学是我国高校思想政治理论课程中必不可少的组成部分，是当代大学生提升思想政治认识、加强思想政治修养、实现思想政治理论教育由知到信并向行转化的必要阶段。

3. 有利于提高大学生学习的主动性和积极性

大学生始终是学习的真正主体，教师应在其学习过程中发挥主导作用。根据很多教师的教学经验，大一新生一般不太重视对"思想道德修养与法律基础"课程的学习。因为他们觉得自己从幼儿教育到高中阶段一直都在学习这些内容，自己都懂，因此，联系学生实际、社会实际开展实践教学对于提高大学生"思想道德修养与法律基础"课学习的积极性和主动性十分重要。譬如，在绪论部分，教师在针对新生匆匆踏入大学校门，走入一个陌生的学习环境中，一切都充满着迷茫，不知下一步该走向哪里的关键时刻，可用一些优秀学生的实例来对他们进行教育，帮助他们拨开眼前的迷雾，指明未来发展的方向。当然，信仰问题、爱国问题、价值问题、道德问题以及法律问题等都可以通过每个人在日常生活中的事例来切入。如此问题链式的教学再辅之以实践教学内容，不仅可以大大提高学生的学习主动性和积极性，还可以不断深化课堂理论教学，提高学生实践能力，让学生在实践中升华思想境界，铸就优良思想品德，在实践中学会做人做事，学会运用马克思主义立场观点去分析、解决实际问题，从而提高学生的认识能力、思辨能力和实践能力。

4. 有利于促进教师教学能力和科研水平的提高

"思想道德修养与法律基础"课实践教学不仅关乎学生的培养，而且关乎教师能力的提升。一方面，教师要通过对大学生实践教学的指导活动和开展社会实践、学习考察等活动，进一步了解国情，开阔视野，丰富教学素材，提高理论教学和实践教学的实效性，同时教师也在指导实践教学过程中不断提升自己的能力。另一方面，"思想道德修养与法律基础"课教师还可以不断将实践教学理念融入教学的各个环节和过程中，进而有目的地开展学术活动，不断提升自己的教学研究和科学研究能力。

二、"思想道德修养与法律基础"课实践教学的主要类型

加强"思想道德修养与法律基础"课实践教学，必须依据教学规律、教学实际，结合教学内容，选择适当的实践性教学类型。

实践性教学具有多种类型和模式。以场所划分，实践性教学可以分为课内实践性教学和课外实践性教学；以主体划分，实践性教学可分为个体性实践教学和集（群）体性实践教学；以方式划分，实践性教学可分为现实性实践教学、模拟性实践教学和虚拟性实践教学；以内容划分，实践性教学可分为自我完善性实践教学、公益服务性实践教学和社会考察性实践教学；以功能划分，实践性教学可分为引导性实践教学、认知性实践教学、体验性实践教学、评价性实践教学、养成性实践教学和综合性实践教学等类型。这些分类都有一定的道理，但是，笔者根据自己多年的教学经验，将"思想道德修养与法律基础"课实践教学分为课堂实践教学、校园实践教学、社会实践教学三种类型，其中课堂实践教学为基础，是实践教学的认识性环节；校园实践教学为重点，是实践教学的理解与体验性环节；社会实践教学为辅助，是实践教学的深化与运用性环节。这三种类型相互联系、相互影响、相互渗透、相互补充，形成一个整体，从而形成了"思想道德修养与法律基础"课实践教学体系。

（一）"思想道德修养与法律基础"课课堂实践教学类型

"思想道德修养与法律基础"课课堂实践教学，是指教师以课堂为载体，以学生为主体，指导学生通过课堂讨论、主题辩论、情景式教学、主题演讲、影视赏析等方式，将理论运用于实际的教学形式。"思想道德修养与法律基础"课课堂实践教学并不是淡化或回避理论灌输，而是为达到更好地引导学

生参与课堂教学，提升学生学习和掌握理论知识的效果。在教学活动过程中，教师可以根据教学内容合理选择最恰当的实践方式。教师可以围绕某一观点以活动为载体，以学生为主体展开形式多样的互动，让学生在活动中体验感受、净化心灵、陶冶情操，增强对课程内容的接受度。

1. 课堂讨论

"思想道德修养与法律基础"课实践教学的内容涵盖社会主义核心价值观、理想信念、价值观、中国精神、民族精神、时代精神、人生观、道德、法律等与大学生日常生活和当今社会紧密结合的话题。因此，"思想道德修养与法律基础"课课堂实践教学中的课堂讨论，既要把握教材内容，又要关注社会热点问题。把握教材内容是为了避免讨论结果脱离人才培养目标和教学目的，关注社会热点问题是为了避免讨论过程陷入枯燥乏味之中。因此，教师在备课时要反复甄别，在社会热点问题中寻找与教材的结合点，找到合适的讨论对象。讨论的问题应具有一定的开放性和深度，能够引起学生的探讨。"思想道德修养与法律基础"课中的概念是人们所熟知的，也很少有难懂的理论。仅仅停留在讲解概念和理论上，会使大学生感到这门课程缺乏挑战性。课堂讨论正好弥补了这一点，它能够使这门课程具有更大的挑战性、灵活性和趣味性，有利于提高学生上课的积极性。

以"思想道德修养与法律基础"课教材（2018年修订版）为例，实践中可以设计很多课堂主题讨论的话题。例如，在第一章"人生的青春之问"的教学中，教师可以设计实践主题"我的未来、我的梦"，具体形式可以让学生各自阐述自己的人生追求，学生和教师进行分析点评。在第二章第二节"崇高的理想信念"教学过程中，可以以名著《信仰的力量》为开端，引导学生去读原著，了解老一辈无产阶级革命家关于坚定理想信念的文献，为信仰指明方向。在此基础上，教师组织学生对理想和现实之间的关系展开讨论，帮助学生形成百折不挠、乐观向上的态度，让学生真正体会到理想与现实的关系，认识到实现理想的长期性、艰巨性和曲折性。在第五章"明大德守公德严私德"中"遵守公民道德准则"的教学中，引入"失信的成本""作弊的代价"等典型案例，通过案例的分析和讨论，引导学生树立诚信意识。再以"社会公德"为例，社会公德是大学生日常生活接触最多的领域，也是道德体系中的基础部分。这一部分的讨论对象可以结合现今的热点问题——网络暴力来进行探讨，给出一个真实的案例，让学生置于情与理的矛盾中，对案例中的人和事进行评价。最后，教师对学生的答案进行纠偏，引导学生理性、全面地认识问题和评价问题。在第六章"尊法学法守法用法"第三节"建设中国特色社会主义法治体系"部分可以通过新冠疫情引出学生对食用野生动物的看法,让学生认识到全国人大常委会表决通过《全国人大常委会关于全面禁止非法野生动物交易、革除滥食野生动物陋习、切实保障人民群众生命健康安全的决定》的重要性,以及中国特色社会主义法治体系不断完善的过程。

实施课堂讨论要注意以下几个问题:一是讨论主题要好。讨论主题应该是教学的重点、难点或者是社会焦点、热点,并且具有思辨性和可辩性。二是讨论前准备要充分。老师应提前2~3周将主题告诉学生,给学生充分的时间查找资料,整理发言稿。三是教师要加强引导和启发,要引导学生围绕主题展开讨论,防止跑题偏题或冷场等现象。四是教师要积极处理课堂讨论中出现的错误、极端的观点及讨论占用时间过长等突发情况,以免教学任务不能按时完成。五是讨论后要有总结提升。教师要做画龙点睛的总结分析,提升讨论的角度、高度与厚度,同时激励学生将讨论中的收获成果化。

2. 主题辩论

"思想道德修养与法律基础"课主题辩论是指教师结合教学内容,选定若干主题,指导学生运用马克思主义立场、观点和方法对其进行正反两方面的辩论。主题辩论有利于激发学生思维,加深学生对知识的理解,培养学生发现问题、思考问题、分析问题的能力和表达能力,同时有利于活跃课堂氛围,提高学生的参与积极性和主动性,有利于学生展示和表现自我。作为实践教学的一种方式,主题辩论的重点不在结果而在于过程,"辩"即认识和掌握真理,"论"即诠释和捍卫观点,以达到"真理越辩越明"的目的。在正反面论点交锋的过程中,不仅能够促使学生更加深入地理解课程内容,拓展自己的理论视野,联系实际,增强自己的思辨能力,提高是非善恶的辨别能力,厘清冲突与困惑的价值理念,更在一定程度上增强了团队合作能力,锻炼了协作精神,深刻地领会人类的社会属性,可谓一举多得。

为了达到良好的教学效果,主题辩论必须精心组织。首先是选择辩题。一是辩题一般需来自教学重点和难点部分,尤其是学生观念冲突和困惑的部分,让学生自己在实践中进行对比判断。二是选择学生较为关注的热点话题,使得学生有兴趣深入探究。三是根据学生特点,选择难度适宜的辩题,莫测高深的辩题容易冷场并引发消极情绪,会适得其反。例如,经过数次实践,笔者认为在第一章第三节安排"当代大学是否需要继续发扬艰苦奋斗的精神"这类主旋律辩题,能够引导学生辩证对待人生矛盾,树立正确的人生观;在第五章中安排关于爱情或者婚姻的辩题,有利于激发学生的探究兴趣,树立正确的爱情观。其次,加强教师指导。在辩前、辩中贯穿重点难点的内容,使辩论紧扣主题，结合教材内容。辩后的点评一定要与现场辩论相结合，不能走过场，不能照本宣科且过于政治化，这样不仅达不到效果，反而会造成学生的抵触情绪，打击学生的参与热情。如果点评得当，将会远远好于课堂讲授的效果，使学生在主动参与的同时真正学以致用，深入理解并掌握相关的理论知识。教师应升华主题，引导学生知行统一，把道德要求和法律规范内化于心中、外化于行为，提高社会角色的适应性，真心实意地得出符合我国实际的正确思想观念。

3. 情景模拟

"思想道德修养与法律基础"课情景模拟，是指在教学过程中教师有目的地引入或创设具有一定情绪色彩的以形象为主体的生动具体的场景，以引起学生一定的态度体验，从而帮助学生理解教材，并使学生心理机能得到发展的一种教学模式。情景模拟实践具体来说，就是在一个班内，学生自由组成若干个小组，围绕同一主题，用不同的视角将生活中的某些场景进行模拟再现，学生既是导演、演员又是编剧，还是观众、评委。情景式教学充分体现课堂以学生为主体的教育导向，使班内每一位学生都融入其中，在锻炼提高能力的过程中将各自不同的才能展现得淋漓尽致，同时有助于激发学生的参与热情，活跃课堂气氛，提高教学效果。

道德教育是"思想道德修养与法律基础"课的重要内容，引入情景模拟实践会增强道德教育的实效性。在进行情景模拟实践教学设计时，要着重考虑大学生自身状况、道德教育的实效性以及情景创设等因素，以保证教学设计的科学性。在实际教学中，应以道德价值教育作为核心，以法律与道德的价值对比情境、中国传统道德的文化情境和现实问题情境作为表现平台，以增强教学效果。

情景模拟实践的主题选择要合理，要有现实意义，是平时能够听到、看到、感觉到的社会现象，是能够引起大家共鸣的社会问题，这样才能激发学生参与的热情，调动学生讨论的积极性，才能模拟好，领悟透。

4. 主题演讲

"思想道德修养与法律基础"课主题演讲，是指立足于学生的思想建构和引领，根据专题设计的内容，教师采用演讲的方式实施教学，学生以演讲的方式参与教学，通过科学规划，师生通过演讲交流思想、认同价值，从而有效进行思想政治教育的一种教学方法。

主题演讲的核心是学生，特点是内容集中、指向明确、理论突出、重点鲜明、语言精练，表现方式富有激情，以其强烈的感染性、启发性、针对性，牢牢吸引教育对象。例如，在第三章"弘扬中国精神"中，教会学生如何做新时代的爱国者并付出实际行动，这时就可实施主题为"弘扬爱国奋斗精神 建功立业新时代"的演讲活动。这种模式能极大地调动学生的积极性和参与性，促进课外与课内的互动，对教学起辅助作用。

主题演讲作为一种定向性的教学活动，它的基本特点是主题明确、重点突出。在"思想道德修养与法律基础"课教学中，教师主题演讲要能吸引学生，必须深入思考学生思想品德建构方面的具体问题，以精彩的语言系统，把问题呈现出来，对一个一个专题充分解析，才能形成思想强化链条，才能以丝丝入扣的分析吸引学生、引导学生，才能做到"三观"教育在春风化雨中入耳、入脑、入心。

5. 影视赏析

影视赏析实践教学是教师根据教学内容和教学目标的需要，带领学生集中欣赏一些与"思想道德修养与法律基础"课理论教学紧密相关的具有较高教学价值的经典影视教学片，直观地学习、理解拓展教学内容的实践方式。这种方式新颖独特，能够调动学生学习的积极性，提高学生学习兴趣，增强思想政治理论课教学的吸引力，使"思想道德修养与法律基础"课成为学生愿意上、喜欢上的课程之一。

目前，高校基本上都实现了现代化教学，幻灯机、投影仪、录音机、录像机、电视机、计算机网络等多媒体教学手段，为影视作品进入教学提供了设备保障。近些年，一大批弘扬爱国、励志、奉献等主旋律的优秀影视作品不断涌现，如电影《建国伟业》《厉害了我的国》等；电视纪录片《法治中国》《辉煌中国》等，这些作品体现了时代精神，将这些作品和所学的理论相结合，可潜移默化地使学生乐于接受传递给他们的知识。同时，国外的一些优秀影视作品，如《风雨哈佛路》《当幸福来敲门》等，这些影视作品主题鲜明，激励人们的意志，为影视作品进入课堂提供了素材保障。

影视赏析要注意以下几点：一是必须严格筛选经典影视作品。要选取集思想性、历史性、文化性、政治性于一体的影视资料。二是在影视作品赏析前，教师要提出赏析要求，如学生发表感想或者撰写观后感等。三是教师应掌握必要的剪辑技术，避免因一部完整的影视作品播放时间过长而挤压或冲淡理论教学时间，不能用播放影视作品替代教师的教学活动。

（二）"思想道德修养与法德基础"课校园实践教学类型

校内课外实践是对"思想道德修养与法律基础"课堂教学的延伸与补充，通过组织学生开展行为反思、现身说法等活动，以及引导学生参与校园公益活动、社团组织、校园文化建设，将本课程中的思想道德教育和法制教育在更为广泛的空间和层面上展开，使学生在切身体验和感受中强化教学效果。大学校园作为社会的一隅，会折射出许多社会问题；同时，它又是大学生学习生活的主要区域，与学生生活联系最为密切。因此，校园应当是大学生道德与法律实践的主要场所，"思想道德修养与法律基础"课应通过两个层面来实施校园实践教学。

1. 在校园文化活动中突出"思想道德修养与法律基础"课主题

校园文化对每一个大学生的健康成长都产生着巨大的影响，特别在大学生的政治思想和价值观念的教育导向上起着不可替代的作用。为此，在"思想道德修养与法律基础"课中融入校园文化教育，在净化学生心灵、升华学生人格、拓展学生素质等方面有着非常重要的作用。根据"思想道德修养与法律基础"课的教学需要，教师可以围绕相关主题开展思想性较强的校园文化活动，可以学生社团为重点，开展学术活动、艺术活动、公益活动，以及开展各类主题活动，充分发挥校园文化建设的德育功能。例如，在第二章"坚定理想信念"中举行以理想信念教育为核心的演讲比赛、党史展览、英模报告会等活动。在第三章"弘扬中国精神"中举行以爱国主义教育为重点，深入开展弘扬和培育民族精神的教育活动。教师可以组织学生开展"主题艺术节"，进行有关中国乡音、乡情、乡土等内容的优秀传统文化的创作、演绎或者推介，让学生体会其蕴含的深刻的民族特征。在第四章"践行社会主义核心价值观"中举行英模报告、志愿服务等活动，帮助学生树立正确的人生观、价值观、世界观。在第五章中以道德规范为基础，深入进行社会公德、职业道德和家庭美德教育。教师可以在讲授劳动意义和价值等理论知识的基础上，设计校园公益劳动和"校园职业劳动体验"，组织学生参与校园必要的公益劳动或者参与校园保洁、保安、舍务管理员等职业体验，在进行职业角色体验的过程中，提升劳动光荣、尊重和珍惜他人劳动成果等认识。在第六章中，教师可以以学生法律意识为核心，组织普法讲座、法律知识竞赛、青少年违法图片展、反腐倡廉图片展等活动。

结合"思想道德修养与法律基础"课实践教学组织校园文化活动时应遵循以下准则：一是注重切合时代主题。开展校园文化活动时，应坚持在社会主义核心价值观指导下，弘扬主旋律，弘扬民族精神，弘扬时代精神，弘扬人文精神，促进校园文化活动与道德法律教育紧密结合，着力营造时代性强的校园文化氛围。二是注重打造自身品牌。校园文化活动一定要形成自己的品牌，彰显自己的特色，打造"'思想道德修养与法律基础'课校园文化实践育人"品牌，力求在学生中产生强大的品牌魅力，给学生创造一个有形而庄重的心理"磁场"。三是要按照学生为主、教师为辅的原则，根据"思想道德修养与法律基础"课理论教学的内容设计实践主题，多采取体验式、参与式的实践教学方式。

2. 在课后作业中渗透"思想道德修养与法律基础"课精神

"思想道德修养与法律基础"课的内容具有鲜明的实践性，课堂理论教学的内容要在课后的实践学习中落实。

首先，"思想道德修养与法律基础"课每一章课后都有"学习思考"栏目，约有四道思考题，该思考题重在将学生对思想道德和法律修养的知、情、意、行结合起来，目的在于让学生通过个人的主观努力和亲身实践，在学中做，在做中学，学以致用，不断增强自我教育、自我约束、自我激励的能力，慎独自守，防微杜渐，不断提高自身思想道德素质和法律素质。

其次，教师可以围绕"思想道德修养与法律基础"课有关主题布置课后延伸阅读和撰写小论文的作业。社会生活丰富多彩，教师可以将社会生活、经典阅读等内容充实到学生的课后作业中，让学生真正达到动情、动心、动脑、动口、动手的"五动"状态，促使学生在实践中提高认识，并产生新的认识，提高学生运用所学理论分析实际问题的能力。例如，根据课程主题让学生阅读相关经典书籍，撰写观后感等读书报告；针对社会上少数人道德沦丧、法治观念淡薄的现象，结合所学内容，布置写小论文、建议书、进行社会访谈等课后作业，促使学生实现由感性认识到理性认识的飞跃，增强道德和法治观念。

最后，以"思想道德修养与法律基础"课课后作业为载体构建学习型团队。"思想道德修养与法律基础"课课后作业应打破传统的一味强调"独立完成作业"的观念，可以组建学习小组，倡导协同合作，群策群力，从而促进研究性学习的开展。例如，可以创建以宿舍为单位的集体研讨作业模式，构建学生自主学习和交流的全新平台，推动课堂教学的有效延伸，打破学生学习、完成作业以个人或小组为单位的传统形式，并以宿舍为固定的学习单位代替原来的班级学习小组，充分利用宿舍资源促使集体研讨有效进行。

（三）"思想道德修养与法律基础"课社会实践教学类型

社会实践就是指教师利用实践教学时间和寒暑假指导、组织学生进行社会调查、参观访问、社会服务、志愿者服务等活动，引导学生将书本知识与社会实践相结合，外部教育和自身体验相结合。培养学生品德践行能力，做到知行统一。实践教学在层次上必须从课堂、校园延伸到社会，在社会实践中搭建知行合一的桥梁。中共中央国务院《关于进一步加强和改进大学生思想政治教育的意见》明确提出：社会实践是大学生思想政治教育的重要环节，对于促进大学生了解社会、了解国情，增长才干、奉献社会，锻炼毅力、培养品格，增强社会责任感具有不可替代的作用。因此，我们必须充分认识社会实践教学的重要意义，以"周边社区"和学校建立的实践教学基地为载体，紧密结合当前改革中出现的热点和难点，以及人民群众关注的焦点问题，努力探索社会实践教学的途径和有效方法。在进行"思想道德修养与法律基础"课程实践教学中，我们必须紧密结合"思想道德修养与法律基础"课程理论教学的内容创新社会实践教学载体，并在以下三个方面不断挖掘社会实践的育人作用。

1. 组织志愿者开展社区服务活动

"思想道德修养与法律基础"课是高校对大学生实施思想政治理论教育的主渠道之一，在教学中融入志愿精神相关内容，既有利于宣传志愿服务理念，弘扬志愿精神，也有利于大学生提高思想道德修养和法治修养，增强本课程的教学效果。通过志愿服务，不仅能够为大学生打造一个接触社会的平台，提升他们为他人服务的意识，而且能增强其社会实践能力，让大学生提前感受课本之外的社会生活形式，发挥他们的主观能动性。

结合"思想道德修养与法律基础"课教学内容，教师可以在两个方面组织大学生志愿者活动：一是根据"思想道德修养与法律基础"课理论教学的内容，辅之以社会实践教学。例如，在第五章"明大德守公德严私德"教学中，教师可以组织学生志愿者开展社区服务活动，积极开展助学、助老、助残、送文化等志愿服务活动。让学生深刻领会志愿精神的自愿、不计报酬、利他的要义。二是结合学生所学专业，建立一个覆盖高校周边社区的志愿者服务网络，开展助学、助老、助残、家政服务、环境整治、法律宣传、医疗卫生等多个项目的志愿服务。如可通过组织实施"读书计划"等引领社区崇尚知识、崇尚科技的风尚；以"关注孩子健康，促进家庭和睦"为主题，向社区居民进行法治和心理知识的宣传与咨询；在社区设立"家电维修部"，免费为社区居民维修家用电器等。

大学生通过参加志愿者活动，可以将自己与社会融为一体，把服务他人与教育自我有机结合起来，一方面可以增强大学生的社会责任感、奉献精神和公民意识；另一方面也可以开阔视野，丰富人生经验，锻炼和增强参与社会事务和公共事务的能力，提高自己的专业知识水平和技能。

2. 组织参观访问活动

按照"思想道德修养与法律基础"课理论教学的特点和教学内容，教师可以组织学生深入革命纪念馆、烈士陵园、伟人故里、博物馆、企业、乡镇、村庄、农户进行参观、考察、访问，通过亲身参观体验，学生能够形成最直接的印象和最深刻的感受。教师可以在四个方面组织参观访问活动：一是组织学生到改革开放前沿和经济社会发展成效显著的地方和单位参观学习，使学生更加直观地了解改革开放以来我国社会主义建设所取得的伟大成就，增进学生的历史责任感和认同感，激发他们全面建成小康社会、实现中华民族伟大复兴的中国梦的责任感。二是组织学生到革命纪念地、博物馆、纪念馆、展览馆、烈士陵园等爱国主义教育基地参观学习，了解中国革命的历史，增进学生对党的感情，增强学生对社会主义的热爱，形成马克思主义的世界观、人生观和价值观。三是组织学生访问爱国、诚信、友善、奉献等先进典型人物，先进典型的事迹具有可亲、可近、可信、可学的特点，易于被学生接受。四是教师可以组织学生到法院旁听，到监狱或者警示教育基地进行参观，培养学生的规则意识和社会主义法治思维，自觉维护社会主义法律权威，努力成为法律权威的坚定维护者。完成参观访问活动后，教师应要求学生撰写参观记、访问记。

3. 组织假期社会调查活动

社会调查是指人们运用特定的方法和手段，从社会现实中收集有关社会事实的信息资料，并对其做出描述和解释的一种自觉的社会认识活动，具有实践性、客观性、综合性三个特点。教育部等部门《关于进一步加强高校实践育人工作的若干意见》（教思政〔2012〕1号）明确指出："每个学生在学期间要至少参加一次社会调查，撰写一篇调查报告。"大学生社会调查活动作为一种实践教学活动，对提高"思想道德修养与法律基础"课教学具有实效性，对提升大学生思想道德素质和法律素质，实现学生全面发展具有重要意义。

"思想道德修养与法律基础"课课时少，教学内容丰富，要根据社会调查方法的特点，合理选择教学内容，正确使用社会调查教学方法，才能达到教学目的。结合"思想道德修养与法律基础"课教材内容，教师和学生要紧扣教材重点内容精心设计调研题目，可以组织学生进行"社会主义核心价值观认同感调查""我国公民政治观调查""我国公民的金钱观调查""我国公民幸福观调查""我国公民的社会公德观调查""我国公民的职业道德素养调查""我国公民法律素养调查"等。同时，学生也可以深入社会各领域，对社会热点难点问题或者自己感兴趣的社会问题进行调查研究。

大学生社会实践活动是引导学生走出校门、接触社会、了解国情，使理论与实践相结合的良好形式；是大学生投身改革开放，向群众学习，培养锻炼才干的重要渠道；是提高思想觉悟、增强大学生服务社会意识，促进大学生健康成长的有效途径，有助于大学生更新观念，树立正确的世界观、人生观、价值观。

三、"思想道德修养与法律基础"课实践教学参考选题

（一）课堂实践教学参考选题

1. 莘莘学子与大学精神——主题班会

大学的魅力正在于它的精神。大学精神是在大学自身存在和发展中形成的具有独特气质的精神形式的文明成果，它是科学精神的时代标志和具体凝聚，是整个人类社会文明的高级形式。大学精神的本质特征可概括为创造精神、批判精神和社会关怀精神。如何界定大学精神？大学精神的内涵是什么？这是大学新生不可回避且必须首先论及的问题。结合每年教育部开展的"开学第一课"主题班会活动，通过对大学精神进行讨论帮助学生认清大学精神的实质，督促学生合理规划自己的大学生活。

2. "才者，德之资也；德者，才之帅也"——主题辩论

德与才是一个人的基本品质。"德"主要指思想道德修养，其中包括理想、道德、文化、纪律等内容。这里的"文化"指的就是"才"，即科学文化素质。在德与才的关系上，德为立身之本，才为立身之基，德是前提和灵魂，才是能力和工具。学生只有厘清德与才的关系，不断加强思想道德和法律修养，才能做到德才兼备、全面发展。如果将二者剥离开来，单一追求"才"而忽视"德"，"才"就有可能背离社会主义的"德"，这样缺"德"的大学生有可能"才"越高人越"坏"。德与才必须结合在一起，科学文化素质的提高有助于促进思想道德素质的提高，反过来思想道德素质的提高又影响着科学文化素质的提高。因此大学生不仅要有"才"，还要有"德"，德才兼备才是社会的有用之才。通过对该选题的辩论，可以帮助学生正确认识德与才的辩证关系，深刻理解党和国家提出的"立德树人"要求。避免走入重才轻德的误区，从各方面发展自我、完善自我。

3. 大学生个人理想的变迁——主题征文

个人理想是每个时代亘古不变的课题。它不仅关系到人们的生活与发展，也关系到民族与国家的希望和未来。大学生作为祖国的未来，他们的个人理想信念状况如何，更是在一定程度上决定着他们人生的长度以及影响着我国实现中华民族伟大复兴中国梦的步伐。青年是标志时代的最灵敏的晴雨表，时代的

责任赋予青年，时代的光荣属于青年。中国特色社会主义已经进入新时代，政治、经济、文化等各方面都迎来了新局面，这为大学生的个人理想带来了冲击和变数。通过撰写征文稿，让学生对自己理想的变迁做一个梳理，看看哪些理想已经淡忘，哪些理想依旧坚持。让学生进一步思考，如何树立远大的、合乎实际的理想，回忆自己曾经的种种理想，结合当下的时代背景和自身条件，寻找那个最能实现的理想，以及需要去奋斗的理想，更加深刻地认识到新时代赋予自身的历史责任，努力在社会实践中实现最大的人生价值，创造无悔的青春。

4. "抗疫精神"弥足珍贵——课堂讨论

2019年冬末春初的这场新冠肺炎疫情，是自中华人民共和国成立以来在我国发生的传播速度最快、传染范围最广、防控难度最大的一次重大突发公共卫生事件。在这场艰苦卓绝的人民战争中，孕育并诞生了伟大的"抗疫精神"，它既为打赢这场总体战、阻击战注入了强大动力，又必定以它的深刻内涵而载入中华民族发展史册。

一是万众一心、同舟共济的守望相助精神。"一方有难、八方支援"和集中力量办大事，一直以来是我们国家的独特优势。面对疫情，以习近平同志为核心的党中央统一指挥、统一部署、统一调度，举全国之力，组织调派330多支医疗队、4万多名军地医护人员紧急驰援；组织26个省份对口支援，19个省市采取"一省包一市"的方式，将大量医疗设备、人员、物资向湖北倾斜。各省区市步调一致、统一行动，相继启动重大突发公共卫生事件一级响应，及时构建联防联控、群防群控体系，打造了一张严防死守的天罗地网，形成了全面动员、全面部署、全面加强的防控局面。这种举国体制下的同仇敌忾、共克时艰，上下一心、众志成城令世人动容。

二是闻令而动、雷厉风行的英勇战斗精神。严峻的疫情让很多地方一时间进入战时状态，这种状态下需要有非常举措、超常规做法。火神山、雷神山医院仅用不到十天时间奇迹般建成并开始集中收治，完成了看似不可能完成的任务；具有战地色彩的十余家方舱医院迅速开设，实现了从未有过的一种新创举。一声号令，迅速集结，毫无怨言、毫不犹豫，这种作风、姿态和速度让世人惊叹。

三是顾全大局、壮士断腕的"一盘棋"精神。中央确定"内防扩散、外防输入"的战略策略，对于堵住传染源、切断传播链至关重要。为顾全大局，一座千万级别人口的城市——武汉被"封城"，湖北省对人员外流实施全面严格管控。这一需要巨大政治勇气的决断，展现了极大的自我牺牲精神。局部的奉献是为了全局的安稳，这是一种代价，也是走好"这盘大棋"的关键一招。为了疫情防控大局，14 亿中国人行动起来，"宅"在家里，以一种特别的方式默默地贡献自己的力量。

四是舍生忘死、逆行而上的英雄主义精神。"沧海横流，方显英雄本色。"当病毒"魔鬼"袭来，一个个白衣天使、科技人员、解放军将士、党员干部迎难而上，他们同时间赛跑，与病魔较量，逆行的背影成了抗疫前线最美的风景。这一群群和平年代的战士们，一不怕苦、二不怕死，以救死扶伤、医者仁心的职业操守，冲锋陷阵、义无反顾。有的身患绝症，却不下火线；有的倒下了，战友同事抹去眼泪接着上；有的家人感染生病了，也无暇顾及；有的推迟婚期上"战场"；有的单车骑行找"部队"；有的夫妻双双上阵；等等。他们誓死不退，不胜不休，以一种压倒一切困难而不被困难压倒的大无畏精神战斗在抗疫一线。

五是充满信心、敢于胜利的积极乐观精神。疫情爆发时，人们难免惊慌、恐惧、焦虑和担忧。然而，党始终是中流砥柱，党的坚强领导一直是定海神针，制度优势日益彰显，还有那一面面高扬的党旗、一个个救死扶伤的"勇敢的人"，他们是主心骨、定心丸和保护神。随着疫情防控有力有序有效地向好推进和拓展，人们心里都越来越有底了，"有信心、有能力、有把握"打赢这场人民战争成了社会心理的主流。人们学会了在方舱医院跳广场舞、练太极，躺在病床上竖大拇指鼓劲加油，等等。"武汉必胜，湖北必胜，中国必胜！"这是响彻华夏大地的铿锵心声，亿万人民抱着必胜的信心，向着胜利进军。

弘扬中国精神，是大学生实现中国梦的重要思想基础。按照习近平同志对青年一代的殷切希望，我们要引导大学生坚定理想、筑牢信念；引导大学生求知进取、开拓创新；引导大学生艰苦奋斗、知行合一，将实现中国梦的自觉行为作为大学生弘扬中国精神的落脚点。要将中国精神融入大学生思想政治教育工作，促使大学生具有中国精神，同时沿着"以学生为本"为原则、"爱国主义教育"为着力点、"教育方式创新"为保障的路径深入推进。

5. 爱国与害国，只有一步之遥——主题辩论

爱国需要实际行动，但更需要的是理性的实际行动。何谓爱国，何谓害国，真的容易区分吗？不容易。那些偏激的、带有强烈破坏性的行为，不仅起不到任何爱国的作用，反而正中了敌方的下怀。真正的爱国，是从国家的全局考虑，做有益于国家大局的事，而将发泄私愤、快意人生作为目的的爱国，在一定程度上反而害了国家。爱国和害国，有时候只是一步之遥，失去了对法律

底线的恪守，激情就会变成恶魔。保持理性，才能应对复杂局面，才能获得支持和尊重。爱国，不是喊喊口号，图一时之快，国家间的利益之争，最终是综合国力的较量。这一主题旨在让学生在道德的范畴内，在法律的框架中，合理合法地表达自己的爱国情怀。

6. 我身边的道德故事——道德讲堂

道德讲堂是"思想道德修养与法律基础"课课堂实践教学改革的新举措。教师从"爱国""友善""诚信""孝道"等内容中选择一个主题，让学生从古今中外的故事题材、重大历史事件、英雄模范人物、抗疫英雄、全国道德模范、时代楷模以及感动中国人物中筛选、策划经典道德故事，在课堂上给学生讲述，大力营造"讲道德、树新风、做好人"的浓厚氛围，彰显道德新风尚，激励和引导广大学生学习道德模范，争做美德青年，全面提升学生的思想道德修养和文明程度。

7. "老人摔倒，该不该扶?"——课堂讨论

"老人摔倒，该不该扶?"这个本该不是问题的问题成了人们热议的话题，拷问着我们每个人的灵魂。14亿人扶不起一个摔倒的老人，这是一个社会的悲哀。"彭宇案""许云鹤案""小悦悦事件"掀起了关于社会道德的讨论。对于不敢扶的原因，有的民众担心做善事反被诬陷讹诈，如自己的法律知识较为欠缺，又没有精力处理，被讹诈后只好一赔了事；也有的民众认为我国法律法规还不够完善，担心"见义勇为"得不到法律的有效保护。但大多数民众还是认为，看问题要看主流，要坚信社会自有正义在。2017年10月1日，备受瞩目的《中华人民共和国民法总则》付诸施行。这部法律引人关注的看点之一，是被媒体称为"好人法"的第一百八十四条："因自愿实施紧急救助行为造成受助人损害的，救助人不承担民事责任。"它被寄予厚望，人们希望它能解决因"彭宇案"等引发的社会道德困境，鼓励民间紧急救助行为。老人跌倒如何做，如今有了法律指南。通过对这一主题的讨论，让学生对当前我国公民的道德现状进行客观分析，以提升大学生的道德认知和道德责任，不断推动社会公平正义、和谐友爱良好氛围的形成。

8. 模拟法庭

模拟法庭是指在教师的指导下，以司法审判中的法庭审判为参照，模拟审判某一案件的活动，可由学生扮演庭审的各个角色，模拟庭审的法官、书记员、公诉人、辩护人、法定代理人、被告人、证人、法警等。"模拟法庭"活动应选择容易发生在学生群体中的典型案例为素材，模拟法庭庭审过程。案例的选择首先要具有典型性、代表性，是经常发生在学生中的案件，如因琐事、

纠纷而引发故意伤害或被他人侵害后又邀约同伙进行斗殴的事件等。选择常见案例而不是罕见案例，这样更贴近学生的生活，更容易被学生接受，并且能够有针对性地预防青少年犯罪。组织"模拟法庭"活动，能使学生在参与和观摩中提高对法律的认识，明白要敬畏法律，使其知法、懂法、自觉守法。这种法制教育形式还具有亲和力，容易让参与的学生接受，起到"以身说法"的作用。

9. 人性本善还是人性本恶——主题辩论

这是一个古老的辩题，这道价值观类的辩题，在不同的时代讨论它的意义也有所不同。人性本善还是本恶？对此，具有不同信仰的人可能会有不同的看法。基督徒认为：人性本恶，人生而有原罪。儒家学说认为：人之初，性本善；大学之道，在明明德。还有人认为，人性无所谓善恶，所谓善恶，只不过是人的社会性的某种体现。或许，人性本善还是本恶并不重要——因为不论人性是善还是恶，人类都已经走过了几千年的文明史。但是，持不同的善恶观的人或民族，则可能产生不同的道德价值取向和道德价值体系，并由此深刻地影响着人类文明。

按照历史唯物主义的观点，"人性本善"和"人性本恶"的前提都是错误的，因为两者都把自然性看成人的根本属性，而人的根本属性应是社会性，只有社会性才能把人和动物区分开来。谈人性不能离开社会实践而抽象地认为人性本恶或本善。几千年来人们都是在错误前提下（人的根本属性是自然性）争论人性的善恶，当然没有结果。

善恶本一家，它们是事物的双面性，以人自身所定的善恶标准来评价善恶本就不公平。但是人的本性中的确有恶的，所以人类是向往善的，所有后天的学习都在让人向善，我们也在不断追求善。之所以有此命题，主要是通过对人性善恶的辩论来分析人类性格形成的复杂性。让学生从多角度、深层次来看待这类问题。

10. 观看中国发展纪录片——影视欣赏

党的十八大以来的五年，是砥砺奋进的五年，是真抓实干的五年，也是中国取得了改革开放和社会主义现代化建设的历史性成就的五年。回溯党的十八大以来中国政治经济社会发展成就的纪录大片，著名的有《法治中国》《将改革进行到底》《辉煌中国》《我们这五年》《厉害了我的国》等。通过组织学生观看这类纪录片，能够增强学生的民族自尊心和自豪感，弘扬伟大的民族精神和时代精神，培养学生热爱祖国、热爱家乡、热爱学校的情感，激发学生为社会主义现代化建设和为民族伟大复兴而努力学习的热情。具体实践时，教师可结合特定的教学内容，借助影视资料，为学生展现宏大的历史场景，激发学生的情感，同时深化学生对教学内容的理解，激发学生的学习兴趣。集中观影后，可组织学生畅谈观看感受，写出心得体会并提交，作为考核依据。

（二）校园实践教学参考选题

1. 大学生逃课现象及归因的调查与分析

大学生逃课现象日渐严重，屡禁不止，严重影响了学校的教学质量和学习风气。逃课现象已引起社会的广泛关注，《国家中长期教育改革和发展规划纲要（2010—2020 年）》明确提出了"全面提高高等教育质量"和"提高人才培养质量"的教育方针。而如今，大学生逃课现象严重影响了高校正常教学秩序与人才培养过程，造成了教育资源的浪费，其已成为高校教学与管理不能忽视的重要问题。对于大学生逃课现象归因分析并提出解决方案是当前高校思想政治教育工作的一项重要任务，需要学校、家庭形成合力，需要辅导员与大学生共同努力。

2. 做一件崇德向善的事——道德实践活动

每个学生都要参与"思想道德修养与法律基础"课道德实践教学活动，围绕社会主义核心价值观，国家层面的价值目标"富强、民主、文明、和谐"，社会层面的价值取向"自由、平等、公正、法治"，公民层面的价值准则"爱国、敬业、诚信、友善"，开展形式多样的"十个一"教育实践活动。例如，参加一次学雷锋志愿者公益活动、参加一次献爱心活动、参加一次保护野生动物活动、参观一个爱国主义教育基地、提一条有关社会和谐的合理建议、改掉自身的一个陋习、学习一项文明礼仪、参加一次"美丽中国、我的中国梦"社会活动、参加一次"知法懂法"网络知识竞赛、讲一个自己亲身经历的诚信故事等主题活动。学生可以小组为单位在校内外开展社会调查、生产劳动、志愿服务、公益活动、科技创新或勤工助学等崇德向善的道德实践活动。学生可以是亲身做一件好事，也可以寻找好人好事，借此增强自身的道德判断力和道德荣誉感。

3. 大学生网络道德意识与行为的调查研究

互联网的迅速发展，给人们的生活带来了极大便利。大学生作为新时代青年，与互联网的联系最为密切，互联网也越来越成为高校学生获取知识和各种信息的重要渠道。但网络是一把双刃剑，它在给大学生带来便捷和快乐的同时又对大学生的观念和行为产生了许多负面影响，并引发了一系列网络道德问题。这一实践活动的主题旨在了解当代大学生的网络道德现状并分析原因，提出可行的对策建议，引领大学生文明上网，促使大学生始终保持高尚的网络道德和具备良好的法律意识。

4. 关于大学生爱情观与恋爱行为调查研究

爱情是一个古老而常新的人生话题，是人生一道靓丽的风景线。大学校园内的恋爱现象越来越普遍，爱情观和恋爱行为的偏离不仅会影响学生一生的幸福，也会严重影响学生的事业和前途。为了解当代大学生恋爱现状，这一主题可针对大学生的恋爱态度、恋爱动机、恋爱行为、性观念及恋爱观教育等方面进行调查，分析其原因，并有针对性地提出对策和建议，帮助大学生树立正确的恋爱观和人生观。

5. 校园法治宣传日活动

2001 年，中共中央、国务院决定将我国现行宪法实施日 12 月 4 日，作为每年的全国法制宣传日。教师可结合每一年全国法制宣传日开展主题为"弘扬法治精神，促进社会和谐"的系列活动。通过开展"法律与道德"主题教育、法律知识专题讲座、法律咨询、法制宣传板报评比等活动，深入扎实开展宪法宣传，广泛传播法律知识，提高大学生的法律意识和法律素质，促进全社会自觉学法、遵法、守法、用法和和谐校园氛围的形成。

6. 大学生社会公德行为图片展

当代大学生的整体道德素质相对较高，在社会公德方面有较好的表现，其公德行为得到了社会的认可。但是，还有部分学生的社会公德素质较差，其行为不能被社会所接受和认可。这部分大学生的社会公德素质如果不及时得到提高，就会影响其自身的发展，影响高校的文明建设，甚至影响整个社会的道德建设。组织大学生社会公德行为图片展示活动，旨在让大学生认真观察校园内学生社会公德表现，让学生在观察、调查、分析中明辨是非，升华道德情感，并养成良好的遵守社会公德的习惯，做一个文明的大学生。

（三）社会实践教学参考选题

1. 社会主义核心价值观认同感调研

随着当前我国经济发展以及利益格局的调整，意识形态领域呈现出多元化趋势。多元化的价值标准在一定程度上造成了人们理想信念模糊、价值取向扭曲、诚实守信淡薄、社会责任感缺失等消极现象。必须有一种主流意识形态引领经济社会发展，指导人们的行为，维持社会团结与稳定。党的十九大报告把"坚持社会主义核心价值体系"作为新时代坚持和发展中国特色社会主义的基本方略之一，提出必须坚持马克思主义，牢固树立共产主义远大理想和中国特色社会主义共同理想，培育和践行社会主义核心价值观，不断增强意识形态领域主导权和话语权，推动中华优秀传统文化创造性转化、创新性发展，继承革命文化，发展社会主义先进文化，不忘本来、吸收外来、面向未来，更好地构筑中国精神、中国价值、中国力量，为人民提供精神指引。在一定的价值观体系中，价值信念、信仰和理想是最基本、最典型的表现形式。开展对中国社会不同地区、不同阶层、不同群体的价值观调查、理想信念状况调查，尤其是对社会主义核心价值体系和社会主义核心价值观的认同、践行情况，是当代中国社会进行理想信念教育和价值观建设的前提和基础。通过辩论、讨论、影视赏析等主题实践教学活动，帮助学生树立正确的人生观、价值观，树立科学的理想信念，认清自己的历史使命，明白无论身处人生顺境还是逆境都要为实现人生理想而不懈奋斗，在实践中创造有价值的人生。因此，在多元化思潮中加强民众对核心价值观的认同感，具有重要的现实意义。调查内容应深入了解社会民众的价值观及其对主流意识形态的认同感，并引导民众认识到：只有坚持以社会主义核心价值观为指导，才能牢牢把握社会主义建设方向。

2. 关于大学生对于当前反腐倡廉形势的看法的调研分析

作为校园廉政文化建设的重要组成部分，反腐倡廉教育一直是高校大学生思想政治工作的重要内容。大学生作为国家经济、政治、文化建设的主要生力军，承载着民族未来的希望，对其进行反腐倡廉教育意义重大。作为在校大学生，很多学生可能认为反腐倡廉应该是政府官员的事，与己"相之甚远"，实则不然，因为如果没有制度保障，则人人都有贪腐之心，因而防微杜渐，提前对大学生进行廉洁教育能很好地为其人生发展指出路、指对路，为社会和谐进步奠定坚实基础。

3. 参观爱国主义教育基地

通过参观爱国主义教育基地，让学生亲身感受社会的发展变化，进一步加深其对爱国主义、民族精神的认识，激发学生爱国、爱家乡的情感，培育学生的爱国主义精神。教师可以组织学生到思想政治理论课实践教学基地或其他具有思想政治教育意义的历史文化遗迹、红色景点、社会主义建设示范点等处所参观考察，感知历史文化传统，陶冶爱国主义情怀，见证社会主义建设伟大成就。通过参观爱国主义教育基地或者革命纪念馆，采用爱国主义演讲、朗诵、征文、红歌演唱、主旋律影视作品赏析等实践形式，开展以"热爱中国共产党、热爱祖国、热爱社会主义"为主题的实践活动，旨在缅怀革命先烈，感受中国特色社会主义制度的优越性和生命力，增强学生对中国共产党的感恩之情、信任之感；引导学生学习和继承革命前辈为共产主义理想艰苦奋斗的优良传统，珍惜今天来之不易的幸福生活，时刻铭记肩负的责任和使命，树立起为实现中华民族伟大复兴的中国梦而奋发学习的理想和抱负。

4. 参加青年志愿者活动

志愿者活动旨在倡导互助友爱的社会风气，完善社会保障体系，推动社会全面进步，促进青年健康成长。大学生利用课余时间参加青年志愿者活动，走访留守儿童、福利院孤寡老人或到街道社区参加环境保护、公益事业等活动，分小组进行，5~6人一组，制订详细的活动方案，要求全员参与，走访过程不流于形式。走访过程材料应真实、丰富。活动结束后应提交参加志愿者活动的方案、图片、文字、视频及小组心得体会等资料，以作为考核依据。

5. 法院旁听

坚持课堂教育与课外教育相结合。应切实增强学生法律意识和法治观念，实现学生与法庭和法律的"零距离"接触，帮助学生真正了解法律，增强大学生的法律意识，让大学生从实际的案例中知法、懂法，从而达到法制教育的目的。这一选题要求学校与本地法院建立联系，结合课程中相关法律知识，组织学生到法院了解司法机关设置、职能及运行；选取合适典型案例，组织学生去法院旁听；组织法院工作人员与学生进行交流，了解社会主义法律体系及依法治国的相关情况。同时，教师要求学生详细记录法院旁听前期准备工作，包括进入法庭的经过，开庭的时间、地点、案件类型、案号、法庭组成人员，原告、被告、案件基本事实，双方答辩要点，当事人各方争执的焦点，双方出示的主要证据、案件记录及感悟，以及案件后续了解等内容。

通过专题讨论、情景模拟、公益服务等实践形式开展法制观教育实践活动，帮助学生树立社会主义法治观念，培养社会主义法治思维，维护社会主义法律权威，加强社会主义法律修养，让学生对"思想道德修养与法律基础"课有更深的了解，帮助学生明确自己的法律责任。

四、"思想道德修养与法律基础"课实践教学的考核机制

合理、系统的教学评价体系对教学过程的开展以及教学实践的取得具有重要的导向和促进作用，实践教学需要与之相配套的教学考核评价体系的支持。抓好"思想道德修养与法律基础"课的实践教学环节，探索实践教学的方法途径和效果考核，对改进思想政治理论课的教学现状，提高课堂教学质量和教学实效，提升大学生思想政治教育效果有着非常重要的现实意义。没有考核评

价标准和体系，实践教学就可能流于形式，达不到应有的效果。由此，构建合理、客观、系统、多元的考核评价体系是确保"思想道德修养与法律基础"课实践教学实效的重要条件，也是构建"思想道德修养与法律基础"课实践教学体系的重要内容。

（一）"思想道德修养与法律基础"课教学考核评价体系现状

目前，"思想道德修养与法律基础"课的考核主要是以闭卷考试为主，学生的成绩，只是对基本知识的记忆程度的反映。如果单纯地采用这种形式，根本无法真正反映出学生的品德状况，而且也给学生造成了一个错觉：品德的高低只是通过试卷的成绩来反映。这大大降低了这门课的德育教学效果。这就需要建立一套科学有效的、能反映学生真实道德水平的评价方式。因此，有必要对"思想道德修养与法律基础"课的考核问题进行重新探讨。

当前的"思想道德修养与法律基础"课考核与传统的考试没有任何区别，过分地强调甄别和选拔功能，考试的目的无非就是说明学生已经接受过思想道德修养与法律基础方面的教育了，至于学生是否真正学到了东西却无人问津。其实，"思想道德修养与法律基础"课教学不仅要向学生灌输正确的理论观点，让学生知道是什么、为什么，更重要的是要引导学生如何做，真正做到知行合一，自觉提高自身的思想道德素质和法律素质，将正确的理论观点内化为内心的思想素质、政治素质、道德品质和法律素质，外化为政治理论的"四真"（真懂、真信、真学、真做），真正达到是非判断、价值判断与价值选择的完美统一。因此，"思想道德修养与法律基础"课的考核要科学，要发挥促进学生发展、教师提高和改进教学实践的功能。

就"思想道德修养与法律基础"课的实践教学而言，由于教学本身需要付出更多的精力，而学校对于实践教学工作又没有形成有效的评价及激励机制，因此部分教师参与实践教学的热情和动力不足，从而使教学效果大打折扣，也使学生在实践性教学的参与过程中缺乏向心力和动力。

在传统的德育课程教学评价机制中，卷面分数是判断学生学习情况的唯一标准，但在实践中我们发现，往往卷面分很高的学生可能在真正面对同类问题时，会束手无策、心怀胆怯，知与行的矛盾和对立使我们的教学效果大打折扣。虽然"思想道德修养与法律基础"课加强了实践教学的要求，但是对于学生成绩的评价和考核长期以来缺乏科学的指标体系，学生获得的考评成绩主要由期末考试的"知"类客观成绩和平时表现的"行"的主观印象分组成。这表面上是对受教育者的知行进行了双考核，但很不完善和科学。真正的课外表现、社会公益活动参与等的"行"并没有体现出来。这正是造成高校思想政治课实效性不高的症结所在。

从大学生思想道德和法律修养的现状来看，学生中普遍存在着知行脱节的现象，并主要表现在知而不行，知而不乐于行，知而只要求别人行甚至不知也不行等，严重损害了大学生的形象。部分学生尽管平时表现难如人意，但仅因其考试成绩好就获得提干、入党、推荐就业等优先照顾，这既不利于其个人的健康成长，也不利于和谐集体的创建。

知行的不统一还会给学生的成长造成潜移默化的恶性影响，使他们无形中养成说一套做一套的虚伪作风，会使人丢失忠诚、宽容、诚实、守信等一系列的美德，而且这种不能正确反映真实现状的考核方法既不符合思想道德品质形成的基本规律，也没有体现课程的要求，不能通过知行合一来提高大学生的思想道德修养。因此，改革考试方法，完善考核机制，真正实行"知行"双考核是"思想道德修养与法律基础"课教学改革的迫切任务。

（二）"思想道德修养与法律基础"课实践教学考评主要方法

对"思想道德修养与法律基础"课的实践教学进行考核，其目的是扭转教师和学生轻视实践课程的观念，促使教师认真教学，学生认真参加实践，从而确保"思想道德修养与法律基础"课实践教学的效果。总体说来，实践教学的考核评价应坚持过程与结果、知与行、动态与静态相结合的原则，因此评价体系的设计应坚持时代性与导向性评价相结合、定性与定量评价相结合、全面评价与特色评价相结合、他人评价与自我评价相结合、静态评价与动态评价相结合的方法。具体而言，"思想道德修养与法律基础"课的实践教学考核评价主要有如下方法：

1. 时代性与导向性评价相结合的方法

时代性是指"思想道德修养与法律基础"课的考核要体现出时代特征，当今的时代特征主要表现在科学技术的迅速发展、经济全球化的趋势、社会主义市场经济深化改革、高等教育大众化的进程和大学生个体差异的增大等方面。导向性是指要充分发挥"思想道德修养与法律基础"课的考核对学生思想、道德等方面的导向作用。只有这样，才能体现考核的根本价值。"思想道德修养与法律基础"课实践教学考评要紧紧围绕"考评是为了更好地实现课程的教学目标，增强实践教学的实效性，促进学生思想道德素质和法律修养的全面提高，达到知行统一"这一目的，充分发挥教师与学生开展实践教学的积极性和创造性。

2. 定性与定量评价相结合的方法

"思想道德修养与法律基础"课是一门以人为对象的教育活动，主要解决的是人的思想、观点、立场等问题。该课程的一部分"精神成果"是很难量化的，对其学习效果的评价只能是近似的模糊值，如好、较好、一般等。一味地追求精确的数量关系，这在事实上并不可能，因此，在确立考核标准时要以定性陈述为主，同时定性与定量相结合。离开定量考核的定性考核，容易使认识停留在模糊的阶段，离开定性考核的定量考核，也难以对数量做出科学的评价。因此，必须坚持定性考核和定量考核相结合的原则。

3. 动态与静态评价相结合的方法

静态考核向来以所谓逻辑严谨、设计精密、统计量化、结构性强、过程客观、测试简便、可比性强、易于标准化等特征为世人所推崇。静态考核虽然可以让老师了解学生当时的表现以及与他人比较时相对的状态等信息，但是它未能探索和提供学生潜在发展的信息。为弥补静态考核的缺陷，这就需要充分考虑使用动态考核。动态考核有两层意义：一是跨越多个时间段观察、评估学生的进步与改变，从而了解学生的动态认知历程与认知能力变化的特点和潜能；二是在考核者与被考核者之间产生大量的互动，强调考核与教学结合，实施个体化的诊断、考核与教学补救。动态考核具有兼重学习结果与学习历程、兼重回顾性考核与前瞻性考核、兼重认知改变与学习迁移能力、兼重教学与考核的整合、兼重静态与动态、兼重诊断与处方、兼重师生双向沟通与互动的特点，可以评估与预测学生最佳的发展水准，是一种颇具现代教育理念的评价策略。

4. 过程与结果评价相结合的方法

过程考核是指在进行实践教学的考评时，不能只注重考核的结果，教师应对整个实践教学过程中的组织管理以及对学生在实践教学中所体现出的思想、行为、能力等实际表现，做出全面的考评。传统的考核向来关注结果，对于学生的课业发展评价来讲，结果考核主要是判断学生在某一时间点所取得的成就或表现，这就会出现教师只关心教学目标的达成情况，了解学生会什么和不会什么，而对不同的学生个体如何取得现有的学习成果以及在学习过程中存在什么问题，则不够关心的情况。因此，结果考核常借助综合性测验或水平考试来进行。过程考核则是针对课程实施过程或学生学习过程所进行的，经常采用形成性测验评价和诊断性测验评价方法。"思想道德修养与法律基础"课的考核应该在学生的学习过程中进行，只有结果考核与过程考核两者相辅相成，才能更好地发挥考核的积极功能。

5. 单一主体与多主体评价相结合的方法

"思想道德修养与法律基础"课实践教学的考评应将学校、教师、学生等多方面相结合，进行综合性评价，不能只从某一角度或某一方面进行考评。传统的考评机制只有教师对学生的考评，很少有学生互评、自评和对教师的评价。将教师对学生的评价与学生对教师的评价、学生的互评和自评相结合，加强对该课实践教学环节的有效监督，可有效避免实践教学过程中教师的随意性，也有利于提高学生道德与法律行为的自我约束力。为使评价结果科学合理，凸显实践教学的特点，应建立由学校教务部门、任课教师、辅导员和学生构成的"四位一体"多元化考评主体。其中，学校教务部门的考评是指根据"思想道德修养与法律基础"课实践教学的目的和要求，对照考评指标，采取适当的考评方式，对实践教学活动开展情况进行考核评价，如考评实践教学活动的目标是否明确、主题是否突出、教学组织是否到位、效果是否明显、采取的方式是否适当等。此外，学生是"思想道德修养与法律基础"课实践教学活动的主体，理应在实践教学评价中发挥主体作用，可以采用学生评价教师、学生自评和学生互评相结合的方式进行。

6. 主观与客观评价相结合的方法

授课教师组织的考试主要考核学生对理论知识的掌握程度。受个人认识能力的限制，他们不可能对每一个学生平时的道德行为都进行全面、科学、准确的评价。这就必须充分发挥辅导员、班主任和每一个学生的作用，建立多层次、全方位的大学生道德行为考评体系，即考核主体多元化，主观考核与客观考核相结合的方式。通过任课教师、辅导员和班主任进行考评，有利于建立对学生的道德实践行为进行督促和激励的机制，使学生的思想政治工作真正落到实处。通过学生互评和自评，有利于学生道德行为的自我约束和良好道德行为的自我养成。

7. 客观性与实效性评价相结合的考核方法

对实践教学的考评结果要进行客观分析，总结实践教学过程的得失，对实践活动的不足之处做出反思和总结，并提出改进建议和方法，使实践教学模式得到进一步完善，以促进"思想道德修养与法律基础"课实践教学良性循环。实效性原则是指学校应力戒形式主义，注重通过课堂教学与实践教学相结合，考核实践教学对学生树立正确人生观、价值观的实效。对于基本理论知识的考核可以在课程结束时统一进行，对于理论知识的理解则需要在学习过程中进行过程考核，对于行为操行的考核不仅需要进行过程考核，还需要根据学生自身的变化和提高予以综合评定。对学生行为操行的考核，要根据课程学习过程分

阶段进行评定，对每个阶段应进行总结评价，注意观察学生行为变化实际，达到逐步改进提高的目的。为保证考核过程的全面性和真实性，应与学校思想政治工作、学生工作相结合，因此，可以考虑聘请课程辅助教师，也就是聘请相关班级的辅导员作为课程辅助教师，帮助完成课程考核。如果辅导员具备相应条件，也可以直接由班级辅导员负责该项课程的教授。

（三）"思想道德修养与法律基础"课实践教学的考核内容

对学生学习成绩的评定是对学生学习情况的综合反映，也是教学目标能否实现的重要标志。因此，对学生成绩的考核必须与培养目标相适应，并真正反映出培养目标的完成程度。学校应建立一套规范的"思想道德修养与法律基础"课实践教学评价体系，包括坚实的理论基础、较强的实践能力和良好的行为习惯。"思想道德修养与法律基础"课实践教学考核主要有如下要求：

对于课堂实践教学，主要考核学生是否积极、认真参加实践教学的培训活动，是否按照要求查阅资料，是否认真阅读教师所推荐的书目、影学视频资料，是否独立完成读后感或者观后感的撰写，是否认真准备发言或者辩论稿。在以小组为单位的实践活动中，要考核学生所担负的职责、承担任务的多寡等。"思想道德修养与法律基础"课实践教师应根据学生在以上各个环节中的实际表现，评定相应的分数或等级，并给予相应的评语。

对于校园实践教学，主要考核学生态度是否端正，是否独立认真地完成作业，撰写内容是否充实、完整，行文是否流畅，是否全面阐述了问题的来龙去脉。是否在此基础上形成自己的分析和看法，志愿活动是否落到实处，访谈座谈记录、资料是否科学、完整等。"思想道德修养与法律基础"课实践教师应根据学生在以上各个环节中的实际表现，评定相应的分数或等级，并给予相应的评语。

对于社会实践教学，主要考核学生是否积极参加包括第二课堂、社团协会活动、"三下乡"、志愿者服务、社会公益活动、企事业单位实习、社会调查、参观访问、社会兼职工作等所有课堂以外的社会实践活动，从中是否逐渐养成了学生的严谨务实的学习态度，是否培养和锻炼了学生的实际工作能力。活动是否坚持理论与实践相结合，突出社会实践教学塑造人、教育人、服务地方发展的指导思想；学生是否积极认真参加实践教学的培训学习活动；在校园调查实践的过程中是否积极认真主动；是否按时完成了调查报告的撰写，调查报告的质量和水平如何；在社会实践调查过程中所担负的职责、承担任务的量与质等内容。实践指导教师应根据学生在各个环节中的实际表现来评定相应的分数或等级，并给予相应的评语。

（四）"思想道德修养与法律基础"课实践教学考核结果

"思想道德修养与法律基础"课的性质决定了它对学生的考核评价与其他课程不同，它不仅要考核学生理论教学中的"知"，还要评价实践教学中的"行"，实行"知行双考核"，因为学校教育不能仅仅关注学生在校几年中的发展，而是要为他的一生负责，为社会负责。

实践证明，"思想道德修养与法律基础"课的实践教学考核要具有充分性、可操作性和规范性。实践教学从学生的表现和态度、能力和水平、组织纪律、任务完成情况、社会调查报告等几个方面的情况进行综合考核。实践成绩按优秀、良好、中等、及格和不及格五级记分制评定。评分标准如下：

优秀（90分以上）：能很好地完成实践任务，达到实践教学大纲中规定的全部要求；实践报告能对实践内容进行全面、系统总结，并能运用学过的理论对某些问题加以分析；在考核时能比较圆满地回答问题，并有某些独到见解；实践态度端正，实践中无违纪行为。

良好（80~89分）：能较好地完成实践任务，达到实践教学大纲中规定的全部要求；实践报告能对实践内容进行比较全面、系统的总结；考核时能比较圆满地回答问题；实践态度端正，实践中无违纪行为。

中等（70~79分）：达到实践教学大纲中规定的主要要求；实践报告能对实践内容进行比较全面的总结；在考核时能正确地回答主要问题；学习态度基本正确；实践中无违纪行为。

及格（60~69分）：实习态度端正；完成了实践的主要任务，达到实践教学大纲中规定的基本要求；能够完成实践报告，内容基本正确，实践中虽有一般违纪行为，但能深刻认识，及时改正。

不及格（60分以下）：凡具备下列条件之一者，均为不及格：①未按规定时间参加实践活动，未按时上交社会调查报告和实习手册；②未达到大纲中规定的基本要求；③社会调查报告马虎潦草、抄袭或内容有明显错误；④未参加实践教学时间超过三分之一以上；⑤学生调查研究报告内容雷同；⑥有弄虚作假等违纪行为。

知识经济时代凸显了教育的重要性，教育教学改革也已被提上日程，教育部门和各个高校都在为提高思想政治理论课的教学效果而不断努力。"思想政治理论课教学的终极目标是塑造学生的灵魂，培养学生高尚的情操，培育符合主流意识形态价值观的合格人才。"针对这一要求，高校思想政治理论课教学模式改革呼之欲出。不断创新的教学方法，既可以在课堂上激发学生的创造性，从而使学生更好地掌握书本知识，还可以使他们在潜移默化中学好马克思主义理论，深化对中国特色社会主义的理解和认同，树立坚定的理想和信念，增强社会责任感，为实现中华民族伟大复兴和社会主义现代化而努力奋斗。当然，高校思想政治理论课教学模式改革是一项艰巨而复杂的任务，不仅需要高校领导机构的支持和帮助，还需要普通教师善于结合学生实际需要不断探索，彰显教师的主导性、发挥学生的主体性，如此才能增强大学生对高校思想政治理论课的获得感，高校思想政治理论课才能让大学生真心喜爱、终身受益、毕生难忘。

（五）"思想道德修养与法律基础"课实践教学考核机制的组织实施

1. 学生层面

学校在读学生，都必须按要求参加课程规定的实践教学活动。在实践教学活动中，学生应服从授课教师的统一安排，积极主动地参加实践学习，完成实践教学活动中各环节的具体要求。

2. 学院层面

马克思主义学院为实践教学的组织实施单位，负责实践教学实施方案的编写、修订，并落实、检查、指导授课教师的实践教学活动开展情况，审核实践教学的经费使用，总结实践教学的效果。

3. 教师层面

思想政治理论课授课教师是课程实践教学活动的直接责任人，负责组织授课班级全过程的实践教学活动，并对学生的实践活动过程进行指导，评定学生的实践教学活动成绩等。

4. 教务处、实践中心层面

教务处、实践中心是开展实践教学活动的职能管理部门，负责审批实践教学实施方案，落实教师实践教学工作量、教学的经费指标及教师课酬，检查、监督、协调全校的思想政治理论课实践教学活动。

5. 院党委层面

院党委为思想政治理论课实践教学的领导机构，党委宣传部为实践教学的指导、协调部门，团委、学生处在组织大学生进行社会实践和第二课堂的活动时，要积极配合、协助有关系（部）、处、室开展思想政治理论课的实践教学活动。

参考文献

［1］柳建营.“思想道德修养与法律基础”问题链教学详案［M］.北京：中国人民大学出版社，2016.

［2］孙建英，徐苘，贾淑品.思想道德修养与法律基础教学指导书［M］.北京：清华大学出版社，2018.

［3］余琳.思想道德修养与法律基础案例教学指导［M］.北京：北京理工大学出版社，2019.

［4］杜爱国，袁丁，肖坤.思想道德修养与法律基础实践教学指南［M］.武汉：华中科技大学出版社，2019.

［5］崔治忠.把握新时代办好思想政治理论课的三个着眼点［EB/OL］.（2019－03－25）［2020－10－16］.http：//theory.people.com.cn/n1/2019/0325/c40531－30994083.html.

［6］王易，白洁.高校思想政治理论课改革创新踏上新征程［EB/OL］.（2019－9－18）［2020－10－16］.http：//www.qstheory.cn/dukan/hqwg/2019－09/25/c_ 1125036688. htm.

［7］艾四林.新时代如何办好思想政治理论课［M］.北京：人民出版社，2019.

［8］郭凤志.高校思想政治理论课程建设研究［M］.北京：北京师范大学出版社，2020.

［9］李芳.高校思想政治理论课教学方法科学化研究［M］.北京：中央编译出版社，2019.

［10］姜友维，刘光明.思想道德修养与法律基础专题教学指导［M］.成都：西南交通大学出版社，2015.

［11］高超.法治中国专题教育教学案例［M］.北京：人民日报出版社，2017.

［12］李林.中国的法治道路［M］.北京：中国社会科学出版社，2016.